Helmut Schneider
Wirtschaftspolitik zwischen ökonomischer und
politischer Rationalität

Helmut Schneider

Wirtschaftspolitik zwischen ökonomischer und politischer Rationalität

Metaanalyse ausgewählter Bereiche des
bundesdeutschen Finanzausgleichs

Mit einem Geleitwort von
Prof. Dr. Norbert Konegen

SPRINGER FACHMEDIEN WIESBADEN GMBH

Die Deutsche Bibliothek - CIP-Einheitsaufnahme

Schneider, Helmut:
Wirtschaftspolitik zwischen ökonomischer und politischer Rationalität : Metaanalyse ausgewählter Bereiche des bundesdeutschen Finanzausgleichs / Helmut Schneider. Mit einem Geleitw. von Norbert Konegen.
(DUV : Sozialwissenschaft)
Zugl.: Münster (Westfalen), Univ., Diss., 1997
ISBN 978-3-8244-4206-5   ISBN 978-3-663-11863-3 (eBook)
DOI 10.1007/978-3-663-11863-3

© Springer Fachmedien Wiesbaden 1997
Ursprünglich erschienen bei Deutscher Universitäts-Verlag GmbH, Wiesbaden 1997
Lektorat: Claudia Splittgerber

Das Werk einschließlich aller seiner Teile ist urheberrechtlich geschützt. Jede Verwertung außerhalb der engen Grenzen des Urheberrechtsgesetzes ist ohne Zustimmung des Verlags unzulässig und strafbar. Das gilt insbesondere für Vervielfältigungen, Übersetzungen, Mikroverfilmungen und die Einspeicherung und Verarbeitung in elektronischen Systemen.

ISBN 978-3-8244-4206-5

GELEITWORT

Der Finanzausgleich als die Gestaltung der Verteilung von Aufgaben auf der einen sowie Einnahmen und Ausgaben auf der anderen Seite hat die Geschichte der Finanzpolitik in der Bundesrepublik maßgeblich mitgeprägt. Nach den Finanzreformen von 1955 und 1969 war der Finanzausgleich der achtziger Jahre durch mangelnde Reformfähigkeit sowie eine schwindende Bereitschaft zum Konsens gekennzeichnet, was sich in mehreren Anträgen auf seine verfassungsrechtliche Überprüfung niedergeschlagen hat. Diesem krisengeschüttelten System des Finanzausgleichs westdeutscher Prägung standen plötzlich die finanzpolitischen Herausforderungen der deutschen Einheit gegenüber. Nachdem es den alten Ländern zunächst gelungen war, eine gesamtdeutsche Finanzausgleichsregelung aufzuschieben, ist diese seit dem 1. Januar 1995 in Kraft. Anstatt den Finanzausgleich der schon anläßlich der Verfassungsstreitigkeiten in den achtziger Jahren geforderten grundlegenden Reform zu unterziehen, einigten sich die Beteiligten im Rahmen der Solidarpaktgespräche auf eine grundsätzliche Beibehaltung des westdeutschen Finanzausgleichssystems bei gleichzeitig drastisch erhöhten Bundesergänzungszuweisungen. Diese Einigung wurde vom ökonomischen Sachverstand zum Teil heftig kritisiert, während sie von den politisch Beteiligten als gelungener Kompromiß bewertet wurde.

Diese divergierenden Einschätzungen nimmt der Verfasser zum Anlaß, sich näher mit der ökonomischen Kritik am Finanzausgleich zu befassen. Das besondere Interesse gilt dabei der Rolle der Rationalität in der ökonomischen Analyse des Finanzausgleichs bzw. dessen politischer Gestaltung. Auf der Basis einer eingehenden Analyse des Rationalitätsbegriffs und einer ausführlichen Darstellung der Finanzausgleichsgeschichte in der Bundesrepublik, untersucht Schneider die Ausführungen zweier einflußreicher Sachverständigengremien zum Finanzausgleich, nämlich des Wissenschaftlichen Beirats beim Bundesministerium der Finanzen sowie des Sachverständigenrates, im Hinblick auf das dort verwendete Rationalitätsmuster.

Im Ergebnis zeigt Schneider die doppelte Bedeutung der Rationalität in der ökonomischen Analyse des Finanzausgleichs bzw. der Wirtschaftspolitik allgemein auf. Einerseits wird ein Referenzzustand mit systemrationalen Anspruch hergeleitet, dem die wahrgenommene Wirklichkeit eines Politikfeldes gegenübergestellt wird. Andererseits werden etwaige Divergenzen zwischen wahrgenommener Wirklichkeit und normativem Referenzzustand eines wirtschaftspolitischen Entscheidungsfeldes mit dem Modell politischer Handlungsrationalität erklärt. Schneider deckt die Schwächen eines solchen Vorgehens am Beispiel des Finanzausgleichs deutlich auf.

Der Verfasser leistet mit der Arbeit einen wichtigen Beitrag zur Klärung des Verhältnisses von Politik- und Wirtschaftswissenschaft, insbesondere zu einem möglichen Deutungsbeitrag der Ökonomie für die politikwissenschaftlichen Analyse politökonomischer Prozesse. Nicht zuletzt aus diesem Grund wünsche ich der Publikation viele interessierte Leser.

Prof. Dr. Norbert Konegen

VORWORT

Die ökonomische Analyse von Politik hat sich aufbauend auf den Arbeiten von Schumpeter zu einem eigenen Teilbereich der Disziplin, der sogenannten Neuen Politischen Ökonomie ausgebildet. Diese Entwicklung, von anderen Sozialwissenschaften mit Imperialismusvorwürfen bedacht und von der Ökonomie als der Weg zur Einheit der Sozialwissenschaften gefeiert, basiert im Kern auf der Annahme der Wirtschaftswissenschaft, mit dem „homo oeconomicus" über ein universelles Menschenbild zu verfügen, das im politischen Entscheidungsfeld zum „political man" mutiert. Dieser Grundannahme des eigene Ziele verfolgenden Politikers liegt explizit ein bestimmtes Rationalitätsverständnis, das Modell politischer Rationalität zugrunde. Dieses Leitbild wird von Ökonomen gängigerweise zur Erklärung vermeintlicher politischer Fehlentwicklungen, insbesondere in der Wirtschaftspolitik herangezogen. Um derartige Fehlentwicklungen aber überhaupt ausmachen zu können, bedarf es eines theoretischen Referenzzustandes, der von Seiten der Ökonomie häufig als rationale Theorie des im Beispiel Finanzausgleichs gekennzeichnet wird. Wie es um den Rationalitätsanspruch solcher Modelle bestellt ist und welchen Beitrag das Modell politischer Rationalität zur Erklärung vermeintlicher wirtschaftspolitischer Fehlentwicklungen zu leisten vermag, ist Gegenstand der vorliegenden Arbeit.

Dabei wurde der Finanzausgleich aus mehreren Gründen als Betrachtungsgegenstand ausgewählt. Erstens steht der Finanzausgleich mit seiner komplexen Problemstruktur im Spannungsfeld verschiedener Disziplinen, insbesondere der Politik-, Finanz- und Rechtswissenschaft. Zweitens besitzt er darüber hinaus durch die finanzpolitischen Herausforderungen der deutschen Einheit hohe Aktualität. Die Ergebnisse der Untersuchung erheben aber durchaus den Anspruch, generelle Gültigkeit für die ökonomische Analyse von Wirtschaftspolitik zu besitzen.

Die vorliegende Arbeit wurde im WS 1996/97 von der Philosophischen Fakultät der Westfälischen Wilhelms-Universität Münster als Dissertation angenommen. Angeregt zu der Bearbeitung des Themas wurde ich durch meinen akademischen Lehrer, Herrn Professor Dr. Norbert Konegen, dem ich für seine stets offene und konstruktiv kritische Diskussionsbereitschaft zu tiefem Dank verpflichtet bin. Der oftmals als Phrase benutzte Ausdruck des Doktorvaters ist von ihm sowohl in fachlicher als auch menschlicher Hinsicht in vorbildlicher Weiser mit Leben gefüllt worden. Dank gebührt auch Herrn Professor Dr. Gerhard Wittkämper, der die Mühen des Koreferates auf sich nahm. Daneben möchte ich Herrn Prof. Dr. Gerd-Jan Krol und Herrn Prof. Dr. Dietmar Krafft danken, die mein Interesse an ökonomischen Fragestellungen geweckt haben und mir schon sehr früh die Möglichkeit zu eigenständigem wissenschaftlichen Arbeiten eröffneten. Schließlich gebührt mein Dank Herrn Prof. Dr. Dr. h.c. Heribert Meffert, an dessen Institut für Marketing ich seit dem 1. Januar 1996 wissenschaftlicher Mitarbeiter bin, für sein Verständnis der Doppelbelastung, insbesondere während des Rigorosums.

Herrn Hermann Bruns und meinem Vater Herrn Diplom-Pädagogen Helmut Schneider bin ich für die überaus sorgfältige Durchsicht des Manuskripts sehr dankbar. Meinen jetzigen Kollegen am Institut für Marketing Frau Diplom-Kauffrau Karin Hillebrand, Herrn Diplom-Ingenieur Marcus Doemer, Herrn Diplom-Kaufmann Jesko Perrey sowie meinem Bruder Herrn Christian Schneider, M.A., danke ich für ihre kritische Diskussionsbereitschaft und manch wertvollen Hinweis. Frau cand. rer. pol. Katrin Schalück sowie Herrn Diplom-Kaufmann Christian Böing danke ich für die Unterstützung bei der Erstellung der Abbildungen.

Mein ganz besonderer Dank gebührt jedoch meiner Freundin Helga Weiser, die auf zahlreichen gemeinsamen Wanderungen nicht nur „Dissertationsmonologe" ertragen mußte, sondern mir darüber hinaus „den Rücken frei gehalten hat". Ihr widme ich diese Arbeit.

Helmut Schneider

INHALTSVERZEICHNIS

Abbildungsverzeichnis XI
Tabellenverzeichnis XIII
Abkürzungsverzeichnis XV

1 Einleitung 1

2 Der status quo des Rationalitätsverständnisses in der Ökonomie 4
2.1 Das Modell ökonomischer Handlungsrationalität - der homo oeconomicus und seine Weiterentwicklungen 5
2.2 Das ökonomische Modell von Systemrationalität 14
2.3 Zum Konzept rationaler Wirtschaftspolitik 20
2.4 Rationale Wirtschaftspolitik und Neue Politische Ökonomie - das Konzept der politischen Rationalität 27

3 Der Finanzausgleich als Betrachtungsgegenstand des Rationalitätsproblems 33
3.1 Die Geschichte des Finanzausgleichs in Deutschland von 1871 bis zur Gründung der Bundesrepublik 34

3.1.1 Der Finanzausgleich im Deutschen Reich von 1871 34

3.1.1.1 Der passive Finanzausgleich 34

3.1.1.2 Der aktive Finanzausgleich 36

3.1.2 Der Finanzausgleich in der Weimarer Republik 39

3.1.2.1 Der passive Finanzausgleich 39

3.1.2.2 Der aktive Finanzausgleich 40

3.1.3 Der Finanzausgleich während des Nationalsozialismus 44

3.1.4 Der Finanzausgleich in den westlichen Besatzungszonen 45

3.2 Der Finanzausgleich in der Bundesrepublik Deutschland bis zur deutschen Einheit..................51

    3.2.1 Die Finanzverfassung des Grundgesetzes i. d. F. v. 23.5.1949..................52

        3.2.1.1 Der passive Finanzausgleich im Grundgesetz..............52

        3.2.1.2 Der aktive Finanzausgleich im Grundgesetz..............54

    3.2.2 Die Finanzreform von 1955..................60

        3.2.2.1 Der Länderfinanzausgleich nach der Verabschiedung des Grundgesetzes bis zur Finanzreform 1955..................60

            3.2.2.1.1 Der horizontale Finanzausgleich bis zur Finanzreform 1955..................60

            3.2.2.1.2 Der vertikale Finanzausgleich bis zur Finanzreform 1955..................67

        3.2.2.2 Das Finanzverfassungsgesetz von 1955..................72

    3.2.3 Die Finanzreform von 1969..................81

        3.2.3.1 Im Vorfeld der Finanzreform - der Finanzausgleich nach dem Finanzverfassungsgesetz..................81

        3.2.3.2 Die Verhandlungen um die Finanzreform von 1969..................85

    3.2.4 Die Verfassungskrise des Finanzausgleichs in den achtziger Jahren..................98

3.3 Der status quo des bundesdeutschen Finanzausgleichssystems..................109

    3.3.1 Das Urteil des BVerfG vom 27.5.1992..................109

    3.3.2 Finanzausgleich und deutsche Einheit..................115

        3.3.2.1 Die Finanzierung der ostdeutschen Länder nach dem Einigungsvertrag..................115

        3.3.2.2 Die Neuregelung des Länderfinanzausgleichs seit dem 1.1.1995..................122

4 Die ökonomische Analyse ausgewählter Bereiche des bundesdeutschen Finanzausgleichs 132

    4.1 Der Finanzausgleich in den Jahresgutachten des Sachverständigenrates..................134

    4.2 Der Finanzausgleich aus der Perspektive des Wissenschaftlichen Beirates beim Bundesministerium der Finanzen..................142

5 Zusammenfassende Thesen 153
5.1 Zum Problem des normativen Referenzustandes 154
5.2 Zum Problem der Wahrnehmung sozialer Wirklichkeit 160
5.3 Zum Problem des Modells politischer Handlungsrationalität 161

Literaturverzeichnis 164

ABBILDUNGSVERZEICHNIS

Abb. 1:	Handlungsrationalität differenziert nach Rationalitätsgraden	8
Abb. 2:	Der methodologische Status des Rationalitätsprinzips in der Ökonomie	9
Abb. 3:	Unterschiedliche Konzepte rationaler Wirtschaftspolitik	27
Abb. 4:	Dimensionen von Rationalität	31
Abb. 5:	Die Verteilung der Steuerhoheit auf die Gebietskörperschaften in der Finanzverfassung des Grundgesetzes vom 23. Mai 1949	59
Abb. 6:	Systematik des horizontalen Länderfinanzausgleichs nach dem Grundgesetz i. d. F. v. 23. Mai 1949	64
Abb. 7:	Die wesentlichen Änderungen des Finanzausgleichs durch die Finanzreform von 1955	81
Abb. 8:	Die wesentlichen Änderungen des Finanzausgleichs durch die Finanzreform von 1969	97
Abb. 9:	Die Zahlungen im Rahmen des horizontalen Finanzausgleichs von 1970 bis 1989 (in Mio. DM)	102
Abb. 10:	Die Neuregelung des horizontalen Finanzausgleichs im Rahmen der deutschen Einheit	126
Abb. 11:	Die Verteilung der Steuereinnahmen auf die Gebietskörperschaften in Deutschland von 1951 bis 1994	131
Abb. 12:	Das Effizienzverständnis des Wissenschaftlichen Beirates beim Bundesministerium der Finanzen	147
Abb. 13:	Ökonomische Analyse von Wirtschaftspolitik	153
Abb. 14:	Wege zur Herleitung ökonomischer Systemrationalität	157
Abb. 15:	Systemrationalität und das Problem sozialwissenschaftlicher Partialmodelle	159

TABELLENVERZEICHNIS

Tab. 1: Ausgaben von Reich und Ländern im Jahr 1913..................35
Tab. 2: Einnahmen von Reich und Ländern im Jahr 1913................38
Tab. 3: Ausgaben von Reich und Ländern im Jahr 1925..................40
Tab. 4: Ausgabenverteilung auf Reich, Länder und Gemeinden in den Jahren 1913 und 1925..................40
Tab. 5: Anteile der Länder an den Verbundsteuern von 1920 bis 1926 (in v. H.)..................42
Tab. 6: Einnahmen von Reich und Ländern im Jahr 1928................42
Tab. 7: Die Entwicklung der Steuereinnahmen bei Reich, Ländern und Gemeinden von 1933 bis 1937..................45
Tab. 8: Steuereinnahmen pro Kopf der Länder der Bizone im Jahr 1947..........46
Tab. 9: Finanzkraft vor und nach dem Finanzausgleich nach dem Entwurf FISCHER-MENSHAUSENS..................48
Tab. 10: Die Zahlungen im Rahmen des horizontalen Länderfinanzausgleichs von 1950 bis 1954..................65
Tab. 11: Die finanziellen Wirkungen des Steuerzerlegungsgesetzes von 1952..................66
Tab. 12: Die Länderfinanzkraft vor und nach horizontalem Finanzausgleich von 1951 bis 1954..................66
Tab. 13: Die Verteilung des Gesamtsteueraufkommens auf Bund, Länder und Gemeinden von 1954 bis 1965..................83
Tab. 14: Steuerkraftunterschiede zwischen den Ländern vor und nach dem Länderfinanzausgleich (LFA) in den Jahren 1954, 1957 und 1961 in v. H. des Bundesdurchschnitts..................84
Tab. 15: Die Länderfinanzkraft vor und nach der Großen Finanzreform 1969..................96
Tab. 16: Das Verhältnis der BEZ zum Umverteilungsvolumen des horizontalen FAG..................100
Tab. 17: Der ostdeutsche Pro-Kopf-Umsatzsteueranteil nach dem Einigungsvertrag..................116
Tab. 18: Der Länderfinanzausgleich zwischen den ostdeutschen Ländern in den Jahren 1991 bis 1994..................117
Tab. 19: Die Finanzkraft der ostdeutschen Bundesländer nach dem horizontalen Finanzausgleich..................118

Tab. 20:	Das ursprüngliche Volumen des Fonds *Deutsche Einheit*	119
Tab. 21:	Der Fonds *Deutsche Einheit*	121
Tab. 22:	Der Fonds *Deutsche Einheit* nach dem *Solidarpakt*	123
Tab. 23:	Gestaffelte Schuldendienstübernahme im Rahmen des Fonds *Deutsche Einheit*	124
Tab. 24:	Abschöpfungsquoten im horizontalen Finanzausgleich	125
Tab. 25:	Sonderbedarfs-BEZ zur Berücksichtigung teilungsbedingter Sonderlasten	127
Tab. 26:	Sonderbedarfs-BEZ zur Berücksichtigung überproportionaler Kosten der politischen Führung	127
Tab. 27:	Bundesergänzungszuweisungen ab 1995	129

ABKÜRZUNGSVERZEICHNIS

Abs.	Absatz
Art.	Artikel
BEZ	Bundesergänzungszuweisungen
BVerfG	Bundesverfassungsgericht
BW	Baden-Württemberg
BY	Bayern
EK	Einkommen
EV	Einigungsvertrag
FAG	Finanzausgleich
FAZ	Frankfurter Allgemeine Zeitung
GG	Grundgesetz
i.d.F.v.	in der Fassung vom
LFA	Länderfinanzausgleich
M	Mark
NPÖ	Neue Politische Ökonomie
NRW	Nordrhein-Westfalen
REMM	resourceful evaluating maximising man
RM	Reichsmark
RV	Reichsverfassung
SZ	Süddeutsche Zeitung
Tz	Textziffer

1 Einleitung

Der Anlaß, sich näher mit dem Rationalitätsproblem zu befassen, waren die Ereignisse um den Einbezug der fünf (sechs) neuen Bundesländer in den Länderfinanzausgleich im Rahmen der deutschen Einheit.

Obgleich bei dieser Gelegenheit von Seiten des ökonomischen Sachverstandes zum wiederholten Male eine grundlegende **Reform des Länderfinanzausgleichs**, insbesondere im Hinblick auf seine vermeintlichen allokativen Mängel, gefordert wurde,[1] blieb die prinzipielle Struktur des Länderfinanzausgleichs unverändert.

In einem schwierigen Verhandlungsprozeß zwischen Bund und Ländern im Rahmen der sogenannten Solidarpaktgespräche im Frühjahr 1993[2] einigte man sich im Kern auf die schon im Einigungsvertrag angelegte volle Einbeziehung der ostdeutschen Bundesländer in den Länderfinanzausgleich alter Prägung zum 1. Januar 1995. Die westdeutschen Länder erreichten in den Verhandlungen eine Kompensation für die daraus entstehenden Belastungen in Form eines höheren Länderumsatzsteueranteils sowie vermehrter Bundesergänzungszuweisungen für die alten Länder. Dieser politische Kompromiß wurde von Seiten des ökonomischen Sachverstandes im Gegensatz zu den Einschätzungen der politischen Akteure sehr kritisch kommentiert.[3]

Das gegenwärtige System des Finanzausgleichs in der Bundesrepublik wird von vielen Ökonomen generell sehr skeptisch beurteilt. Insbesondere seine vermeintlichen **allokativen Mängel** werden immer wieder beklagt.[4] Diese Einschätzung stützt sich dabei

---

[1] Vgl.: SACHVERSTÄNDIGENRAT ZUR BEGUTACHTUNG DER GESAMTWIRTSCHAFTLICHEN ENTWICKLUNG: Jahresgutachten 1990/91, S. 210 ff. WISSENSCHAFTLICHER BEIRAT BEIM BUNDESMINISTERIUM DER FINANZEN: Gutachten zum Länderfinanzausgleich, Schriftenreihe des Bundesministerium der Finanzen, Heft 47, Stollfuß, Bonn 1992.

[2] Vgl.: o. V.: Der Solidarpakt unter Dach und Fach, in: FAZ v. 15. 03. 1993, S. 1.

[3] Vgl. etwa für die ökonomische Position: BARBIER, HANS D.: Ein Pakt mit großen Rissen, in: FAZ v. 15.03.1993, S. 1. PEFFEKOVEN, ROLF: Im Finanzausgleich alles beim alten, in. SZ v. 26.04.1993, S. 20. Vgl. zur politischen Einschätzung die Stellungnahme von Bundeskanzler KOHL in der Regierungserklärung zum Solidarpakt: "Die Finanzbeziehungen zwischen Bund, alten und neuen Ländern haben eine neue, dauerhafte und solide Grundlage erhalten," in: DEUTSCHER BUNDESTAG: 12. Wahlperiode, Protokoll der 149. Sitzung v. 25.03.1993.

auf eine Gegenüberstellung der wahrgenommenen Wirklichkeit des Finanzausgleichs mit einer auf der ökonomischen Theorie des Föderalismus aufbauenden Theorie eines rationalen Finanzausgleichs. Die so konstatierten Schwächen des bestehenden Finanzausgleichssystems werden gleichzeitig mit den Eigeninteressen der handelnden politischen Akteure, anders ausgedrückt, mit dem Konzept **politischer Handlungsrationalität** erklärt.[5] Diese beschriebene Vorgehensweise bei der Analyse von Wirtschaftspolitik beschränkt sich dabei nicht nur auf den Finanzausgleich. Vielmehr werden viele der (wirtschafts-) politischen Problemfelder auf dieser Basis untersucht.[6] Ziel der vorliegenden Arbeit ist es, das einer solchen Analyse von Wirtschaftspolitik zugrundeliegende Rationalitätsfundament offenzulegen und kritisch zu hinterfragen.

Das aufgezeigte Ziel soll in mehreren Abschnitten erreicht werden. Zunächst wird im **zweiten Kapitel** ein Überblick über das **Rationalitätsverständnis in der Ökonomie** gegeben. Der Rationalitätsbegriff ist deshalb so entscheidend, da er in zweierlei Hinsicht zentraler Pfeiler ökonomischer Analyse von Wirtschaftspolitik ist. Erstens werden in bestimmten Denkrichtungen der ökonomischen Wissenschaft normative wirtschaftspolitische Referenzzustände kreiert, die vermeintlich systemrational sind. Zweitens wird in der ökonomischen Analyse von Wirtschaftspolitik, in der Neuen Politischen Ökonomie allgemein, das Modell politischer Handlungsrationalität als Erklärungsansatz für vermeintlich irrationale (Wirtschafts-) Politik herangezogen.

Darüber hinaus verdient der Rationalitätsbegriff deshalb besondere Aufmerksamkeit, weil Rationalität synonym für eine vernünftige, eine erstrebenswerte Wirtschaftspolitik steht. Mit dem Rationalitätssiegel untrennbar verbunden ist somit aber auch der Begriff der Irrationalität, mit dem alternative wirtschaftspolitische Konzepte so implizit oder explizit diskreditiert werden. Daher wird der Rationalitätsbegriff im zweiten Kapitel ausführlich erörtert.

Das beschriebene Ziel der vorliegenden Arbeit kann nicht im analytischen Vakuum erreicht werden. Es bedarf vielmehr eines konkreten **Anschauungsobjektes**, um die

---

[4] Vgl.: HIRTE, GEORG: Effizienzwirkungen von Finanzausgleichsregelungen. Eine empirische Allgemeine Gleichgewichtsanalyse für die Bundesrepublik Deutschland, Diss. Kath. Uni. Eichstätt 1996, Peter Lang, Frankfurt a. M. 1996.

[5] Vgl. etwa: FISCHER, HELMUT: Zur Reform des Länderfinanzausgleichs, in: Wirtschaftswissenschaftliches Studium, 18. Jg. (1989), S. 112-118, hier S. 118

[6] Vgl.: STREIT, MANFRED (Hrsg.): Wirtschaftspolitik zwischen ökonomischer und politischer Rationalität. Festschrift für Herbert Giersch, Gabler, Wiesbaden 1988, S. VII.

Problematik des Rationalitätsbegriffs in der ökonomischen Analyse von Wirtschaftspolitik untersuchen zu können. Der **Länderfinanzausgleich** scheint aufgrund seiner vielfältigen Schnittstellen zwischen Ökonomie und Politik dafür besonders geeignet zu sein. Daher wird im **dritten Kapitel** die Geschichte des Finanzausgleichs in der Bundesrepublik Deutschland ausführlich erörtert. Eine solch detaillierte Darstellung ist auch dann erforderlich, wenn sich die Rationalitätsanalyse anschließend auf einige, für die Zielsetzung der Arbeit besonders geeignete, Teilaspekte des Länderfinanzausgleichs konzentriert. Eine isolierte Betrachtung einzelner Finanzausgleichskomponenten verstellte den Blick für die institutionalisierten und historischen Zusammenhänge des Finanzausgleichs.

Im **vierten Kapitel** wird die Position von zwei renommierten Sachverständigengremien, dem **Sachverständigenrat** zur Begutachtung der gesamtwirtschaftlichen Entwicklung und dem **Wissenschaftlichen Beirat** beim Bundesministerium der Finanzen, zum Finanzausgleich, insbesondere zum Problem der Ausgleichsintensität, untersucht. Diese beiden Institutionen stehen dabei stellvertretend für eine Denkrichtung in der Ökonomie, in der Wirtschaftspolitik auf die beschriebene Art und Weise untersucht wird. Im Mittelpunkt des Interesses stehen im vierten Kapitel das Verständnis und die Funktion von Rationalität in den Untersuchungen der Sachverständigengremien zum Finanzausgleich.

Im **fünften Kapitel** schließlich werden die Ergebnisse der Arbeit in Thesenform zusammengefaßt und erörtert.

2 Der status quo des Rationalitätsverständnisses in der Ökonomie

Wenn nachfolgend von dem ökonomischen Rationalitätsverständnis die Rede ist, so geschieht dies in dem Bewußtsein, daß es **das** ökonomische Rationalitätsverständnis nicht gibt. Vielmehr ist das Rationalitätsproblem in der Ökonomie derart ausgiebig diskutiert worden,[7] daß es eine Vielzahl unterschiedlicher Ansätze zur Erklärung und Beschreibung von Rationalität gibt. Gleichwohl haben all diese Entwicklungen einen gemeinsamen Kern, eine gemeinsame Keimzelle, das Modell des Nutzenmaximierers unter Nebenbedingungen, den **homo oeconomicus**. Von daher ist es unerläßlich, die Analyse mit diesem Modell ökonomischer Rationalität zu beginnen, um darauf aufbauend den Transfer in andere Wissenschaftsbereiche zu untersuchen.

Bevor der homo oeconomicus, diese Figur mit bewegter Vergangenheit,[8] näher beleuchtet wird, ist eine auf LUHMANN[9] zurückgehende elementare Differenzierung des Rationalitätsbegriffs in Handlungs- und Systemrationalität erforderlich:

Handlungsrationalität berührt die individuelle Ebene, d. h. wie entscheidet sich ein Individuum bei alternativen Mittel-Zweck-Beziehungen sowie gegebenen Restriktionen und Zielen? Handlungsrationalität befaßt sich also mit der Analyse individuellen menschlichen Verhaltens. Im Gegensatz dazu geht es im Zusammenhang mit **Systemrationalität** um die Rationalität eines Systems, also um die Frage, inwieweit aus der Aggregation von Einzelentscheidungen auch ein rationales Ganzes entsteht.

In der Ökonomie sah man in dieser Differenzierung, wie noch zu zeigen sein wird, lange Zeit kein Problem. Die "unsichtbare Hand", der Markt als Koordinationsmechanismus, überführt die Summe von Handlungsrationalitäten in Systemrationalität; Handlungs- und Systemrationalität sind dann kongruent. Die Diskussion um externe Effekte oder spieltheoretische Ansätze wie etwa das Gefangenen-Dilemma haben allerdings gezeigt, daß diese Deckungsgleichheit keinesfalls so zwangsläufig ist.

---

[7] Vgl.: MACK, ELKE: Ökonomische Rationalität. Grundlage einer interdisziplinären Wirtschaftsethik?, Diss. Kath. Uni. Eichstätt 1993, Duncker & Humblot, Berlin 1994.

[8] Vgl.: TIETZEL, MANFRED: Das Rationalitätsproblem in den Wirtschaftswissenschaften oder: Der homo oeconomicus und seine Verwandten, in: Jahrbuch für Sozialwissenschaft, Bd. 32 (1981), S. 115-138.

[9] Vgl.: LUHMANN, NIKLAS: Zweckbegriff und Systemrationalität, Suhrkamp, Tübingen 1968.

Die Ökonomie liefert zunächst ein Modell von Handlungsrationalität; einer ihrer methodischen Grundpfeiler ist ja gerade der methodologische Individualismus, d. h. die Rückführung gesellschaftlicher Entscheidungen auf individuelle Wahlakte. Daher soll hier zunächst das ökonomische Modell von Handlungsrationalität diskutiert werden. Dies geschieht u. a. deshalb, weil Ökonomen mit Hilfe dieses Modells auch andere Bereiche der menschlichen Existenz zu erklären suchen, und das Modell ökonomischer Handlungsrationalität so zu einem zentralen Kritikpunkt an der Ökonomie als Sozialwissenschaft geworden ist.

Inwieweit die Ökonomie einen Beitrag zum Problem der Systemrationalität zu leisten vermag, soll im Anschluß an die Ausführungen zur Handlungsrationalität untersucht werden. Schließlich sollen Entwürfe rationaler Wirtschaftspolitik und die Endogenisierung der politischen Akteure in solche Modelle durch die Neue Politische Ökonomie (NPÖ) untersucht werden.

2.1 Das Modell ökonomischer Handlungsrationalität - der homo oeconomicus und seine Weiterentwicklungen

In der Ökonomie stellt sich die Frage nach Handlungsrationalität im Zusammenhang mit individuellen Wahlentscheidungen: Wie wird (oder wie soll) sich der rationale Mensch bei der Wahl zwischen zumindest zwei Alternativen entscheiden?

Die Antwort des **Rational-Choice-Modells** wirkt prima facie banal und ist dennoch weitreichend: In den Wirtschaftswissenschaften ist dann von rationalem Verhalten die Rede, wenn sich das Individuum genau für jene Alternative entscheidet, die aus seiner Perspektive die vorteilhafteste ist, d. h. das höchste Nutzen- oder Wohlfahrtsniveau für den Entscheider impliziert.[10] Das Individuum bewertet die Handlungsalternativen im Hinblick auf Mittel, Ziele und Folgen und wählt die nutzenmaximierende Option.

Dies bedeutet nicht, und hier erfolgt die erste für das Modell ökonomischer Handlungsrationalität essentielle Differenzierung, daß es sich bei der gewählten Alternative um die objektiv richtige oder vernünftige Entscheidung handelt. Auch folgt aus einer

---

[10] Vgl.: HOMANN, KARL: Die ökonomische Dimension von Rationalität, in: Moralische Entscheidung und rationale Wahl, hrsg. v. Martin Hollis und Wilhelm Vossenkuhl, Oldenbourg, München 1992, S. 11-24, hier S. 11.

ex post Irrationalität keineswegs eine ex ante Irrationalität. Mit anderen Worten ist für die Frage der Rationalität der subjektive Kenntnisstand zum Entscheidungszeitpunkt maßgeblich.

Dieser Unterschied soll in Anlehnung an KIRSCH mit folgendem **Beispiel** illustriert werden:[11] Wenn ein Examenskandidat in Verkennung der tatsächlichen (objektiven) Prüfungsanforderungen lediglich vier Stunden täglich zur Vorbereitung, den Rest für Freizeitaktivitäten nutzt und nun diese Entscheidung ex post, also nach nicht bestandener Prüfung, als falsch erachtet, so war sie ex ante gleichwohl nicht irrational.

Ganz abgesehen davon, daß sich in einer liberalen Gesellschaft objektive Rationalitäten schwerlich deduzieren lassen,[12] bleibt festzuhalten, daß nachfolgend immer dann von rationalem Verhalten gesprochen werden soll, wenn das Individuum aus seiner auf beschränkter Information basierenden Beurteilung der Alternativen die aus seiner Sicht vorteilhafteste wählt. Für die Frage nach der Rationalität von Wahlakten ist also der Maßstab **subjektiver** und nicht **objektiver** oder **vollkommener** Rationalität anzuwenden.[13]

Mit dieser Differenzierung wird der häufig am ökonomischen Rationalitätsmodell des homo oeconomicus vorgetragenen Kritik, die sich am Konstrukt des allwissenden Akteurs entzündet, der Boden entzogen. Lediglich ein Modell vollkommener Rationalität fordert das Konstrukt **vollkommener Information**; im Rahmen subjektiver Rationalität ist dieser Kunstgriff überflüssig. Denn SIMON hat völlig Recht, wenn er ein Rationalitätsmodell mit unterstellter vollständiger Information, Transparenz und konsistentem Wertesystem als ein "Göttlichkeitsmodell" klassifiziert.[14] Jedenfalls entspricht das Konstrukt des allwissenden Akteurs nicht der menschlichen Erfahrung. Daraus folgernd entwickelt SIMON ein modifiziertes Rationalitätsverständnis, eine Theorie **begrenzter Rationalität**.[15] Im Mittelpunkt steht dabei die Frage, wie der

---

[11] Vgl.: KIRSCH, GUY: Neue Politische Ökonomie, 3. Aufl., Werner, Düsseldorf 1993, S. 7.

[12] Vgl. zu dem Problem objektiver Rationalität in diesem Zusammenhang: PATZIG, GÜNTHER: Aspekte der Rationalität, Jenaer Philosophische Vorträge und Studien 4, hrsg. v. Wolfram Hogrebe, Palm & Enke, Jena 1994, S. 7.

[13] Vgl.: PREISER, ERICH: Das Rationalprinzip in der Wirtschaft und in der Wirtschaftspolitik, in: ders.: Politische Ökonomie im 20. Jahrhundert, Beck, München 1970, S. 96.

[14] SIMON, HERBERT A.: Homo rationalis. Die Vernunft im menschlichen Leben, übersetzt von Thomas Steiner, Campus, Frankfurt a. M. / New York 1993, S. 29.

Mensch im Laufe der Evolution mit seinen unbestritten begrenzten Fähigkeiten überleben konnte. SIMON sieht dafür drei Faktoren als zentral an:

- Der Mensch verfügt über einen Mechanismus, die Aufmerksamkeit auf das am dringendsten empfundene Problem zu lenken;
- er ist fähig, neue Lösungen zu generieren und
- er ist in der Lage, Informationen aufzunehmen und weiterzuverarbeiten, sprich zu lernen.

So ist es nach SIMON dem Menschen möglich, wie ein Schachspieler intuitiv und zugleich rational zu handeln. Insofern hat er das Modell des homo oeconomicus weiterentwickelt und von einigen seiner unhaltbaren Voraussetzungen befreit.

Das Konstrukt vollständiger Information ist aber nicht nur unrealistisch, sondern auch unlogisch. Die logische Unhaltbarkeit konnte im Rahmen des sogenannten **"Paradoxon stark interagierender Prognostiker"** nachgewiesen werden.[16] Denn hätten alle Akteure vollständige Information und Transparenz und ist die individuelle Handlung gleichzeitig von der Antizipation der Handlung anderer Mitspieler abhängig, so kommt es zu einer unendlichen Kette von vermuteter Reaktion und Gegenreaktion und somit nie zu einer Handlung.

Die erste hier getroffene Differenzierung des ökonomischen Modells einer Handlungsrationalität setzt also am unterschiedlichen, unterstellten Informationsstand der Akteure an: Dabei lassen sich je nach Informationsstand drei **Grade von Handlungsrationalität** unterscheiden:[17]

---

[15] Vgl.: SIMON, HERBERT A.: Grenzen der Rationalität in Entscheidungsprozessen, in: Journal für Betriebswirtschaft, 30. Jg. (1980), Heft 1, S. 2 ff.

[16] Vgl.: MORGENSTERN, OSKAR: Wirtschaftsprognose. Eine Untersuchung ihrer Voraussetzungen und Möglichkeiten, J. Springer, Wien 1928, S. 97 ff.

[17] Vgl.: TIETZEL, MANFRED: Das Rationalitätsproblem in den Wirtschaftswissenschaften oder: Der homo oeconomicus und seine Verwandten, in: Jahrbuch für Sozialwissenschaft, Bd. 32 (1981), S. 115-138, hier S. 129.

Modell vollkommener Rationalität	Modell objektiver Rationalität	Modell subjektiver Rationalität
unterstellter Informationsstand		
vollkommene Information	zum Entscheidungszeitpunkt **objektiv** zur Verfügung stehendes Wissen	zum Entscheidungszeitpunkt **subjektiv** zur Verfügung stehendes Wissen[18]

Abb. 1: Handlungsrationalität differenziert nach Rationalitätsgraden

Rationalität bedingt also weder vollkommene noch objektive, sondern lediglich subjektive Informationen. Mit den Worten von PÜTZ bemißt sich Rationalität somit nicht in der tatsächlichen Rationalität einer Handlung, sondern in dem Bestreben, rational handeln zu wollen, also in subjektiver Rationalität.[19] Damit ist der ex post Irrtum explizit als Möglichkeit rationalen Handelns zugelassen.

Nicht nur im Hinblick auf die sogenannten Rationalitätsgrade gibt es unterschiedliche Ausprägungen des Rationalitätsprinzips. Nachfolgend soll dem unterschiedlichen **methodologischen Status des Rationalprinzips** in der Ökonomie nachgegangen werden. Dabei wird in der Literatur im allgemeinen zwischen drei methodischen Interpretationen unterschieden:[20]

---

[18] Welches Ausmaß dieses Wissen hat, unterliegt nun wiederum dem Rationalitätskalkül. Der Handelnde wird sich genau soviel Wissen aneignen, bis subjektiv die Grenzkosten gleich dem Grenzertrag der Informationsbeschaffung sind. Vgl.: ZINTL, REINHARD: Probleme des individualistischen Ansatzes in der neuen politischen Ökonomie, in: Die Rationalität politischer Institutionen. Interdisziplinäre Perspektiven, hrsg. v. Gerhard Göhler, Kurt Lenk, Rainer Schmalz-Bruns, Nomos, Baden-Baden 1990, S. 267-300, hier S. 271.

[19] Vgl.: PÜTZ, THEODOR: Die Theorie der rationalen Wirtschaftspolitik. Kritik und Antikritik, in: Aktuelle Wege der Wirtschaftspolitik, hrsg. v. Artur Woll, Duncker & Humblot, Berlin 1983, Schriften des Vereins für Socialpolitik, N. F. Bd. 130, S. 9-49, hier S. 15.

[20] Vgl.: TIETZEL, MANFRED: Das Rationalitätsproblem in den Wirtschaftswissenschaften oder: Der homo oeconomicus und seine Verwandten, in: Jahrbuch für Sozialwissenschaft, Bd. 32 (1981), S. 115-138, hier S. 119. ALBERT, HANS: Ökonomische Ideologie und politische Theorie. Das ökonomische Argument in der ordnungspolitischen Debatte, 2. Aufl., Schwartz, Göttingen 1972, S. 15.

Abb. 2: Der methodologische Status des Rationalitätsprinzips in der Ökonomie

Häufig wird der Interpretation des Rationalprinzips als Gesetzmäßigkeit menschlichen Handelns der Vorwurf einer Leerformel, einer Tautologie, entgegengehalten.[21] Diese Kritik verkennt einen wesentlichen Erkenntnisgegenstand der Ökonomie, nämlich die **Ziele und Handlungsrestriktionen** einer Wahlsituation. Wenn ein Individuum aus einer Vielzahl von Alternativen eine bestimmte auswählt, so geschieht dies in der ökonomischen Interpretation genau deshalb, weil sich eben mit jener Alternative - rationales Verhalten unterstellt - das individuell maximale Wohlfahrtsniveau erreichen läßt. In den Mittelpunkt des Interesses rücken dann automatisch die, die Entscheidung determinierenden Handlungsrestriktionen, welche - etwa im Rahmen der Wirtschaftspolitik - Anreize zu Verhaltensänderungen geben sowie die Determinanten der individuellen Nutzenfunktion.[22] Insofern handelt es sich bei der Interpretation des Rationalprinzips als Gesetzmäßigkeit menschlichen Verhaltens nicht um eine Tautologie, sondern um eine Annahme, die den Blick auf die eigentlich interessierenden Parameter öffnet.[23]

---

[21] Vgl.: TIETZEL, MANFRED: Das Rationalitätsproblem in den Wirtschaftswissenschaften oder: Der homo oeconomicus und seine Verwandten, in: Jahrbuch für Sozialwissenschaft, Bd. 32 (1981), S. 115-138, hier S. 119.

[22] Vgl. zum Problem der Anreize und der Theorie rationaler Erwartungsbildung in diesem Zusammenhang: KIRCHGÄSSNER, GEBHARD: Homo oeconomicus. Das ökonomische Modell individuellen Verhaltens und seine Anwendung in den Wirtschafts- und Sozialwissenschaften, Mohr, Tübingen 1991, S. 89 ff.

[23] Vgl.: ZINTL, REINHARD: Probleme des individualistischen Ansatzes in der neuen politischen Ökonomie, in: Die Rationalität politischer Institutionen. Interdisziplinäre Perspektiven, hrsg.

Im Rahmen dieser Untersuchung soll der **deskriptiven Interpretation** des Rationalprinzips gefolgt werden. Irrationales Verhalten, auch in subjektiver Perspektive, ist somit per definitionem nicht ausgeschlossen. Hinzu kommt, daß es diese Auffassung von Rationalität erlaubt, rationales Handeln von nicht intendiertem Verhalten, wie beispielsweise Niesen oder Atmen, abzugrenzen.[24]

Schon mehrfach war in dieser Arbeit von Begriffen wie Nutzen oder Wohlfahrt als Entscheidungsparameter menschlichen Verhaltens die Rede. Daran wird deutlich, daß hier nicht jener Fehlinterpretation des homo oeconomicus gefolgt wird, bei dem als individuelle Zielsetzungen Einkommens-, Gewinnmaximierung oder ähnliche monetäre Ziele unterstellt werden. Viele Handlungsalternativen, so etwa die Aufteilung zwischen Freizeit und Arbeitszeit, lassen sich gar nicht in Geldeinheiten, sondern nur in Nutzenkategorien bewerten. Dahinter steckt die Annahme, daß Einkommen als Wert an sich keinen Nutzen stiftet, somit lediglich Modal- und nicht Finalziel menschlicher Aktivität sein kann. Daher ist die so häufig in Form des **Erwerbsprinzips** explizit oder implizit unterstellte Zielfunktion des homo oeconomicus untauglich.[25]

Dies führt zu einer weiteren für das Verständnis von Rationalität wichtigen Frage: Welche Ziele verfolgt der homo oeconomicus bzw. das rationale Individuum und welchen **methodologischen Status** nehmen die **Ziele** im Rahmen der Rationalitätsfrage ein?

Wenn Handlungsrationalität als Nutzenoptimierung unter Nebenbedingungen verstanden wird, dann ist damit nichts über die Komponenten der Nutzenfunktion gesagt.[26] Rationalität verlangt nicht nach bestimmten Zielen, sondern lediglich nach einer Optimierung der Zielfunktion. Rationalität ist insofern zielindifferent; sie ist prozeß- und nicht ergebnisorientiert.[27] An dieser Stelle ist bewußt von Optimierung und nicht von

---

v. Gerhard Göhler, Kurt Lenk, Rainer Schmalz-Bruns, Nomos, Baden-Baden 1990, S. 267-300, hier S. 274.

[24] Vgl.: PATZIG, GÜNTHER: Aspekte der Rationalität, Jenaer Philosophische Vorträge und Studien 4, hrsg. v. Wolfram Hogrebe, Palm & Enke, Jena 1994, S. 5 f.

[25] Vgl.: PREISER, ERICH: Das Rationalprinzip in der Wirtschaft und in der Wirtschaftspolitik, in: ders.: Politische Ökonomie im 20. Jahrhundert, Beck, München 1970, S. 104.

[26] Vgl.: KIRCHGÄSSNER, GEBHARD: Homo oeconomicus. Das ökonomische Modell individuellen Verhaltens und seine Anwendung in den Wirtschafts- und Sozialwissenschaften, Mohr, Tübingen 1991, S. 79.

Maximierung die Rede. Rationales Verhalten muß nicht auf eine Maximierung der Zielfunktion, sondern kann auf die Erreichung eines befriedigenden Zielniveaus ausgerichtet sein. Damit ist klar, daß auch altruistisches Verhalten Bestandteil von Rationalität sein kann; nämlich immer dann, wenn eine solche Verhaltensweise, aus welchen Gründen auch immer,[28] eine dementsprechende Bedeutung in der Zielfunktion des Handelnden besitzt.

Mit diesen Ausführungen ist der Weg für eine weitere wichtige Differenzierung des Rationalitätsbegriffes geebnet: der Unterscheidung zwischen **formaler** und **substantieller** Rationalität. **Formale Rationalität** ist unabhängig von den jeweils verfolgten Zielen und der Mittelwahl zur Erreichung dieser Ziele. **Substantielle Rationalität** hingegen ist "bestimmt durch den jeweiligen konkreten Zweck des Handelns, ... wie z. B. wirtschaftspolitische Zielsetzungen."[29]

Formale Rationalität umfaßt also nur die Optimierung eines Ziel-Mittel-Verhältnisses. Die individuellen Ziele gehen nur insofern in eine Rationalitätsuntersuchung ein, als daß vom Zielsystem Konsistenz gefordert wird. Substantielle Rationalität hingegen bedeutet eine Optimierung im Hinblick auf ein bestimmtes Zielsystem. Erst diese Unterscheidung läßt Teilrationalitäten, abhängig vom jeweiligen Zielsystem entstehen.[30] Nur dann ist eine den Kriterien formaler Rationalität genügende Entscheidung sub-

---

[27] Vgl.: HARTFIEL, GÜNTER: Wirtschaftliche und soziale Rationalität. Untersuchungen zum Menschenbild in Ökonomie und Soziologie, Enke, Stuttgart 1968, S. 52.

[28] Mögliche Motive mögen in sozialen oder psychologischen Kosten liegen. Vgl. ausführlich zum Verhältnis des homo oeconomicus und altruistischen Verhalten: KIRCHGÄSSNER, GEBHARD: Homo oeconomicus. Das ökonomische Modell individuellen Verhaltens und seine Anwendung in den Wirtschafts- und Sozialwissenschaften, Mohr, Tübingen 1991, S. 45 ff. SCHLÖSSER, HANS JÜRGEN: Das Menschenbild in der Ökonomie. Die Problematik von Menschenbildern in den Sozialwissenschaften. Dargestellt am Beispiel des homo oeconomicus in der Konsumtheorie, Bachem, Köln 1992, S. 125 ff.

[29] PÜTZ, THEODOR: Die Theorie der rationalen Wirtschaftspolitik. Kritik und Antikritik, in: Aktuelle Wege der Wirtschaftspolitik, hrsg. v. Artur Woll, Duncker & Humblot, Berlin 1983, Schriften des Vereins für Socialpolitik, N. F. Bd. 130, S. 9-49, hier S. 16.

[30] Vgl.: TIETZEL, MANFRED: Das Rationalitätsproblem in den Wirtschaftswissenschaften oder: Der homo oeconomicus und seine Verwandten, in: Jahrbuch für Sozialwissenschaft, Bd. 32 (1981), S. 115-138, hier S.136. Homann hat die Problematik unterschiedlicher (substantieller) Teilrationalitäten in Anlehnung an Schnädelbach treffend als „Krise der Rationalität" gekennzeichnet. Vgl.: HOMANN, KARL: Die ökonomische Dimension von Rationalität, in: Moralische Entscheidung und rationale Wahl, hrsg. v. Martin Hollis und Wilhelm Vossenkuhl, Oldenbourg, München 1992, S. 11-24, hier S. 11.

stantiell als irrational zu kennzeichnen, weil das der formalen Rationalität zugrunde liegende Zielsystem als irrational eingestuft wird.[31]

Auch der Unterschied zwischen formaler und substantieller Rationalität soll an einem kurzen **Beispiel** verdeutlicht werden. Ein Angestellter eines großen Unternehmens bekommt eine neue Position in seiner Firma angeboten, die mit einem höheren Einkommen und mehr Entscheidungsbefugnis verbunden ist, ihn allerdings öfter zu mehrwöchigen Auslandsreisen zwingt. Der Angestellte lehnt die ihm zugedachte neue Aufgabe ab, da die damit verbundenen häufigen Auslandsaufenthalte sein Familienleben und damit seine Lebensqualität drastisch verschlechtern würden. Eine solche Entscheidung kann nun von einer anderen Person, die ein anderes Lebensziel verfolgt, wie z. B. *die große Karriere*, nicht als irrational eingestuft werden. Denn formal hat der Familienvater rational gehandelt, die dahinter stehenden Motive können nicht von Dritten als nur "vermeintliche Ziele"[32] und die daraus folgende Entscheidung damit nicht als irrational gekennzeichnet werden.

Insofern ist der homo oeconomicus in seiner traditionellen, vielerlei Kritik Platz bietenden Version eine Form substantieller Rationalität, weil das Zielsystem in Form des ökonomischen Prinzips oder des **Erwerbsprinzips** vorgegeben ist.[33] Wenn also im Zusammenhang mit Rationalität von Gewinn- oder Einkommensmaximierung die Rede ist, so steckt dahinter ein gefährliches, nämlich substantielles Rationalitätsverständnis. Gefährlich deshalb, weil damit formal rationale Entscheidungen unter Verweis auf vermeintlich irrationale Ziele zu irrationalen Entscheidungen mutieren. So kann die Meinung des politisch anders Denkenden mit dem diffamierenden Etikett der Irrationalität versehen werden.[34] Und das, obgleich Ziele wohl einer formalen, nicht jedoch einer materiellen Rationalitätsüberprüfung zugänglich sind.[35]

---

[31] Eine solche Dichotomie substantieller Rationalität ergibt sich z. B. in der Argumentation HARTFIELS, wenn er als etwaige Handlungsziele und somit Bestandteile substantieller Rationalität folgenden Vorschlag macht: wirtschaftliches Handlungsziel: Maximierung von Geldeinkommen, politisches Ziel: Maximierung sozialer Kontrolle, soziales Ziel: größtmögliche Anpassung an soziale Normvorstellungen. Vgl.: HARTFIEL, GÜNTER: Wirtschaftliche und soziale Rationalität. Untersuchungen zum Menschenbild in Ökonomie und Soziologie, Enke, Stuttgart 1968, S. 63.

[32] Vgl.: PATZIG, GÜNTHER: Aspekte der Rationalität, Jenaer Philosophische Vorträge und Studien 4, hrsg. v. Wolfram Hogrebe, Palm & Enke, Jena 1994, S. 16.

[33] Vgl.: TIETZEL, MANFRED: Das Rationalitätsproblem in den Wirtschaftswissenschaften oder: Der homo oeconomicus und seine Verwandten, in: Jahrbuch für Sozialwissenschaft, Bd. 32 (1981), S. 115-138, hier S. 122.

Genau aus diesem Grund wurde der homo oeconomicus zum **homo rationalis** weiterentwickelt. Während im Modell des homo rationalis Ziele nicht Modellbestandteil sind, wird dem homo oeconomicus ein erwerbswirtschaftliches Zielsystem unterstellt. Insofern entspricht das Modell des homo oeconomicus dem Prinzip substantieller Zweckrationalität und das Modell des homo rationalis dem Prinzip formaler Zweckrationalität.

Ein **Transfer des Rationalprinzips** in andere Sozialwissenschaften und damit auch Lebensbereiche ist nur bei einer Rekurrierung auf das Konzept formaler Rationalität möglich.[36] Nur dann lassen sich die unterschiedlichen sozialen Anforderungen in den gesellschaftlichen Subsystemen wie z. B. Arbeit, Familie oder Freizeit mit Hilfe des Rationalitätsmodells erfassen.[37]

Die hier aufgezeigte Diskrepanz zwischen formaler und substantieller Rationalität kann auch durch den Bezug des homo oeconomicus auf eine Nutzenfunktion im individuellen Bereich aufgehoben werden. Dabei werden keine Ziele mehr explizit oder implizit unterstellt; das Zielsystem gleicht einer black box.[38] Welche Ziele und Werte hinter der Nutzenfunktion stehen, ist genau wie beim Konzept formaler Rationalität für eine Rationalitätsprüfung unerheblich. Besonderes ausgereift ist dieses Verständnis von formaler Rationalität in der ökonomischen Entscheidungslehre, die es unterläßt, bestimmte Ziele als Standard anzunehmen, sondern zielindifferent ist.[39]

---

[34] Vgl.: BANK, HANS-PETER: Rationale Sozialpolitik. Ein Beitrag zum Begriff der Rationalität, Beiträge zur Politischen Wissenschaft, Bd. 21, Duncker & Humblot, Berlin 1975, S. 37 f.

[35] Vgl.: PATZIG, GÜNTHER: Aspekte der Rationalität, Jenaer Philosophische Vorträge und Studien 4, hrsg. v. Wolfram Hogrebe, Palm & Enke, Jena 1994, S. 10.

[36] Vgl.: BANK, HANS-PETER: Rationale Sozialpolitik. Ein Beitrag zum Begriff der Rationalität, Beiträge zur Politischen Wissenschaft, Bd. 21, Duncker & Humblot, Berlin 1975, S. 39.

[37] Vgl.: HARTFIEL, GÜNTER: Wirtschaftliche und soziale Rationalität. Untersuchungen zum Menschenbild in Ökonomie und Soziologie, Enke, Stuttgart 1968, S. 63. ACHAM, KARL: Über einige Rationalitätskonzeptionen in den Sozialwissenschaften, in: Rationalität. Philosophische Beiträge, hrsg. v. Herbert Schnädelbach, Suhrkamp, Frankfurt 1984, S. 32-69, hier S. 39.

[38] Vgl.: HOLLIS, MARTIN: Homo oeconomicus und die Erbsünde, in: Analytische Politikphilosophie und ökonomische Rationalität, Bd. 2, hrsg. v. Karl-Peter Markl, Westdeutscher Verlag, Opladen 1984, S. 230-253, hier S. 233.

[39] Vgl.: BANK, HANS-PETER: Rationale Sozialpolitik. Ein Beitrag zum Begriff der Rationalität, Beiträge zur Politischen Wissenschaft, Bd. 21, Duncker & Humblot, Berlin 1975, S. 33.

Um der skizzierten Kritik am homo oeconomicus und der Forderung nach formaler Rationalität gerecht zu werden, wurde neben dem homo rationalis in der Ökonomie das Modell des resourceful evaluating maximising man, kurz **REMM** entwickelt.[40] Im Gegensatz zum homo oeconomicus ist er zielindifferent und verfügt auch nicht über vollständige Informationen. Der REMM ist somit formal, subjektiv und nicht substantiell, objektiv rational. Außerdem erlaubt dieser Ansatz über die Berücksichtigung offener Entscheidungsfelder die Modellierung technischen Fortschritts, denn der REMM wählt nicht nur aus bekannten Handlungsalternativen, sondern ist in der Lage, neue Problemlösungen schöpferisch zu entwickeln.[41]

Im Rahmen dieser Arbeit können nur Grundzüge ökonomischer Modelle von Handlungsrationalität vorgestellt werden. Zentral ist die Differenzierung nach dem unterstellten Informationsstand in vollkommene, objektive und subjektive Rationalität sowie nach der Bedeutung von Zielen in formale und substantielle Rationalität. Während dem Urmodell ökonomischer Handlungsrationalität mit dem Bild des homo oeconomicus ein vollkommenes und substantielles Rationalitätsverständnis zugrunde lag, wurde durch die Weiterentwicklungen zum homo rationalis und REMM den Forderungen nach subjektiver und formaler Rationalität Rechnung getragen.

Nachdem der ökonomische Ansatz zur Erklärung individueller Rationalität mit seinen elementaren Differenzierungen vorgestellt wurde, soll nunmehr der Frage nachgegangen werden, welchen Beitrag die Ökonomie zum Problem der Systemrationalität zu leisten vermag.

2.2 Das ökonomische Modell von Systemrationalität

Die bisherigen Ausführungen zum ökonomischen Rationalitätsverständnis haben deutlich gemacht, daß die Figur des homo oeconomicus und seine Weiterentwicklungen lediglich einen Ansatz zur Beurteilung von Rationalität auf individueller Ebene darstellen. Damit ist aber zunächst noch nichts darüber ausgesagt, ob aus der Aggregation

---

[40] Vgl.: MECKLING, W. H.: Values and the Choice of the Model of the Individual in the Social Science, in: Schweizerische Zeitschrift für Volkswirtschaft und Statistik, 112. Jg., S. 545-560.

[41] Vgl.: HOMANN, KARL: Die ökonomische Dimension von Rationalität, in: Moralische Entscheidung und rationale Wahl, hrsg. v. Martin Hollis und Wilhelm Vossenkuhl, Oldenbourg, München 1992, S. 11-24, hier S. 12.

individueller Handlungsrationalitäten auch eine Rationalität des Ganzen, des Systems entsteht.

Um die Frage nach der Rationalität eines Systems überhaupt beantworten zu können, bedarf es eines Maßstabes zur Beurteilung gesellschaftlicher Alternativen. Während das diesem Ansatz innewohnende **teleologische Rationalitätsverständnis** auf der individuellen Ebene keine methodologischen Schwierigkeiten bereitet, da beim Konzept formaler Rationalität die individuellen Ziele inhaltlich nicht definiert werden müssen, verhält sich dies bei der Systemrationalität deutlich anders. Überträgt man den Mittel-Zweck-Gedanken von der individuellen Ebene auf die Systemebene, so drängt sich die Frage nach dem Zweck des Systems auf: Wer definiert den Zweck, wessen Zwecke werden verfolgt?[42]

Obgleich LUHMANN die Problematik dieses Mittel-Zweck-Denkens auf der Systemebene deutlich gemacht hat, hält die Ökonomie einen Maßstab zur Beurteilung der Rationalität von Systemen bereit. Da die Ökonomie in ihrem Selbstverständnis die Lehre vom menschlichen Handeln unter Knappheitsgesichtspunkten ist, wird die Rationalität von Systemen an ihrem Beitrag zur Linderung des **Knappheitsproblems** gemessen. Der Maßstab zur Beurteilung von Systemrationalität liegt also in der Reduzierung gesellschaftlicher (ökonomischer) Knappheit.[43]

Da die Handlungsmaxime des homo oeconomicus durch Nutzenoptimierung definiert ist, sehen Ökonomen in einer Veränderung der Handlungsrestriktionen den Weg zur Steuerung menschlichen Verhaltens in Richtung einer wohlfahrtsökonomischen Systemrationalität. Wie müssen also in einer Gesellschaft die Rahmenbedingungen zumindest im ökonomischen Lebensbereich gestaltet sein, damit aus der Aggregation individueller Handlungsrationalität auch Systemrationalität folgt?

---

[42] Vgl.: LUHMANN, NIKLAS: Zweckbegriff und Systemrationalität, Suhrkamp, Tübingen 1968, S. 59.

[43] Vgl.: BERNHOLZ, PETER/BEYER, FRIEDRICH: Grundlagen der Politischen Ökonomie, Bd. 1: Theorie der Wirtschaftssysteme, 3. Aufl., Mohr, Tübingen 1993, S. 18. ALBERT, HANS: Rationalität und Wirtschaftsordnung: Grundlagenprobleme einer rationalen Ordnungspolitik, in: ders.: Marktsoziologie und Entscheidungslogik. Ökonomische Probleme in der soziologischen Perspektive, Luchterhand, Neuwied a. Rh. 1967, S. 205-242, hier S. 206. Vgl. zur Kritik an diesem Maßstab: ALBERT, HANS: Politische Ökonomie und rationale Politik. Vom wohlfahrtsökonomischen Formalismus zur politischen Soziologie, in: ders.: Aufklärung und Steuerung, Hoffmann und Campe, Hamburg 1976, S. 91-122. Ders.: Ökonomische Ideologie und politische Theorie. Das ökonomische Argument in der ordnungspolitischen Debatte, 2. Aufl., Schwartz, Göttingen 1972, S. 86 ff.

Die Frage ist so alt wie die Wirtschaftswissenschaft selbst. Seit den Arbeiten von ADAM SMITH gehört es zu den Grundpfeilern ökonomischer Theorie, daß die List des Wettbewerbs und der Markt als Koordinationsmechanismus gleichsam als Nebenzweck, als nicht intendierte Handlungsfolge individueller Entscheidungen, Systemrationalität in Form von Knappheitsreduzierung herbeiführen.[44]

Diese Überlegungen sollen an einem sehr einfachen **Beispiel** des Preismechanismus veranschaulicht werden: Ist bei einem privaten Gut die Nachfrage größer als das Angebot, ist es also knapp, so steigt ceteris paribus sein Preis. Dieser Vorgang lockt in Erwartung hoher Gewinne neue Anbieter auf den Markt. Diese individuelle Rationalität der Unternehmer - erwerbswirtschaftliche Ziele unterstellt - führt nun zu vermehrtem Angebot an dem fraglichen Gut, so daß die Preise ceteris paribus wieder sinken. Nach Ablauf dieses Prozesses ist das Angebot gestiegen, die Knappheit reduziert worden, also Systemrationalität entstanden.

Diese unterstellte Kongruenz von Handlungs- und Systemrationalität hat das normative Leitbild des homo oeconomicus hervorgebracht, da aus dem individuellen Optimierungskalkül gesellschaftliche Optimalzustände resultieren.[45] Die theoretische Harmonie von Liberalismus, Utilitarismus und Demokratie ist perfekt.[46]

Auch unter Ökonomen ist es seit langem unumstritten, daß eine solche Kongruenz von Handlungs- und Systemrationalität keinesfalls zwangsläufig ist. Schon SMITH sah in der Konvergenz von Handlungs- und Systemrationalität kein Naturgesetz. Ihm war die Notwendigkeit bestimmter Rahmenbedingungen deutlich, um eine solche Konvergenz sicherzustellen.[47] Unter dem Stichwort *Marktversagen*[48] werden in der neueren

---

[44] Vgl.: ACHAM, KARL: Über einige Rationalitätskonzeptionen in den Sozialwissenschaften, in: Rationalität. Philosophische Beiträge, hrsg. v. Herbert Schnädelbach, Suhrkamp, Frankfurt 1984, S 32-69, hier S. 41.

[45] Vgl.: TIETZEL, MANFRED: Das Rationalitätsproblem in den Wirtschaftswissenschaften oder: Der homo oeconomicus und seine Verwandten, in: Jahrbuch für Sozialwissenschaft, Bd. 32 (1981), S. 115-138, hier S. 124.

[46] Vgl.: NIDA-RÜMELIN, JULIAN: Ökonomische Rationalität und praktische Vernunft, in: Moralische Entscheidung und rationale Wahl, hrsg. v. Martin Hollis und Wilhelm Vossenkuhl, Oldenbourg, München 1992, S. 131-152, hier S. 133.

[47] Vgl.: ACHAM, KARL: Über einige Rationalitätskonzeptionen in den Sozialwissenschaften, in: Rationalität. Philosophische Beiträge, hrsg. v. Herbert Schnädelbach, Suhrkamp, Frankfurt 1984, S 32-69, hier S. 42.

Ökonomie insbesondere Phänomene wie *externe Effekte* und *öffentliche Güter* diskutiert.[49] Gleiches gilt für spieltheoretische Ansätze auf Basis des Gefangenen-Dilemmas, auch hier folgt aus Handlungs- eben keine Systemrationalität. Diese Probleme sollen nachfolgend kurz erörtert werden.

Richten wir den Blick zunächst auf das Problem **externer Effekte**: Allgemein gesprochen bestehen externe Effekte in Handlungswirkungen, die auch Auswirkungen auf nicht an der Entscheidung beteiligte Akteure haben.[50] Derartige Effekte können positiver oder negativer Art sein. Unabhängig davon verhindern sie ein wohlfahrtsökonomisches Optimum, also Systemrationalität. Die Ursache dafür liegt in der mangelnden Marktfähigkeit dieser Nebenwirkungen, die, wie COASE gezeigt hat, in erster Linie in fehlenden privatrechtlichen Eigentumsverhältnissen begründet ist.

So geht beispielsweise die Schädigung des Grundwassers durch Überdüngung nicht in das Rationalitätskalkül eines Landwirtes ein. Dieser optimiert seine Zielfunktion, sei es nun in Form eines höheren Ertrages durch die Düngung oder der preiswerten Beseitigung von Sondermüll aus der Tierhaltung. So kommt es zu einer Divergenz zwischen privaten und sozialen Kosten; die sozialen Kosten liegen über den privaten. Aus der individuellen Rationalität des Landwirtes folgt keine Systemrationalität.

Ähnliche Probleme, von Ökonomen häufig unter dem Stichwort Fehlallokation diskutiert, entstehen im Zusammenhang mit **öffentlichen Gütern**. Öffentliche Güter, zur besseren Abgrenzung von den sogenannten meritorischen Gütern auch Kollektivgüter genannt, stellen einen Extremfall externer Effekte dar. Sie zeichnen sich durch zwei Eigenschaften aus:[51]

---

[48] Herder-Dorneich charakterisiert die Dichotomie zwischen Handlungs- und Systemrationalität als Rationalitätenfalle. Vgl.: HERDER-DORNEICH, PHILIPP: Ordnungstheorie des Sozialstaates, Walter Eucken Institut, Vorträge und Aufsätze 92, Mohr, Tübingen 1983, S. 23 f.

[49] Einen interessanten Sonderfall öffentlicher Güter stellt das sogenannte *moral hazard* Phänomen dar. Dabei geht es um das veränderte individuelle Rationalverhalten nach Versicherungsabschluß, das zu nicht systemrationalen Ergebnissen führt. Vgl.: KIRCHGÄSSNER, GEBHARD: Homo oeconomicus. Das ökonomische Modell individuellen Verhaltens und seine Anwendung in den Wirtschafts- und Sozialwissenschaften, Mohr, Tübingen 1991, S. 76 ff.

[50] Vgl.: KIRSCH, GUY: Neue Politische Ökonomie, 3. Aufl., Werner, Düsseldorf 1993, S. 24.

[51] Mitunter wird auch nur die Nicht-Rivalität im Konsum als einzig konstitutives Merkmal öffentlicher Güter angeführt. Tritt das Versagen des Preisausschlußprinzips hinzu, wird dann von spezifischen öffentlichen Gütern gesprochen. Vgl.: PEFFEKOVEN, ROLF: Stichwort Öffentliche Güter, in: Vahlens Großes Wirtschaftslexikon, hrsg. v. Erwin Dichtl und Ottmar Issing, 2. Aufl., Beck, München 1993, S. 1136 f.

- Nicht-Rivalität im Konsum;
- Nicht-Funktionsfähigkeit des Preisausschlußprinzips.

Nicht-Rivalität im Konsum bedeutet, daß die Konsumfähigkeit eines Gutes durch den Konsum einer oder mehrerer Personen unberührt bleibt. Auf der anderen Seite läßt sich vom Konsum dieses Gutes niemand über den Preismechanismus ausschließen. Es besteht somit ein systematischer Anreiz zur free-rider Position. Da dies so ist, wird sich in der Gesellschaft niemand bereit finden, dieses Gut unter Inkaufnahme von Kosten zu produzieren. Das individuelle rationale Kalkül des Trittbrettfahrers verhindert somit das gesellschaftlich gewünschte Angebot, Handlungs- und Systemrationalität fallen auseinander.

Eine ebensolche Dichotomie zwischen individueller und kollektiver Rationalität ergibt sich im sogenannten **Gefangenen-Dilemma**. Dieser Ur-Baustein der Spieltheorie soll anhand des ursprünglichen Beispiels vorgestellt werden:[52]

Zwei des schweren Raubüberfalls verdächtigte Gefangene werden getrennt dem Untersuchungsrichter vorgeführt. Er teilt ihnen, ebenfalls getrennt, mit, daß sie, wenn beide gestehen, voraussichtlich jeder zu acht Jahren Haft verurteilt werden. Leugnen sie beide die Tat, so könnten sie nur wegen geringerer Vergehen, z. B. unerlaubten Waffenbesitzes, zu je einem Jahr verurteilt werden. Gesteht aber einer, während der andere leugnet, so wird der Geständige (nach einer Art Kronzeugenregelung) freigesprochen, der Leugnende hingegen bekommt zehn Jahre. Jeder der Gefangenen weiß, daß auch sein Kumpan so belehrt worden ist; sie haben aber keinerlei Möglichkeit, sich zu verständigen. Könnten sie sich einigen und würden sie einander vertrauen, so wäre offensichtlich gemeinsames Leugnen die optimale Strategie, weil jeder nur für ein Jahr ins Gefängnis müßte. Aber unter den gegebenen Bedingungen muß jeder befürchten, daß, wenn er leugnet, der andere gesteht, um ganz frei auszugehen, er selbst aber für zehn Jahre eingesperrt wird. Daher werden beide gestehen und dementsprechend beide zu acht Jahren Haft verurteilt werden.

---

[52] Das Beispiel ist entnommen: PATZIG, GÜNTHER: Aspekte der Rationalität, Jenaer Philosophische Vorträge und Studien 4, hrsg. v. Wolfram Hogrebe, Palm & Enke, Jena 1994, S. 14.

Das Ergebnis ähnelt dem bei öffentlichen Gütern, individuelle und kollektive Rationalität fallen auseinander. Auch wenn im Rahmen der sogenannten *tit for tat Strategie* gezeigt werden konnte, daß das Gefangenen-Dilemma bei mehrmaliger Wiederholung durch Lernprozesse einen kollektiv rationalen Ausgang nehmen kann,[53] bleibt festzuhalten, daß das ökonomische Rationalitätsmodell zunächst ein Modell der Handlungsrationalität ist. Zur Generierung einer Systemrationalität greifen Ökonomen auf die individuelle Ebene zurück. Die gesellschaftlichen Verhältnisse sollen dazu so gestaltet sein, daß aus der Aggregation von individuellen Nutzenmaximierern unter Knappheitsgesichtspunkten auch kollektive Rationalität entsteht.

Bei dieser Vorgehensweise eröffnen sich zwei Probleme:

1. Ist der Transfer des Mittel-Zweck-Rationalitätskalküls von der individuellen auf die kollektive Ebene überhaupt zulässig, und ist der wohlfahrtsökonomische Knappheitsmaßstab dann hinreichend?

2. Was ist ökonomisch systemrational, wenn die Kongruenz von individueller und kollektiver Rationalität nicht gilt? Wie kann eine Systemrationalität ohne Rückgriff auf individuelle Rationalität hergeleitet werden?

Diese Fragen sollen zunächst unbeantwortet bleiben. Bei der Analyse und Metaanalyse des Finanzausgleichs wird auf diese Schwierigkeiten zurückgekommen. Nur soviel vorweg: auch wenn die Kongruenz von Handlungs- und Systemrationalität eher die Ausnahme als die Regel ist, scheint der umgekehrte Weg, eine individuelle Rationalität aus einer wie auch immer begründeten Systemrationalität zu deduzieren, untauglich. Insofern steht die vorliegende Arbeit in der Tradition des kritischen Rationalismus, der ein solches Ansinnen als inhuman kennzeichnet.[54] Das "grundlegende Problem der Moderne",[55] die Divergenz von Handlungs- und Systemrationalität, verlangt

---

[53] Vgl.: KIRCHGÄSSNER, GEBHARD: Homo oeconomicus. Das ökonomische Modell individuellen Verhaltens und seine Anwendung in den Wirtschafts- und Sozialwissenschaften, Mohr, Tübingen 1991, S. 57 f.

[54] Vgl.: ACHAM, KARL: Über einige Rationalitätskonzeptionen in den Sozialwissenschaften, in: Rationalität. Philosophische Beiträge, hrsg. v. Herbert Schnädelbach, Suhrkamp, Frankfurt 1984, S. 32-69, hier S. 44.

[55] HOMANN, KARL: Die ökonomische Dimension von Rationalität, in: Moralische Entscheidung und rationale Wahl, hrsg. v. Martin Hollis und Wilhelm Vossenkuhl, Oldenbourg, München 1992, S. 11-24, hier S. 20.

vielmehr die Konzentration auf die Möglichkeiten, gesellschaftliche Rahmenbedingungen im Sinne von Restriktionen individueller Handlungen so zu gestalten, daß in möglichst vielen Feldern menschlicher Existenz Handlungs- und Systemrationalität nicht auseinanderfallen.[56]

2.3 Zum Konzept rationaler Wirtschaftspolitik

Bevor auf die Endogenisierung der politischen Akteure in das Konzept rationaler Wirtschaftspolitik im Rahmen der Neuen Politischen Ökonomie eingegangen wird, soll zunächst der Blick auf das Problem rationaler Wirtschaftspolitik unter der Prämisse gemeinwohlorientierter Politiker geworfen werden. Daran anschließend werden die Erkenntnisse der Neuen Politischen Ökonomie in die Argumentation integriert.

Wenn in der deutschsprachigen wirtschaftstheoretischen Literatur von **rationaler Wirtschaftspolitik** die Rede ist, so wird beinahe durchgängig auf HERBERT GIERSCH Bezug genommen. GIERSCH umschreibt eine rationale Wirtschaftspolitik wie folgt:

> "Rational nenne ich eine Politik, die planmäßig auf die Verwirklichung eines umfassenden, wohldurchdachten und in sich ausgewogenen Zielsystems gerichtet ist und dabei den höchsten Erfolgsgrad erreicht, der unter den jeweiligen Umständen erreichbar ist."[57]

Es ist offensichtlich, daß bei dieser Definition rationaler Wirtschaftspolitik die ökonomische Auffassung von Handlungsrationalität auf die gesellschaftliche Ebene übertragen wird.[58] Ein solches, **zweckrationales Verständnis** von Wirtschaftspolitik birgt eine Reihe von Problemen in sich, die nachfolgend erörtert werden sollen.

---

[56] Vgl.: KIRCHGÄSSNER, GEBHARD: Rationales Verhalten und vernünftiges Handeln: Ein Widerspruch? in: Rationale Wirtschaftspolitik in komplexen Gesellschaften. Gérard Gäfgen zum 60. Geburtstag, hrsg. v. Hellmuth Milde und Hans G. Monissen, Kohlhammer, Stuttgart usw. 1985, S. 29-41, hier S. 39.

[57] GIERSCH, HERBERT: Allgemeine Wirtschaftspolitik, 1. Bd.: Grundlagen, Gabler, Wiesbaden 1960, S. 22.

[58] Vgl.: REHMANN, DIETER: Rationalität, Effizienz und Effektivität der staatlichen Förderungspolitik zugunsten des kombinierten Ladungsverkehrs, Diss. Uni. Münster, Vandenhoeck & Ruprecht, Göttingen 1988, S. 22.

Zunächst bedingt ein teleologisches Rationalitätsverständnis von Wirtschaftspolitik eine **wirtschaftspolitische Zielfunktion.** Wenn rationale Wirtschaftspolitik durch ein effizientes Mittel-Zweck-Schema gekennzeichnet ist, stellt sich zwangsläufig die Frage, woher die Ziele einer rationalen Wirtschaftspolitik kommen, und welchen Beitrag die Theorie der Wirtschaftspolitik zur Zielbildung leisten kann? Dieses Problem hängt sehr eng mit der Auseinandersetzung um die Bedeutung von Werturteilen in der wissenschaftlichen Analyse, mit dem **Werturteilsstreit**,[59] zusammen.[60] Im wissenschaftstheoretischen Streit hat sich die rationalistische, dem Postulat der Wertfreiheit verpflichtete Position, wenn auch nicht ohne Kritik, durchgesetzt.[61] Bei der Metaanalyse

---

[59] Vgl. ausführlich zum Werturteilsstreit: ALBERT, HANS, TOPITSCH, ERNST (Hrsg.): Werturteilsstreit, Wissenschaftliche Buchgesellschaft, Darmstadt 1971, FERBER, CHRISTIAN VON: Der Werturteilsstreit 1909/1959. Versuch einer wissenschaftsgeschichtlichen Interpretation, in: Logik der Sozialwissenschaften, hrsg. v. Ernst Topitsch, Kiepenheuer & Witsch, Köln, Berlin 1965, S. 165-210.

[60] Der Werturteilsstreit, ausgelöst durch die Beiträge von MAX WEBER und WERNER SOMBART auf der Tagung des Vereins für Socialpolitik des Jahres 1909, entflammte sich an der Rolle von Werturteilen in der wissenschaftlichen Analyse. Grundsätzlich lassen sich drei Positionen in dieser Debatte unterscheiden: der kritsche Rationalismus; der (Neo-) Normativismus und die dialektische Position. Vertreter des kritischen Rationalismus und des Neo-Normativismus stimmen darin überein, daß sich normative und kognitive Aussagen durch ihren unterschiedlichen empirischen Gehalt unterscheiden lassen. Während normative Aussagen nicht falsifizierbar und somit nicht intersubjektiv nachprüfbar sind, können Tatsachenaussagen in der Konfrontation mit der Wirklichkeit auf ihren Wahrheitsgehalt getestet werden. Für Vertreter der dialektischen Position, etwa der sogenannten *Frankfurter Schule*, ist eine solche Trennung in den Sozialwissenschaften nicht möglich, da der Wissenschaftler immer Teil des Explanandums, der Gesellschaft ist. Teilt man den wissenschaftlichen Erkenntnisprozeß in drei Bereiche ein, nämlich den Basis-, den Objekt- und Inhaltsbereich, so scheiden sich die Geister um die Bedeutung von Werturteilen im Inhaltsbereich. Im Basisbereich, in dem Forschungsmethode, Erkenntnisziel und Erkenntnisgegenstand determiniert werden, fließen Bewertungen des Wissenschaftlers automatisch ein. Im Objektbereich, der Ebene des zu untersuchenden Sachverhaltes, sind Werturteile als Gegenstand wissenschaftlicher Analyse unstrittig. So können wirtschaftspolitische Ziele und Programme, etwa im Hinblick auf ihre Konsistenz, Bestandteil einer formalen Rationalitätsprüfung sein. Umstritten ist die Bedeutung von normativen Elementen auf der Inhaltsebene. Der Inhaltsbereich umfaßt Aussagen, die Erkenntnisse über den Analysegegenstand vermitteln. Vertreter einer normativen Position verweisen darauf, daß sozialwissenschaftliche Erkenntnisse, wenn sie, wie gewünscht, zur Förderung des gesellschaftlichen Fortschrittes verwandt werden sollen, von den politischen Entscheidungen nicht wertneutral sein dürfen. Demgegenüber bestreiten Verfechter der rationalistischen Position sowohl die Notwendigkeit als auch die Möglichkeit von Werturteilen auf der Inhaltsebene. Sie sind nicht nötig, da dem politischen Entscheider auch ohne Werturteile alternative Handlungskonzeptionen vorgeschlagen werden können, und sie sind unmöglich, weil in der Politikberatung Informationen erwartet würden, die sich aus normativen Urteilen nicht deduzieren ließen. Vgl.: BERG, HARTMUT, CASSEL, DIETER: Theorie der Wirtschaftspolitik, in: Vahlens Kompendium der Wirtschaftstheorie und Wirtschaftspolitik, Bd. 2, hrsg. v. Dieter Bender et. al., Vahlen, München 1992, S. 163-238, hier S. 179 ff.

[61] Vgl.: PÜTZ, THEODOR: Die Theorie der rationalen Wirtschaftspolitik. Kritik und Antikritik, in: Aktuelle Wege der Wirtschaftspolitik, hrsg. v. Artur Woll, Duncker & Humblot, Berlin 1983, Schriften des Vereins für Socialpolitik, N. F. Bd. 130, S. 9-49, hier S. 23 ff.

des Finanzausgleichs wird zu prüfen sein, inwieweit die ökonomische Analyse des Finanzausgleichs durch Werturteile geprägt ist.

Neben der Notwendigkeit eines operationalen Systems wirtschaftspolitischer Ziele ergeben sich noch weitere Bedingungen für eine zweckrationale Wirtschaftspolitik. Wird eine objektive Zweckrationalität auf wirtschaftspolitischer Ebene gefordert, dann müssen dem wirtschaftspolitischen Entscheider darüber hinaus folgende Informationen zur Verfügung stehen:[62]

- eine umfassende Ist-Analyse einschließlich der Aufdeckung von Fehlentwicklungen,
- eine Fortschreibungs- und Wirkungsprognose,
- ein (wirtschafts-) politisches Programm mit optimalen Strategien.

Diese auf dem Modell objektiver Handlungsrationalität basierende Konzeption einer rationalen Wirtschaftspolitik mag ihre theoretischen Reize haben, für eine tatsächliche Wirtschaftspolitik ist sie aber **unbrauchbar**. Denn analog zum göttlichen Modell des homo oeconomicus ist es auch in der Wirtschaftspolitik unmöglich, ein konsistentes Zielsystem aufzubauen sowie über vollkommene Information zu verfügen.[63] Genau wie im Bereich individueller Rationalität ist auch auf kollektiver Ebene ein objektiver Rationalitätsmaßstab untauglich. Von daher soll in Anlehnung an PÜTZ eine Wirtschaftspolitik dann als rational gekennzeichnet werden, wenn die wirtschaftspolitischen Entscheidungsträger gewillt sind, objektiv rational zu handeln, mithin subjektiv rational agieren.[64] In diesem Falle kann von den engen Restriktionen einer objektiven Rationalität abgewichen werden. Eine am Vorbild objektiv rationaler Wirtschaftspolitik orientierte Konzeption, auch als *Politik aus einem Guß* charakterisiert, entspricht den wirtschaftspolitischen Ideen aus der Hochzeit der Globalsteuerung, als makroökonomische Probleme zur *wirtschaftspolitischen Menükarte* degenerierten, aus

---

[62] Vgl.: BERG, HARTMUT, CASSEL, DIETER: Theorie der Wirtschaftspolitik, in: Vahlens Kompendium der Wirtschaftstheorie und Wirtschaftspolitik, Bd. 2, hrsg. v. Dieter Bender et. al., Vahlen, München 1992, S. 163-238, hier S. 174.

[63] Vgl.: BERG, HARTMUT, CASSEL, DIETER: Theorie der Wirtschaftspolitik, in: Vahlens Kompendium der Wirtschaftstheorie und Wirtschaftspolitik, Bd. 2, hrsg. v. Dieter Bender et. al., Vahlen, München 1992, S. 163-238, hier S. 175.

[64] Vgl.: PÜTZ, THEODOR: Die Theorie der rationalen Wirtschaftspolitik. Kritik und Antikritik, in: Aktuelle Wege der Wirtschaftspolitik, hrsg. v. Artur Woll, Duncker & Humblot, Berlin 1983, Schriften des Vereins für Socialpolitik, N. F. Bd. 130, S. 9-49, hier S. 15.

der je nach Präferenz z. B. entweder mehr Arbeitslosigkeit oder mehr Inflation gewählt werden konnte.

Problematisch an dieser Vorstellung von Rationalität, hierauf hat insbesondere HOMANN hingewiesen, sind die ihr implizit oder explizit innewohnenden **vordemokratischen Argumentationsmuster**, da der demokratische Entscheidungsprozeß als Antipode zu einer rationalen Wirtschaftspolitik verstanden wird.[65] Die Vielzahl politischer Ziele und Interessen einer pluralistischen Gesellschaft verhindert nämlich in dieser Tradition die Verfolgung einer rationalen Wirtschaftspolitik.[66]

Aber auch eine subjektive Rationalität, die also der Maßstab für eine rationale Wirtschaftspolitik sein soll, ist Beschränkungen unterworfen. Solche Restriktionen sind nach der Auffassung von PÜTZ auf drei Ebenen denkbar:[67]

1. Die Entscheidung ist von vermeintlich irrationalen Bestimmungsfaktoren, wie Gefühlen, geleitet.
2. Es besteht ein Konflikt zwischen dem Willen zu systemrationalem wirtschaftspolitischem Handeln und gleichzeitigem Streben nach individuellen Zielen der wirtschaftspolitischen Entscheidungsträger.
3. Die Ziele der Wirtschaftspolitik sind mit den Zielen anderer Politikbereiche unvereinbar.

Während die Diskrepanz zwischen affektivem und rationalem Verhalten nicht erklärungsbedürftig erscheint, sollen die zweite und dritte Einschränkung einer subjektiv rationalen Wirtschaftspolitik kurz erörtert werden.

---

[65] Vgl.: HOMANN, KARL: Zum Problem rationaler Politik in demokratischen Gesellschaften, in: Jahrbuch für Neue Politische Ökonomie, 1. Bd., hrsg. v. Erik Boettcher, Philipp Herder Dorneich, Karl-Ernst Schenk, Mohr, Tübingen 1982, S. 11-38, hier S. 14.

[66] Eine Auffassung, die auch der Einrichtung einer unabhängigen Zentralbank zugrunde zu liegen scheint; obgleich Vertreter der Neuen Politischen Ökonomie inzwischen auch die Unhaltbarkeit eines wohlmeinenden, systemrational handelnden Diktators nachgewiesen haben. Ebenso wie Politiker verfolgt auch eine unabhängige Zentralbank nur insoweit das Ziel *Preisniveaustabilität*, wie die individuellen Akteure davon Nutzen haben.

[67] Vgl.: PÜTZ, THEODOR: Die Theorie der rationalen Wirtschaftspolitik. Kritik und Antikritik, in: Aktuelle Wege der Wirtschaftspolitik, hrsg. v. Artur Woll, Duncker & Humblot, Berlin 1983, Schriften des Vereins für Socialpolitik, N. F. Bd. 130, S. 9-49, hier S. 15.

Der Konflikt zwischen System- und Handlungsrationalität der politischen Handlungsträger ist der durchgängige Ansatz der Neuen Politischen Ökonomie zur Erklärung vermeintlich irrationaler Wirtschaftspolitik. Diese Analyse verkennt in ihrer Monokausalität die zweite Einschränkung subjektiv rationaler **Wirtschafts**politik. Ist es nicht denkbar, daß das ökonomisch Rationale, vorausgesetzt, man wüßte um den Inhalt, hinter der (Zweck-)Rationalität anderer gesellschaftlicher (politischer) Zielsysteme zurückstehen muß? Die Antwort soll mit einem Beitrag von R. KRENGEL, einer Replik auf einen Vortrag von HERBERT GIERSCH zum Thema "Rationale Wirtschaftspolitik in der pluralistischen Gesellschaft" anläßlich der Tagung des Vereins für Socialpolitik des Jahres 1966, gegeben werden:

> "Sie haben nicht viel Liebe für diese pluralistische Gesellschaft gezeigt, ... Es hat doch keinen Zweck, einfach die Tatsache zu negieren, daß all diese Konflikte, über die wir hier sprechen ..., in dieser Welt nun einmal existieren, und daß wir auch andere als ökonomische Ziele erreichen müssen, unter Umständen sogar im Gegensatz zu ökonomisch optimalen Maßnahmen. Es könnte im Jahre 1995, ..., einmal irgendein ökonomisches Fach-Team den unwiderleglichen Beweis führen, daß es für die Wachstumsrate und die Einkommensverteilung von außerordentlicher Bedeutung sei, das Bundesverfassungsgericht abzuschaffen. Ich muß ganz ehrlich ... gestehen, daß ich mich in diesem Falle ... auf den Standpunkt stellen würde: Es ist mir vollkommen egal, was das Modell sagt, ich möchte ruhig schlafen, und das scheint mir auch eine Zielsetzung zu sein."[68]

Dieses Verständnis komplexer politischer, und nicht vordergründig handlungsrationaler Zielsysteme scheint in mancher aktuellen wirtschaftspolitischen Diskussion, und - wie noch zu zeigen sein wird - auch beim Länderfinanzausgleich zu kurz zu kommen.

BERG und CASSEL verweisen auf zwei weitere, einer rationalen Wirtschaftspolitik abträgliche Faktoren:[69]

- erstens erschwert eine pluralistische Gesellschaft die Formulierung eines konsistenten Zielbündels und

---

[68] Diskussion zum Vortrag von GIERSCH, HERBERT: Rationale Wirtschaftspolitik in der pluralistischen Gesellschaft, in: Rationale Wirtschaftspoltik und Planung in der Wirtschaft von heute. Verhandlungen auf der Tagung des Vereins für Socialpolitik, Gesellschaft für Wirtschafts- und Sozialwissenschaften in Hannover 1966, hrsg. v. Erich Schneider, Duncker & Humblot, Berlin 1967, S. 151 f.

[69] Vgl.: BERG, HARTMUT, CASSEL, DIETER: Theorie der Wirtschaftspolitik, in: Vahlens Kompendium der Wirtschaftstheorie und Wirtschaftspolitik, Bd. 2, hrsg. v. Dieter Bender et al., Vahlen, München 1992, S. 163-238, hier S. 175.

- zweitens wird die Wirtschaftspolitik von mehreren Entscheidungsträgern, d. h. dezentral durchgeführt.

Auch hier wird die Skepsis gegenüber demokratischen Entscheidungsregeln deutlich. Sie schlagen daher einen auf dem kritischen Rationalismus basierenden Entwurf rationaler Wirtschaftspolitik vor, bei dem aus der Erkenntnis der aufgezeigten Grenzen objektiv rationaler Wirtschaftspolitik der Rationalitätsmaßstab niedriger gehängt wird. Dabei besteht Rationalität darin, unkalkulierbare Risiken zu vermeiden, so den Schaden falscher Entscheidungen zu begrenzen und den politischen Prozeß steuerbar zu halten - mit anderen Worten in einer *Politik der kleinen Schritte*.[70] In einer Welt von Ungewißheit wird Flexibilität zur Voraussetzung rationalen Handelns.[71] Dem Vorteil größerer Realitätsnähe steht hierbei der Nachteil einer nicht beabsichtigten Rationalitätslegitimation einer Politik des *muddeling through* gegenüber.[72]

Ebenfalls in popperscher Tradition steht BANK mit seinem Entwurf einer rationalen Sozialpolitik.[73] Zwar muß rationale Politik zweckrational im Sinne einer im vorhinein kalkulierten Zweckmäßigkeit sein, gleichwohl verneint er die Existenz objektiver Rationalitäten und knüpft an das Konzept formaler Handlungsrationalität an. Der Rationalitätsmaßstab kann demnach niemals der Inhalt einer Entscheidung, sondern muß immer ihr Zustandekommen sein. Rationalität wird so vom Inhalt der Politik losgelöst; irrational sind nur noch Entscheidungen, bei denen gegen die Regeln der Entscheidungslogik verstoßen wird. In Anlehnung an die klassische Entscheidungstheorie stellt BANK eine Art Fahrplan rationaler Entscheidungsfindung auf:

- Spezifikation der bekannten Möglichkeiten;

---

[70] Vgl.: BERG, HARTMUT, CASSEL, DIETER: Theorie der Wirtschaftspolitik, in: Vahlens Kompendium der Wirtschaftstheorie und Wirtschaftspolitik, Bd. 2, hrsg. v. Dieter Bender et. al., Vahlen, München 1992, S. 163-238, hier S. 176.

[71] Vgl.: REHMANN, DIETER: Rationalität, Effizienz und Effektivität der staatlichen Förderungspolitik zugunsten des kombinierten Ladungsverkehrs, Diss. Uni. Münster, Vandenhoeck & Ruprecht, Göttingen 1988, S. 23.

[72] Vgl.: ACHAM, KARL: Über einige Rationalitätskonzeptionen in den Sozialwissenschaften, in: Rationalität. Philosophische Beiträge, hrsg. v. Herbert Schnädelbach, Suhrkamp, Frankfurt 1984, S. 32-69, hier S. 44.

[73] Vgl.: BANK, HANS-PETER: Rationale Sozialpolitik. Ein Beitrag zum Begriff der Rationalität, Beiträge zur Politischen Wissenschaft, Bd. 21, Duncker & Humblot, Berlin 1975.

- Bestimmung aller möglichen Folgen für alle Alternativen unter Verwendung aller relevanten Informationen;
- Wertbestimmung jeder Alternative auf Basis der relevanten Wertkriterien;
- Auswahl der richtigen Alternative.

Aufgrund des popperschen Fallibilismus werden die Rationalitätsregeln Entscheidungslogik und Zweckrationalität durch ein politisches Element ergänzt. Da es keine Wahrheiten gibt und die Falsifikation der Motor des Fortschritts ist, muß ein rationales politisches System die Bedingungen für ein Höchstmaß an **kritischer Reflexion**, dem Hauptaspekt einer rationalen Politik, schaffen.[74] Eine solche Konstellation sieht BANK in der Demokratie durch ihre Gewaltenteilung als gegeben an. Auch in diesem Ansatz ist Rationalität formal und nicht substantiell und aufgrund der popperschen Erkenntnisse subjektiv und nicht objektiv.

Ganz ähnlich liegen die Dinge bei der von HOMANN entwickelten **Verfahrensrationalität**.[75] Demnach sind die "Analyse von Problemen, Ausmachen von Chancen, fortlaufende Produktion und Beurteilung von Alternativen und gegebenenfalls Revision der Entscheidungen ... die wichtigsten Merkmale rationalen Verhaltens".[76]

Zusammenfassend kann zwischen zwei Ansätzen rationaler Wirtschaftspolitik differenziert werden. Auf der einen Seite der dem kritischen Rationalismus verpflichtete Entwurf einer prozeß- oder verfahrensrationalen Wirtschaftspolitik, auf der anderen Seite das auf dem Modell ökonomischer Handlungsrationalität basierende Konzept einer ergebnisorientierten zweckrationalen Wirtschaftspolitik (vgl. Abb. 3).

---

[74] Ganz ähnlich und ebenfalls auf POPPER aufbauend: ALDRUP, DIETER: Das Rationalitätsproblem in der Politischen Ökonomie. Methodenkritische Lösungsansätze, Mohr, Tübingen 1971.

[75] Vgl.: HOMANN, KARL: Die Interdependenz von Zielen und Mitteln, Diss. Uni. Münster, Mohr, Tübingen 1980, S. 213 ff.

[76] HOMANN, KARL: Die Interdependenz von Zielen und Mitteln, Diss. Uni. Münster, Mohr, Tübingen 1980, S. 215.

Abb. 3: Unterschiedliche Konzepte rationaler Wirtschaftspolitik

Im Rahmen der vorliegenden Arbeit wird das teleologische Rationalitätsmodell im Vordergrund stehen. Dies geschieht nicht, weil diesem Modell ein höherer Wahrheitsgehalt oder eine größere Zweckmäßigkeit zugebilligt wird, sondern vielmehr, weil diese Auffassung von Rationalität in der ökonomischen Analyse von Wirtschaftspolitik dominiert.

Dieses Ergebnis vor Augen, soll nun der Blick auf die Endogenisierung politischer Entscheidungsträger in ein Modell rationaler Wirtschaftspolitik durch die Neue Politische Ökonomie gerichtet werden.

2.4 Rationale Wirtschaftspolitik und Neue Politische Ökonomie - das Konzept der politischen Rationalität

Nachdem in den bisherigen Ausführungen ein Grundriß des ökonomischen Rationalitätsverständnisses aufgezeigt wurde, soll nachfolgend der Transfer dieses Menschen- bzw. Verhaltensmodells auf den politischen Entscheidungsprozeß diskutiert werden.

Die Analyse nicht-ökonomischer Lebensbereiche mit Hilfe des ökonomischen Verhaltensmusters hat mittlerweile fast alle Züge der menschlichen Existenz erfaßt. Es gibt nicht nur eine ökonomische Theorie der Politik, auch Neue Politische Ökonomie genannt, sondern auch eine ökonomische Theorie der Kunst, der Familie, der Ausbildung, der Forschung usw.[77]

Ein Umstand, der in den betroffenen Sozialwissenschaften, wie der Soziologie oder der Politikwissenschaft, nicht mit ungeteilter Begeisterung aufgenommen wird. Die eher kritische Einstellung gegenüber der universellen ökonomischen Sozialwissenschaft gipfelt in dem **Imperialismusvorwurf** an die Ökonomie.[78] Vertreter der ökonomischen Zunft rechtfertigen die Analyse auch nicht-ökonomischer Lebensbereiche mit der Universalität des ökonomischen Verhaltensmodells[79] und feiern ihre Arbeiten als Schritt zur wahren Interdisziplinarität und zur Einheit der Sozialwissenschaften.[80]

Ziel der vorliegenden Arbeit kann es nicht sein, diesen Streit zu beenden; ein solches Unterfangen würde eine einzelne Arbeit überfordern.[81] Das Anliegen ist es vielmehr, das ökonomische Rationalitätsfundament zur Analyse von (Wirtschafts-)Politik kritisch zu durchleuchten und so einen Beitrag zum Rationalitätsverständnis von Wirtschaftspolitik im allgemeinen und des Finanzausgleichs im besonderen zu leisten.

Von daher wird im folgenden auch nicht der gesamte Ansatz der Neuen Politischen Ökonomie vorgestellt; es soll vielmehr offengelegt werden, welches Rationalitätsverständnis dieser Denkrichtung innewohnt und welche Implikationen sich daraus für die Theorie einer rationalen Wirtschaftspolitik ergeben.

Grundsätzlich reiht sich die NPÖ in eine Reihe von Transfers des ökonomischen Verhaltensbildes auf nicht-ökonomische Bereiche ein. Die hehre Annahme eines gemein-

---

[77] Vgl.: FREY, BRUNO S.: Ökonomie ist Sozialwissenschaft. Die Anwendung der Ökonomie auf neue Gebiete, Vahlen, München 1990, S. 14.

[78] Vgl. etwa: WILKE, HELMUT: Kontextsteuerung und Re-Intergration der Ökonomie-zum Einbau gesellschaftlicher Kriterien in ökonomische Rationalität, in: Dezentrale Gesellschaftssteuerung, hrsg. v. Helmut Wilke und Manfred Glagow, Pfaffenweiler 1987, S. 155-172, hier S. 165.

[79] Vgl. zu einer methodischen Kritik: GODELIER, MAURICE: Rationalität und Irrationalität in der Ökonomie, übers. v. Monika Noll und Rolf Schubert, Europäische Verlagsanstalt, Frankfurt a. M. 1972, S. 24 f.

[80] Vgl.: FREY, BRUNO S.: Ökonomie ist Sozialwissenschaft. Die Anwendung der Ökonomie auf neue Gebiete, Vahlen, München 1990, S. 15.

[81] Vgl. zu den Positionen: KIRCHGÄSSNER, GEBHARD: Homo oeconomicus. Das ökonomische Modell individuellen Verhaltens und seine Anwendung in den Wirtschafts- und Sozialwissenschaften, Mohr, Tübingen 1991, S. 138 ff.

wohlorientierten politischen Handlungsträgers wird aufgegeben. Genau wie jedes ökonomische Wesen suchen auch politische Entscheider ihr Nutzenmaximum unter Nebenbedingungen zu verwirklichen. Für dieses angenommene Verhalten wurde der Begriff der **politischen Rationalität** geprägt.[82]

Ist diese Verhaltensannahme akzeptiert, stellt sich unmittelbar die Frage nach den Handlungsrestriktionen und den Komponenten der Nutzenfunktion politischer Entscheider. Ziele mögen Ansehensmaximierung, Machterhalt, Wohlstandsmaximierung etc. sein.[83] Handlungsrestriktionen ergeben sich insbesondere aus der Wiederwahlrestriktion, der Gewaltenteilung und der Parteienkonkurrenz.

Nicht zufällig ähnelt das Bild des Politikers dem eines **politischen Unternehmers**, der gesellschaftlich nützliche Dinge nicht um ihrer selbst willen, sondern lediglich als nicht intendierte Nebenfolge erzeugt. Analog zu marktwirtschaftlichen Koordinationsmechanismen übernehmen Politiker die Rolle des Anbieters. Wähler werden zu Nachfragern, die ihrerseits ebenfalls eigennützig agieren. Konsequenterweise folgern die Vertreter der NPÖ hieraus, daß sich Systemrationalität auch im politischen Bereich bestenfalls als Nebenprodukt einstellt.[84] Der *political man* orientiert sich eben unter Wiederwahl- und anderen Restriktionen an seiner Handlungsrationalität. Demzufolge muß das politische System so gestaltet werden, daß auch unter dieser eher pessimistischen Annahme analog zu Marktprozessen Systemrationalität entsteht.[85] In einem sehr einfachen Modell verwandelt sich das Konstrukt vollkommener Konkurrenz zum Prinzip vollkommener Parteienkonkurrenz.

---

[82] Vgl.: DOWNS, ANTHONY: Ökonomische Theorie der Demokratie, Mohr, Tübingen 1968, S. 19.

[83] Nicht selten wird dieses Problem gar nicht weiter erörtert. Statt dessen wird implizit oder explizit Stimmenmaximierung als Zielfunktion der politisch Agierenden unterstellt. Eine nicht sehr schlüssige Zielfunktion, denn es ist jenseits von politischen Mehrheiten nicht sinnvoll, das Zustimmungsniveau unter zwingender Inkaufnahme von Opportunitätskosten weiter zu erhöhen. Vielmehr scheint es eher so zu sein, daß die Erringung von Mehrheiten eine wichtige Nebenbedingung für den politischen Unternehmer ist, im Rahmen dessen er seine wie auch immer gearteten Nutzenkomponenten zu maximieren sucht.

[84] Vgl.: NEUMANN, MANFRED J. M.: Homo Oeconomicus als Wirtschaftspolitiker. Variation eines bekannten Themas, in: Rationale Wirtschaftspolitik in komplexen Gesellschaften. Gérard Gäfgen zum 60. Geburtstag, hrsg. v. Hellmuth Milde und Hans G. Monissen, Kohlhammer, Stuttgart usw. 1985, S. 129-137, hier S. 134.

[85] Vgl.: KIRCHGÄSSNER, GEBHARD: Homo oeconomicus. Das ökonomische Modell individuellen Verhaltens und seine Anwendung in den Wirtschafts- und Sozialwissenschaften, Mohr, Tübingen 1991, S. 113.

Wenn Ökonomen sich mit dem Begriff der politischen Rationalität auseinandersetzen, dann häufig deshalb, weil sie darin den Schlüssel für die Erklärung einer vermeintlich irrationalen Wirtschaftspolitik zu finden meinen.[86] Wirtschaftspolitisch, also ökonomisch rationale Konzepte würden, so unterstellt man, durch den politischen Entscheidungsprozeß verwässert; die Gegensatz-These von Rationalität und Demokratie wird fundiert.[87]

Wenn nun aber von Seiten der Ökonomie eine Dichotomie zwischen politischer und ökonomischer Rationalität unterstellt wird, was auf vielen Feldern der Wirtschaftspolitik geschieht, so liegt dem ein zumindest mißverständliches Rationalitätsverständnis zugrunde. Denn aus der Perspektive der NPÖ ist die politische Rationalität ja gerade eine Form der ökonomischen Handlungsrationalität. Offenbar sind ökonomische und politische Rationalität ein und dieselbe Form der weberschen Zweckrationalität. Wenn also von Wirtschaftspolitik zwischen ökonomischer und politischer Rationalität gesprochen wird, muß dem offenbar ein anderes Rationalitätsverständnis zugrunde liegen. Der politischen Handlungsrationalität politischer Entscheidungsträger wird eine bestimmte ökonomische Systemrationalität gegenübergestellt.

Hinzu kommt, daß die meisten Autoren, die von einer Antagonie von politischer und ökonomischer Rationalität sprechen, verkennen, daß die Politik eine sehr **komplexe**, durchaus systemrationale **Zielstruktur** zu beachten hat, womit offenbar einer bestimmten substantiellen Rationalität das Wort geredet wird. Wenn etwa beim Finanzausgleich immer wieder dessen allokative Mängel sowie die vermeintliche Überbetonung der distributiven Aspekte[88] beklagt werden, fällt auf, daß der Finanzausgleich traditionell anhand einer sehr einfachen, auf R. A. MUSGRAVE zurückgehende Ziel-

---

[86] Vgl. etwa: WILLGERODT, HANS: Konkurrenz von politischer und ökonomischer Rationalität im Transformationsprozeß, in: Die neue Bundesrepublik, hrsg. v. Hartmut Jäckel, Veröffentlichungen der Deutschen Gesellschaft für Politikwissenschaft, Bd. 11, Nomos, Baden-Baden 1994, S. 33-52. BERTHOLD, NORBERT: Sozialpolitik zwischen ökonomischer und politischer Rationalität, in: Hamburger Jahrbuch für Wirtschafts- und Gesellschaftspolitik, 35. Jg. (1990), S. 171-185. FRANKE, SIEGFRIED F.: Der Finanzausgleich im Spannungsfeld ökonomischer Rationalität und politischer Kompromißbildung, in: Hamburger Jahrbuch für Wirtschafts- und Gesellschaftspolitik, 34. Jg. (1989), S. 65 ff.

[87] Vgl. zu dieser Gegensatz-These: HOMANN, KARL: Rationalität und Demokratie, Mohr, Tübingen 1988.

[88] Vgl.: WISSENSCHAFTLICHER BEIRAT BEIM BUNDESMINISTERIUM DER FINANZEN: Gutachten zum Länderfinanzausgleich, Schriftenreihe des Bundesministeriums der Finanzen, Heft 47, Stollfuß, Bonn 1992, S. 47 f.

struktur[89] beurteilt wird, nämlich anhand seiner allokativen, stabilisierenden und distribuierenden Funktion.[90] Das Problem der Ziele des Finanzausgleichs wird bei der Metaanalyse des Finanzausgleichs wieder aufgegriffen.

Nun ist die Argumentation soweit fortgeschritten, daß ein vorläufiges **Fazit** gezogen werden kann. Der Rationalitätsbegriff wird in der Ökonomie vielschichtig verwandt. Dabei wird er nach unterschiedlichen Kriterien differenziert, wobei auch eine kombinatorische Differenzierung möglich ist. Die nachfolgende Abbildung zeigt die für die hier vorliegende Arbeit wesentlichen Ausprägungen des Rationalitätsbegriffs.

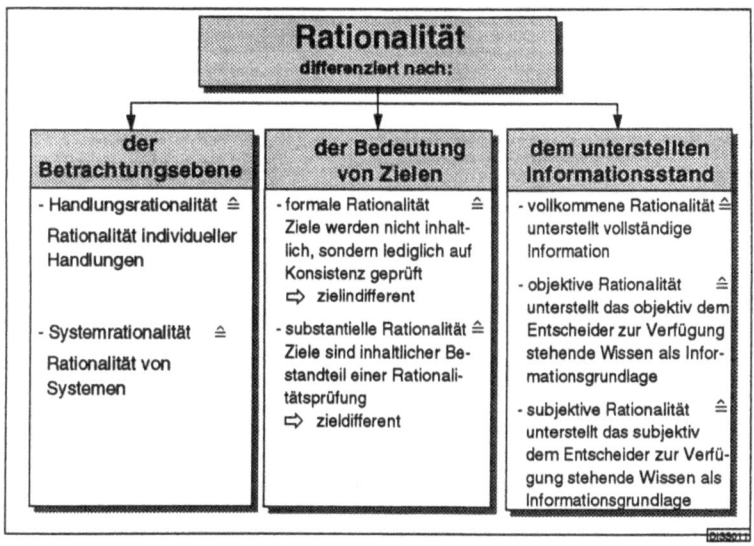

Abb. 4: Dimensionen von Rationalität

Wenn von Wirtschaftspolitik zwischen politischer und ökonomischer Rationalität gesprochen wird, dann wird einer ökonomischen Systemrationalität die politische Hand-

---

[89] Allgemeim aus den Aufgaben des Staates in einer Marktwirtschaft entwickelt. Vgl.: MUSGRAVE, RICHARD A.: A Multiple Theory of Budget Determination, in: Finanzarchiv, N. F. Bd. 17 (1956/57), S. 333-343.

[90] Vgl. zu einer solch normativen Methode und ihrer Begründung: BIEHL, DIETER: Die Reform der EG-Finanzverfassung aus der Sicht einer ökonomischen Theorie des Föderalismus, in: Wirtschaftspolitik zwischen ökonomischer und politischer Rationalität. Festschrift für Herbert Giersch, hrsg. v. Manfred E. Streit, Gabler, Wiesbaden 1988, S.63-84.

lungsrationalität eigennütziger Politiker gegenübergestellt. Erklärungsansatz für eine vermeintlich irrationale Wirtschaftspolitik ist das Modell politischer Handlungsrationalität. Am Beispiel des Finanzausgleichs soll im folgenden diese ökonomische Argumentation kritisch hinterfragt werden. Dazu erfolgt zunächst eine ausführliche Darstellung des Finanzausgleichs in der Bundesrepublik.

3 Der Finanzausgleich als Betrachtungsgegenstand des Rationalitätsproblems

Wie schon mehrfach betont, ist es ein wesentliches Ziel der vorliegenden Arbeit, einen Beitrag zum Rationalitätsverständnis im Spannungsfeld von Politikwissenschaft und Ökonomie zu leisten. Ein solches Unterfangen kann jedoch nicht im analytischen Vakuum gelingen. Es bedarf vielmehr eines konkreten **Anschauungsobjektes**, an dem die Tauglichkeit der aufgezeigten Rationalitätsdimensionen untersucht werden kann.

Der **Länderfinanzausgleich**[91] scheint aufgrund seiner vielfältigen Schnittstellen zwischen Ökonomie und Politik dafür besonders geeignet zu sein. Wo vermag die Endogenisierung der wirtschaftspolitischen Akteure durch das Konzept der politischen (Handlungs-)Rationalität einen fruchtbaren Beitrag zur Erklärung realer Phänomene des Finanzausgleichs zu leisten und wo nicht? Wie steht es um systemrationale Maßstäbe; sind sie eher formal oder substantiell systemrational, und wenn substantiell, welches Ziel- und Wertesystem fließt dann implizit oder explizit in das Rationalitätsverständnis ein?

Diese und weitere Fragen sollen nachfolgend diskutiert werden. Bevor mit der Analyse begonnen werden kann, erscheint es aber unerläßlich, im zweiten Teil dieser Arbeit die Entwicklung des Länderfinanzausgleichs in der Bundesrepublik bis zur Neuregelung anläßlich der Einbeziehung der ostdeutschen Bundesländer im Jahr 1995 nachzuzeichnen. Dies gilt auch dann, wenn sich die Rationalitätsanalyse anschließend auf einige, für die Zielsetzung der Arbeit besonders geeignete Teilaspekte des Länderfinanzausgleichs konzentriert, da eine isolierte Betrachtung einzelner Finanzausgleichskomponenten den Blick für die institutionalisierten Zusammenhänge verstellt.

---

[91] Da der Begriff Finanzausgleich in mehrfacher Hinsicht undeutlich ist, haben sich in der Literatur verschiedene Differenzierungen herauskristallisiert. Zunächst wird der Finanzausgleich in einen aktiven und einen passiven Teil gegliedert. Der aktive Finanzausgleich umfaßt die Verteilung der Einnahmen, der passive Finanzausgleich die Verteilung der Aufgaben auf die Gebietskörperschaften. Eine weitere Unterteilung des Finanzausgleichs ergibt sich aus der Stellung der an ihm beteiligten Körperschaften. Sind sie Mitglied einer Gruppe von Gebietskörperschaften gleichen Ranges, so spricht man vom horizontalen Finanzausgleich, lassen sich im Verhältnis der beteiligten Gebietskörperschaften hierarchische Strukturen ausmachen, so handelt es sich um den vertikalen Finanzausgleich. Vgl.: PEFFEKOVEN, ROLF: Finanzausgleich I: Wirtschaftstheoretische Grundlagen, in: Handwörterbuch der Wirtschaftswissenschaft, 2. Band, Fischer, Mohr, Vandenhoeck & Ruprecht, Stuttgart, New York usw. 1980 S. 608-636, hier S. 608.

3.1 Die Geschichte des Finanzausgleichs in Deutschland von 1871 bis zur Gründung der Bundesrepublik

3.1.1 Der Finanzausgleich im Deutschen Reich von 1871

3.1.1.1 Der passive Finanzausgleich

Mit der Reichsgründung wurde der Finanzausgleich als Determinante des bundesstaatlichen Machtgefüges zu einem wichtigen politischen Entscheidungsfeld. Die durch historische Erfahrungen geprägte[92] Verfassung des Deutschen Reiches vom 16. April 1871 war gemessen an der Verteilung staatlicher Aufgaben auf die Gebietskörperschaften **betont föderalistisch**.[93] So beschränkte sich die Zuständigkeit des Reiches auf den "Schutz des Bundesgebietes und des innerhalb desselben geltenden Rechtes sowie die Pflege der Wohlfahrt des Deutschen Volkes".[94]

Der enge Aufgabenbereich des Zentralstaates manifestiert sich auch in den nach der Reichsverfassung von ihm zu tragenden Ausgaben[95] auf dem Gebiet der Auswärtigen Angelegenheiten (Art. 11 a. RV), beim Konsulatswesen (Art. 56 a. RV), bei der Kriegsmarine (Art. 53 a. RV) und schließlich beim Post- und Telegraphenwesen (Art. 48 ff. a. RV). Die Verwaltung des Heeres war zwar bei den Ländern angesiedelt, erfolgte jedoch zu Lasten des Reiches (Art. 53, 62-66 a. RV).

Neben wachsenden Ausgaben im Sozialbereich[96] führten insbesondere die explodierenden **Militärausgaben** zu einer Verfünffachung des Reichsfinanzbedarfs im Zeitraum von 1876 bis 1913.

---

[92] Vgl.: STUMPP, HANS: Die Entwicklung des Finanzausgleichs in Deutschland von 1871 bis zur Gegenwart, Diss. Uni. Würzburg 1965, Eigenverlag, Würzburg 1964, S. 21.

[93] Vgl.: EHRLICHER, WERNER: Finanzausgleich III. Der Finanzausgleich in der Bundesrepublik Deutschland, in: Handwörterbuch der Wirtschaftswissenschaft, Band 2, Fischer, Mohr, Vandenhoeck & Ruprecht, Stuttgart, New York usw. 1980, S. 664-688, hier S. 664. Vergleiche im Gegensatz dazu FISCHER, der im Zusammenhang mit dem Deutschen Reich von Pseudoföderalismus spricht. FISCHER, HEINZ JOACHIM: Parlamentarischer Rat und Finanzverfassung, Diss. Uni. Kiel 1970, Eigenverlag, Kiel 1970, S. 31.

[94] Vgl.: INSTITUT FÜR FINANZEN UND STEUERN (Hrsg.): Die große Finanzreform. Gutachten, Schriftenreihe des Instituts für Finanzen und Steuern, Heft 80, Stollfuß, Bonn 1966, S. 11.

[95] Vgl.: STUMPP, HANS: Die Entwicklung des Finanzausgleichs in Deutschland von 1871 bis zur Gegenwart, Diss. Uni. Würzburg 1965, Eigenverlag, Würzburg 1964, S. 23.

[96] Vgl.: INSTITUT FÜR FINANZEN UND STEUERN (Hrsg.): Die große Finanzreform. Gutachten, Schriftenreihe des Instituts für Finanzen und Steuern, Heft 80, Stollfuß, Bonn 1966, S. 11.

Da die Einnahmeentwicklung bei weitem nicht mit der Ausgabenentwicklung Schritt hielt, wich der Zentralstaat in eine Kreditfinanzierung aus, die ihn später über die Schuldendienstleistungen weiter belastete.[97]

Bei den **Ländern** dominierte kein Ausgabenblock so deutlich wie die Militärausgaben beim Reich. Die nach der Reichsverfassung nicht dem Reich zufallenden Aufgaben, etwa auf dem Gebiet des Bildungs-, Wirtschafts-, Verkehrs- und Wohlfahrtswesens sowie der inneren Rechts- und Staatssicherheit fielen in die Zuständigkeit der Länder und führten dem Konnexitätsgrundsatz folgend dort zu Ausgaben.[98] Tab. 1 zeigt beispielhaft für das Jahr 1913 die Ausgaben von Reich und Ländern sowie die Bedeutung einzelner Ausgabeposten.[99]

	Ausgaben in Mio. M		*in v. H. des Gesamtetats*	
	Reich	Länder	Reich	Länder
allgemeine Verwaltung	36	343	1,6	17,0
Polizei, Rechtspflege	3	466	0,1	23,1
Verteidigung	1819	-	79,1	-
Kriegsfolgelasten	63	-	2,7	-
Sozialleistungen	60	111	2,6	5,5
Bildung	4	496	0,2	24,6
Förderung der Wirtschaft	7	111	0,3	5,5
Verkehr	53	250	2,3	12,4
Wohnungswesen	3	8	0,1	0,4
Schuldendienst	219	209	9,5	10,4
Sonstiges	33	24	1,4	1,2
G e s a m t	**2300**	**2017**	**100**	**100**

Tab. 1: Ausgaben von Reich und Ländern im Jahr 1913

---

[97] So stieg der Schuldendienst von 89 Mio. M im Jahr 1901 auf 245 Mio. M im Jahr 1913, also um 175%. Immerhin machten die Schuldendienstleistungen 6% der Gesamtausgaben aus. Quelle: INSTITUT FÜR FINANZEN UND STEUERN (Hrsg.): Die große Finanzreform. Gutachten, Schriftenreihe des Instituts für Finanzen und Steuern, Heft 80, Stollfuß, Bonn 1966, S. 12.

[98] Vgl.: LENK, THOMAS: Reformbedarf und Reformmöglichkeiten des deutschen Finanzausgleichs. Eine Simulationsstudie, Schriften zur öffentlichen Verwaltung und öffentlichen Wirtschaft, Band 138, hrsg. v. Peter Friedrich, Habil.-Schrift TH Darmstadt 1992, Nomos, Baden-Baden 1993, S. 91.

[99] Quelle: EHRLICHER, WERNER: Finanzausgleich III. Der Finanzausgleich in der Bundesrepublik Deutschland, in: Handwörterbuch der Wirtschaftswissenschaft, Band 2, Fischer, Mohr, Vandenhoeck & Ruprecht, Stuttgart, New York usw. 1980, S. 664-688, hier S. 666.

3.1.1.2 Der aktive Finanzausgleich

Da im Deutschen Reich von 1871 kein horizontaler Einnahmeausgleich vorgenommen wurde,[100] kann sich die Darstellung des aktiven Finanzausgleichs auf die vertikale Einnahmeverteilung beschränken.

Die **Steuerverteilung** des Deutschen Reiches von 1871 war analog zur Aufgabenverteilung betont föderalistisch und basierte auf dem Grundsatz, daß die direkten Steuern den Ländern und die indirekten Steuern dem Reich zustanden.[101] Auch wenn Art. 4 Abs. 2 und Art. 70 a. RV (Miquelsche Klausel) dem **Reich** ausdrücklich das direkte Besteuerungsrecht einräumten, gelang es dem Reich erst im Jahr 1913, mit dem Wehrbeitrag eine solche einzuführen, was STUMPP auf den Widerstand der Länder sowie finanzpolitische Überzeugungen BISMARCKS zurückführt.[102]

Neben den Verbrauchsteuern auf Salz, Zucker, Tabak, Schaumwein und Zigaretten, bei denen das Reich Objekt- und Ertragshoheit besaß, dienten ihm zur Deckung seines Finanzbedarfs die Einnahmen aus den Zöllen, aus dem Post- und Telegraphenwesen sowie Überweisungen der Länder an das Reich nach Art. 70 RV, die sogenannten Matrikularbeiträge. Obgleich die **Matrikularbeiträge** gemessen an ihrem Beitrag zu den Gesamteinnahmen des Reiches eher unbedeutend waren - 1910 entsprachen sie 2,5 % des Gesamtfinanzbedarfes des Reiches - waren sie gleichwohl politisch sehr bedeutsam, da sie das Reich von finanziellen Zuwendungen der Länder abhängig machten.[103] Diese Abhängigkeit wurde durch die sogenannte FRANCKENSTEINSCHE Klausel[104] aus dem Jahr 1879 noch verstärkt, wonach das Reich Einnahmen aus Zöllen

---

[100] Vgl.: KNOCHE, ERNST-GÜNTHER: Der horizontale Finanzausgleich zwischen den Ländern der Bundesrepublik Deutschland, Diss. Uni. Köln 1965, Eigenverlag, Köln 1963, S. 23.; INSTITUT FÜR FINANZEN UND STEUERN (Hrsg.): Finanzausgleich. Beiträge zur Frage des Finanzausgleichs und der Organisation der Finanzverwaltung, Schriftenreihe des Instituts für Finanzen und Steuern, Heft 17, Eigenverlag, Bonn 1952, S. 8. Dort heißt es, daß im Deutschen Reich gar kein Finanzausgleich existierte.

[101] Vgl.: INSTITUT FÜR FINANZEN UND STEUERN (Hrsg.): Die große Finanzreform. Gutachten, Schriftenreihe des Instituts für Finanzen und Steuern, Heft 80, Stollfuß, Bonn 1966, S. 23.

[102] Vgl.: STUMPP, HANS: Die Entwicklung des Finanzausgleichs in Deutschland von 1871 bis zur Gegenwart, Diss. Uni. Würzburg 1965, Eigenverlag, Würzburg 1964, S. 25 ff.

[103] Vgl.: INSTITUT FÜR FINANZEN UND STEUERN (Hrsg.): Die große Finanzreform. Gutachten, Schriftenreihe des Instituts für Finanzen und Steuern, Heft 80, Stollfuß, Bonn 1966, S. 22.

und der Tabaksteuer, die über den Betrag von 130 Mio. M hinausgingen, an die Länder zurückzuüberweisen hatte. Durch diese Begrenzung der Reichseinnahmen wurden die ursprünglich als Notbehelf gedachten Matrikularbeiträge *verewigt*, und der Einfluß der Länder auf das Reich gesichert.[105]

Neben den fünf großen Verbrauchsteuern standen dem Reich als weitere Klasse der indirekten Steuern auch die Verkehrsteuern zu, die aber nicht das Gewicht der Einnahmen aus den Verbrauchsteuern hatten. Die Verkehrsteuern bestanden aus einer Vielzahl von sogenannten Stempelabgaben, die 1918 in der Umsatzsteuer aufgingen.[106]

Aus der Dominanz des Reiches bei den indirekten Steuern ergab sich folgerichtig eine solche der **Länder** bei den direkten Steuern, deren Ausgestaltung in den einzelnen Ländern sehr unterschiedlich war, wobei generell die Bezieher höherer Einkommen stärker belastet wurden als solche mit niedrigeren Einkommen.[107] Neben den Steuern waren die Erwerbseinkünfte, u. a. aus den Bergwerken und der Eisenbahn wichtigste Einnahmequelle der Länder. Tab. 2 gibt einen Überblick über die Haupteinnahmequellen von Reich und Ländern für das Jahr 1913.[108]

---

[104] Sie wird daher auch gelegentlich treffend als "partikularische Fessel" gekennzeichnet. Siehe etwa: INSTITUT FÜR FINANZEN UND STEUERN (Hrsg.): Die Finanzreform, Schriftenreihe des Instituts für Finanzen und Steuern, Heft 33, Bonn 1954, S. 46.

[105] Vgl.: STUMPP, HANS: Die Entwicklung des Finanzausgleichs in Deutschland von 1871 bis zur Gegenwart, Diss. Uni. Würzburg 1965, Eigenverlag, Würzburg 1964, S. 33.

[106] Vgl.: EHRLICHER, WERNER: Finanzausgleich III. Der Finanzausgleich in der Bundesrepublik Deutschland, in: Handwörterbuch der Wirtschaftswissenschaft, Band 2, Fischer, Mohr, Vandenhoeck & Ruprecht, Stuttgart, New York usw. 1980, S. 664-688, hier S. 670.

[107] Vgl.: EHRLICHER, WERNER: Finanzausgleich III. Der Finanzausgleich in der Bundesrepublik Deutschland, in: Handwörterbuch der Wirtschaftswissenschaft, Band 2, Fischer, Mohr, Vandenhoeck & Ruprecht, Stuttgart, New York usw. 1980, S. 664-688, hier S. 669.

[108] Quelle: EHRLICHER, WERNER: Finanzausgleich III. Der Finanzausgleich in der Bundesrepublik Deutschland, in: Handwörterbuch der Wirtschaftswissenschaft, Band 2, Fischer, Mohr, Vandenhoeck & Ruprecht, Stuttgart, New York usw. 1980, S. 664-688, hier S. 672.

	Einnahmen in Mio. M		in v. H. des Gesamtetats	
	Reich	Länder	Reich	Länder
Steuern	1584	85,8	985	48
Gebühren und sonstige Entgelte	65	3,5	385	19,3
Einnahmen aus wirtschaftlicher Tätigkeit	176	9,5	538	27
Zuweisungen vom öffentlichen Bereich	3	0,2	110	5,5
sonst. Einnahmen	19	1,0	3	0,2
G e s a m t	1847	100	1994	100

Tab. 2: Einnahmen von Reich und Ländern im Jahr 1913

Zusammenfassend muß der föderalistische Charakter des Finanzausgleichs im Deutschen Reich betont werden. Die Reichsverfassung hätte es dem Reich erlaubt, auf nahezu alle Steuern Zugriff auszuüben. Insbesondere wegen des Widerstandes der Länder geschah dies nicht, vielmehr geriet das Reich aufgrund unzureichender Finanzkraft[109] und nicht zuletzt durch die FRANKENSTEINSCHE Klausel in finanzielle Abhängigkeit der Länder - es wurde zu ihrem "Kostgänger".[110] Die Matrikularbeiträge führten zu weiteren Problemen: Auf der Seite des Reiches kam es zu unwirtschaftlichem Mittelumgang,[111] auf der Seite der Länder resultierte aus den von Jahr zu Jahr schwankenden Zahlungen finanzwirtschaftlich ungünstige Planungsunsicherheit.[112]

---

[109] Hätte das Reich seinen objektiven Mehrbedarf über ordentliche Einnahmen decken können, hätten dazu jährliche Mehreinnahmen von nur 70 Mio. M ausgereicht. Vgl.: INSTITUT FÜR FINANZEN UND STEUERN (Hrsg.): Die große Finanzreform. Gutachten, Schriftenreihe des Instituts für Finanzen und Steuern, Heft 80, Stollfuß, Bonn 1966, S. 23.

[110] STUMPP, HANS: Die Entwicklung des Finanzausgleichs in Deutschland von 1871 bis zur Gegenwart, Diss. Uni. Würzburg 1965, Eigenverlag, Würzburg 1964, S. 42.

[111] Vgl.: STUMPP, HANS: Die Entwicklung des Finanzausgleichs in Deutschland von 1871 bis zur Gegenwart, Diss. Uni. Würzburg 1965, Eigenverlag, Würzburg 1964, S. 45.

[112] Vgl.: HORNSCHU, HANS-ERICH: Die Entwicklung des Finanzausgleichs im Deutschen Reich und in Preußen von 1919 bis 1944, Kieler Studien, Forschungsberichte des Instituts für Weltwirtschaft an der Universität Kiel, hrsg. v. Fritz Baade, Nr. 3, Eigenverlag, Kiel 1950, S. 6.; ebenso: INSTITUT FÜR FINANZEN UND STEUERN (Hrsg.): Die Finanzreform, Schriftenreihe des Instituts für Finanzen und Steuern, Heft 33, Stollfuß, Bonn 1954, S. 50.

3.1.2 Der Finanzausgleich in der Weimarer Republik[113]

3.1.2.1 Der passive Finanzausgleich

Der revolutionäre Wandel von der Monarchie zur Republik zog auch erhebliche Veränderungen im Finanzwesen Deutschlands nach sich. Dies war jedoch weniger eine Konsequenz verfassungsrechtlicher Neuregelungen als vielmehr Folge der außergewöhnlichen Belastung des Zentralstaates durch Kriegsfolgelasten.

Der im Vergleich zum Kaiserreich **zentralistischere Charakter** der Weimarer Republik spiegelt sich demzufolge stärker in der Einnahme- als in der Aufgabenverteilung[114] wider.[115] So nahmen die **Länder** ähnlich wie nach der Reichsverfassung von 1871 in der Weimarer Republik Aufgaben der Rechtspflege, des Bildungs-, Gesundheits-, Verkehrs-, Wohnungs- und Landwirtschaftswesens, der Polizei, der Gewerbeaufsicht und der Wirtschaftsförderung wahr.[116]

Beim **Reich** hingegen kam es zu einer grundlegenden Änderung in der Aufgaben- und Ausgabenstruktur. Als Konsequenz des Krieges waren nunmehr nicht die Militärausgaben, sondern die inneren und äußeren Kriegsfolgelasten Hauptausgabeposten.[117] Sie betrugen beispielsweise im Jahr 1925 3098 Mio. RM, was 61,1 % der Gesamtausgaben entsprach. Die Veränderung in der Ausgabenstruktur verdeutlicht Tab. 3:[118]

---

[113] Siehe zu den Einzelheiten: HORNSCHU, HANS-ERICH: Die Entwicklung des Finanzausgleichs im Deutschen Reich und in Preußen von 1919 bis 1944, Kieler Studien, Forschungsberichte des Instituts für Weltwirtschaft an der Universität Kiel, hrsg. v. Fritz Baade, Nr. 3, Eigenverlag, Kiel 1950, S. 8-25.

[114] Vgl. zur Ähnlichkeit der Aufgabenverteilung: BECKER, REINHARD: Der Reich - Länder Finanzausgleich im Bismarck Reich und in der Weimarer Republik, Diss. Uni. Kiel 1980, Eigenverlag, Kiel 1980, S. 22.

[115] Vgl.: EHRLICHER, WERNER: Finanzausgleich III. Der Finanzausgleich in der Bundesrepublik Deutschland, in: Handwörterbuch der Wirtschaftswissenschaft, Band 2, Fischer, Mohr, Vandenhoeck & Ruprecht, Stuttgart, New York usw. 1980, S. 664-688, hier S. 664.

[116] Vgl.: STUMPP, HANS: Die Entwicklung des Finanzausgleichs in Deutschland von 1871 bis zur Gegenwart, Diss. Uni. Würzburg 1965, Eigenverlag, Würzburg 1964, S. 58.

[117] Vgl.: INSTITUT FÜR FINANZEN UND STEUERN (Hrsg.): Die große Finanzreform. Gutachten, Schriftenreihe des Instituts für Finanzen und Steuern, Heft 80, Stollfuß, Bonn 1966, S. 13.

[118] Quelle: EHRLICHER, WERNER: Finanzausgleich III. Der Finanzausgleich in der Bundesrepublik Deutschland, in: Handwörterbuch der Wirtschaftswissenschaft, Band 2, Fischer, Mohr, Vandenhoeck & Ruprecht, Stuttgart, New York usw. 1980, S. 664-688, hier S. 666.

	Ausgaben in Mio. M		in v. H. des Gesamtetats	
	Reich	Länder	Reich	Länder
allgemeine Verwaltung	539	290	10,6	7,5
Polizei, Rechtspflege	13	1104	0,3	28,4
Verteidigung	633	-	12,5	-
Kriegsfolgelasten	3098	-	61,1	-
Sozialleistungen	423	414	8,3	10,7
Bildung	26	1219	0,5	31,3
Förderung der Wirtschaft	34	219	0,7	5,6
Verkehr	173	237	3,4	6,1
Wohnungswesen	21	332	0,4	8,5
Schuldendienst	111	34	2,2	0,9
Sonstiges	-	40	-	1,0
Gesamt	5071	3889	100	100

Tab. 3: Ausgaben von Reich und Ländern im Jahr 1925

Obgleich die Ausgabenverteilung auf Reich, Länder und Gemeinden eine Zentralisierungstendenz aufzeigt (vgl. Tab. 4), scheint es nicht gerechtfertigt, aus den starken Veränderungen in der Struktur der Ausgaben eine "Anziehungskraft des zentralen Etats" im POPITZSCHEN Sinne abzuleiten.[119]

Jahr	Reich	Länder	Gemeinden
1913	32,0%	28,1%	39,9%
1925	35,0%	26,9%	38,1%

Tab. 4: Ausgabenverteilung auf Reich, Länder und Gemeinden in den Jahren 1913 und 1925[120]

3.1.2.2 Der aktive Finanzausgleich

Die Tradition des Kaiserreiches, die direkten Steuern den Ländern, die indirekten Steuern dem Reich zuzugestehen, wurde in der Weimarer Republik durchbrochen. Im Rahmen der ERZBERGERSCHEN[121] Finanzreformen[122] zog das Reich in den Jahren

---

[119] So etwa in: INSTITUT FÜR FINANZEN UND STEUERN (Hrsg.): Die große Finanzreform. Gutachten, Schriftenreihe des Instituts für Finanzen und Steuern, Heft 80, Stollfuß, Bonn 1966, S. 14.

[120] Quelle: EHRLICHER, WERNER: Finanzausgleich III. Der Finanzausgleich in der Bundesrepublik Deutschland, in: Handwörterbuch der Wirtschaftswissenschaft, Band 2, Fischer, Mohr, Vandenhoeck & Ruprecht, Stuttgart, New York usw. 1980, S. 664-688, hier S. 666.

[121] MATTHIAS ERZBERGER war vom 21.6.1919 bis zum 17.3.1920 Reichsfinanzminister.

1919 und 1920 die Ertragshoheit über die meisten Steuern an sich.[123] So machte es von seinem in Art. 8 der Reichsverfassung verbrieftem Recht der konkurrierenden Gesetzgebung über Abgaben und sonstige Einnahmen exzessiv Gebrauch.

Das **Steuersystem** der Weimarer Republik läßt sich anhand der Aufteilung von Ertrags- und Objekthoheit wie folgt **klassifizieren**:[124] Für eine erste Gruppe von Steuern besaß das Reich sowohl Objekt- als auch Ertragshoheit. Dazu zählten die Zölle, die Verbrauch-, Beförderung-, Kapitalertrag-, Besitz- und Vermögensteuer sowie die Stempelabgaben.

Für eine zweite Klasse von Steuern besaß das Reich nur die Objekthoheit, während die Ertragshoheit zwischen Reich und Ländern aufgeteilt war.[125] Zu dieser großen Klasse der **Verbundsteuern** zählten die Einkommen- und Körperschaftsteuer, die Umsatz-, Erbschaft-, Grunderwerb-, Rennwett- sowie Kfz-Steuer. Die Beteiligungsquoten wurden dabei im Laufe der krisenhaften Entwicklung der Weimarer Republik häufig verändert. Tab. 5 gibt die Quoten an den einzelnen Steuern in ihrer Entwicklung wieder.[126]

---

[122] Die Finanzreform umfaßt folgende Gesetzeswerke: die Reichsabgabenordnung v. 13.12.1919, das Erbschaftsteuergesetz v. 10.9.1919, das Grunderwerbsteuergesetz v. 12.9.1919, das Umsatzsteuergesetz v. 24.12.1919, das Einkommensteuergesetz v. 29.3.1920, das Kapitalertragsteuergesetz v. 29.3.1920 und das Körperschaftsteuergesetz v. 30.3.1920.

[123] Die Einkommen- und Körperschaftsteuer, die Erbschaftsteuer, die Grunderwerbsteuer und Umsatzsteuer waren Reichssteuern. Außerdem standen dem Reich noch die Einnahmen aus Zöllen, sowie den Verbrauch- und Verkehrsteuern zu. Den Ländern und Gemeinden verblieben nur die Realsteuern und einige örtliche Aufwandsteuern. Vgl.: PAGENKOPF, HANS: Der Finanzausgleich im Bundesstaat. Theorie und Praxis, Kohlhammer, Stuttgart usw. 1981, S. 113 f.

[124] Vgl.: HORNSCHU, HANS-ERICH: Die Entwicklung des Finanzausgleichs im Deutschen Reich und in Preußen von 1919 bis 1944, Kieler Studien, Forschungsberichte des Instituts für Weltwirtschaft an der Universität Kiel, hrsg. v. Fritz Baade, Nr. 3, Eigenverlag, Kiel 1950, S. 11.

[125] Da die originären Einnahmen der Länder nicht zur Deckung ihres Finanzbedarfes ausreichten, leistete das Reich Zuweisungen an die Länder.

[126] Daten aus: INSTITUT FÜR FINANZEN UND STEUERN (Hrsg.): Die große Finanzreform. Gutachten, Schriftenreihe des Instituts für Finanzen und Steuern, Heft 80, Stollfuß, Bonn 1966, S. 24.

	Einkommen- und Körperschaftsteuer	Umsatzsteuer	Erbschaftsteuer	Grunderwerbsteuer	Rennwettsteuer	Kraftfahrzeugsteuer
	Anteile der Länder an den Verbundsteuern in %					
ab 1.4.1920	66 2/3	15	20	50	-	-
ab 1.4.1921	75	15	20	50	-	-
ab 1.4.1922	75	15	20	50	50	50
ab 1.4.1923	75	25	20	96	50	50
ab 1.4.1924	90	20	-	96	96	96
ab 1.4.1925	75	20	-	96	96	96
ab 1.10.1925	75	35	-	96	96	96
ab 1.4.1926	75	30	-	96	96	96

Tab. 5: Anteile der Länder an den Verbundsteuern von 1920 bis 1926 (in v. H.)

Einen zusammenfassenden Überblick über die Einnahmearten und -verteilung auf die einzelnen Gebietskörperschaften vermittelt Tab. 6.[127]

	Einnahmen in Mio. M		in v. H. des Gesamtetats	
	Reich	Länder	Reich	Länder
Steuern	6568	1484	90	28,6
Gebühren und sonstige Entgelte	154	763	2,1	14,7
Einnahmen aus wirtschaftlicher Tätigkeit	455	347	6,2	6,7
Zuweisungen vom öffentlichen Bereich	1	2267	0	43,7
sonst. Einnahmen	123	332	1,7	6,4
G e s a m t	7301	5193	100	100

Tab. 6: Einnahmen von Reich und Ländern im Jahr 1928

Das Steuersystem der Weimarer Republik als Überweisungssystem zu kennzeichnen,[128] erscheint trotz einer aufgrund fehlender Objekthoheit[129] nur eingeschränkten Länderautonomie nicht zutreffend. Hier soll vielmehr die Auffassung vertreten werden, daß es sich beim Steuersystem der Weimarer Republik um ein **Mischsystem**

---

[127] Quelle: EHRLICHER, WERNER: Finanzausgleich III. Der Finanzausgleich in der Bundesrepublik Deutschland, in: Handwörterbuch der Wirtschaftswissenschaft, Band 2, Fischer, Mohr, Vandenhoeck & Ruprecht, Stuttgart, New York usw. 1980, S. 664-688, hier S. 672.

[128] So z. B.: EHRLICHER, WERNER: Finanzausgleich III. Der Finanzausgleich in der Bundesrepublik Deutschland, in: Handwörterbuch der Wirtschaftswissenschaft, Band 2, Fischer, Mohr, Vandenhoeck & Ruprecht, Stuttgart, New York usw. 1980, S. 664-688, hier S. 670.

[129] Vgl.: STUMPP, HANS: Die Entwicklung des Finanzausgleichs in Deutschland von 1871 bis zur Gegenwart, Diss. Uni. Würzburg 1965, Eigenverlag, Würzburg 1964, S. 59.

handelte, das Elemente eines Trenn-, Verbund und Überweisungssystems beinhalte-te.[130]

Analog zur Finanzverfassung des Kaiserreichs wurden auch in der Weimarer Republik **Finanzkraftunterschiede** zwischen den Ländern nicht horizontal ausgeglichen. Gleichwohl wurde im Rahmen des vertikalen Finanzausgleichs im Unterschied zu den Regelungen des Deutschen Reiches von 1871 die finanzielle Ausstattung der Länder über eine nur begrenzte Verteilung der Länderanteile an den Verbundsteuern nach dem Prinzip des örtlichen Aufkommens angeglichen.[131] So wurde der 30%ige Länderanteil an der Umsatzsteuer nur zu zwei Dritteln nach dem örtlichen Aufkommen, zu einem Drittel nach der Einwohnerzahl verteilt.[132]

Ein weiterer ausgleichender Effekt wurde durch die in § 35 des Finanzausgleichsgesetzes festgehaltene Regelung erzielt, daß Länder, deren Anteil an Einkommen- und Körperschaftsteuer um mehr als 20% hinter dem Reichsdurchschnitt zurückblieb, Anspruch auf Aufstockung durch Zuweisungsbeträge auf bis zu 80% des Reichsdurchschnitts hatten.[133]

Der Finanzausgleich der Weimarer Republik determinierte ein deutliches anderes **Machtverhältnis** zwischen Zentral- und Gliedstaaten als im Kaiserreich. Während im Deutschen Reich von 1871 die Länder bemüht waren, das Reich am *goldenen Zügel* der Matrikularbeiträge zu halten, drehte sich diese Situation in der Weimarer Republik um. Zwar wäre es überzogen, die Länder als Kostgänger des Reiches zu bezeichnen, da sie durchaus über eigene Steuereinnahmen verfügten. Unverkennbar ist jedoch die Tatsache, daß den Ländern durch den nahezu vollständigen Entzug der Objekthoheit keine Möglichkeit gegeben war, ihre Einnahmen den Ausgaben anzupassen. Die Ausgaben der Länder nur für ihre notwendigsten Aufgaben überstiegen bereits die ihnen zugewiesenen Einnahmen; diese Tendenz wurde durch die Senkung der Überweisun-

---

[130] Vgl.: STUMPP, HANS: Die Entwicklung des Finanzausgleichs in Deutschland von 1871 bis zur Gegenwart, Diss. Uni. Würzburg 1965, Eigenverlag, Würzburg 1964, S. 54.

[131] Vgl.: KNOCHE, ERNST-GÜNTHER: Der horizontale Finanzausgleich zwischen den Ländern der Bundesrepublik Deutschland, Diss. Uni. Köln 1965, Eigenverlag, Köln 1963, S. 25.

[132] Vgl.: INSTITUT FÜR FINANZEN UND STEUERN (Hrsg.): Die große Finanzreform. Gutachten, Schriftenreihe des Instituts für Finanzen und Steuern, Heft 80, Stollfuß, Bonn 1966, S. 25.

[133] Vgl.: STUMPP, HANS: Die Entwicklung des Finanzausgleichs in Deutschland von 1871 bis zur Gegenwart, Diss. Uni. Würzburg 1965, Eigenverlag, Würzburg 1964, S. 56.

gen im Jahr 1929 noch verstärkt. So ist es wohl nicht übertrieben, die Weimarer Republik in finanzieller Hinsicht als **dezentralisierten Einheitsstaat** zu charakterisieren.[134]

3.1.3 Der Finanzausgleich während des Nationalsozialismus

Es mag nicht verwundern, daß die Geschichte des passiven und aktiven Finanzausgleichs während der nationalsozialistischen Diktatur ganz im Zeichen der Entwicklung zum **Einheitsstaat** stand.[135] So wurden die Länder mit dem Gesetz über den Neuaufbau des Reiches vom 30. Januar 1934[136] abgeschafft, und das Reich übernahm Zug um Zug ihre Aufgaben, so z. B. 1935 die Rechtspflege, 1937 die Polizei etc.

In Anlehnung an die Aufgabenverteilung wurden den Ländern eigene Steuerquellen entzogen - das Reich beanspruchte die volle Objekt- und Ertragshoheit für sich. An die Stelle eigener Länderfinanzmittel traten **Finanzzuweisungen** des Reiches an die Länder, die zunächst nach dem örtlichen Aufkommen, nach 1940 stärker nach der Einwohnerzahl verteilt wurden.[137] Den Weg zum Einheitsstaat zeigt die in Tab. 7 wiedergegebene Verteilung der Steuereinnahmen auf Reich, Länder und Gemeinden:[138]

---

[134] Vgl.: STUMPP, HANS: Die Entwicklung des Finanzausgleichs in Deutschland von 1871 bis zur Gegenwart, Diss. Uni. Würzburg 1965, Eigenverlag, Würzburg 1964, S. 62.

[135] Siehe zu den Details auf dem Weg zum konsequenten Unitarismus: HORNSCHU, HANS-ERICH: Die Entwicklung des Finanzausgleichs im Deutschen Reich und in Preußen von 1919 bis 1944, Kieler Studien, Forschungsberichte des Instituts für Weltwirtschaft an der Universität Kiel, hrsg. v. Fritz Baade, Nr. 3, Eigenverlag, Kiel 1950, S. 27-40.

[136] Reichsgesetzblatt I, 1934, S. 75.

[137] Ein horizontaler Effekt wurde durch die Begrenzung der Ländereinnahmen nach oben und unten erzielt: die Einnahmen der *Länder* durften nicht über 25 RM und nicht unter 17 RM pro Kopf liegen.

[138] Quelle: INSTITUT FÜR FINANZEN UND STEUERN (Hrsg.): Die große Finanzreform. Gutachten, Schriftenreihe des Instituts für Finanzen und Steuern, Heft 80, Stollfuß, Bonn 1966, S. 26.

Jahr	Reich	Länder	Hansestädte	Gemeinden	Gesamt
	Einnahmen in Mio. RM (in Klammern Anteil an Gesamteinnahmen in %)				
1933	1711 (51,8)	858 (26)	82 (2,5)	879 (26,6)	3300 (100)
1934	2214 (48,1)	1267 (27,5)	111 (2,4)	1013 (22)	4605 (100)
1935	3267 (59,3)	1013 (18,4)	107 (1,9)	1118 (20,3)	5505 (100)
1936	4715 (67)	1030 (14,6)	112 (1,6)	1182 (16,8)	7039 (100)
1937	6420 (75,3)	917 (10,8)	86 (1)	1107 (13)	8530 (100)

Tab. 7: Die Entwicklung der Steuereinnahmen bei Reich, Ländern und Gemeinden von 1933 bis 1937

So lassen sich in Deutschland in der Zeit von 1871 bis 1945 fast alle in der Finanzwissenschaft diskutierten Systeme des **vertikalen Finanzausgleichs**, von Trennsystemen über Verbundsysteme bis hin zu Zuweisungssystemen ausmachen. Auffallend ist, daß es in keiner Phase einen reinen **horizontalen Einnahmeausgleich** gab, lediglich in der Weimarer Republik sind Ansätze zu einem vertikalen System mit horizontalem Effekt vorhanden.

In den Beratungen des Parlamentarischen Rates zur Finanzverfassung waren die Erfahrungen aus diesen unterschiedlichen Finanzausgleichssystemen in Deutschland unausgesprochen immer gegenwärtig und beeinflußten maßgeblich die Ausgestaltung der Finanzverfassung für die neue Republik.

3.1.4 Der Finanzausgleich in den westlichen Besatzungszonen

In diesem Kapitel sollen die ersten Schritte zur Etablierung eines Länderfinanzausgleichs in den westlichen Besatzungszonen[139] erörtert werden. Dieser Zeitraum, der bis zur Verabschiedung des Grundgesetzes reicht, ist für die weitere Entwicklung von Bedeutung, weil hier gleichsam die Weichen für die Gestaltung des bundesrepublika-

---

[139] Da sich die Darstellung im folgenden auf die Bundesrepublik konzentriert wird die Finanzordnung der Sowjetischen Besatzungs Zone nicht behandelt. Vgl. zur Finanzverfassung der ehemaligen DDR: FRANKE, SIEGFRIED F.: Zur Neuordnung der Finanzverfassung im vereinten Deutschland, in: Verwaltungs Archiv, Band 82 (1991), S. 526-543.

nischen Länderfinanzausgleichs gestellt wurden und sich schon frühzeitig die grundlegenden Konfliktpunkte beim Länderfinanzausgleich offenbarten.

Nach der Kapitulation Deutschlands entwickelten sich die finanzwirtschaftlichen Neuanfänge in den Besatzungszonen unterschiedlich. In der **amerikanischen und französischen Zone** gingen im Rahmen der Dezentralisierung sämtliche Reichszuständigkeiten auf die Länder über. Folgerichtig flossen dort alle Steuern den Ländern zu, und zwar nach dem örtlichen Aufkommen. Ein Ausgleich der aufgrund dieses Verteilungsprinzips stark streuenden Finanzkraft fand nicht statt. In der **britischen Zone** stellte sich die Situation etwas anders dar: Dort versuchte man zunächst in Anknüpfung an Weimarer Traditionen die Länder mittels zentraler Zuweisungen mit ausreichenden Finanzmitteln auszustatten. Im Laufe der Jahre 1946/47 wurden etliche Änderungen im Finanzausgleichssystem vorgenommen, nicht zuletzt, weil die Finanzkraftunterschiede in der britischen Zone wegen starker Heterogenität der Wirtschafts- und Bevölkerungsstruktur besonders groß waren.

Mit der Entstehung des Vereinigten Wirtschaftsgebietes am 29. Mai 1947 wurden die Regelungen in der britischen Zone aufgehoben.[140] In der neu entstandenen **Bizone** flossen nun alle Steuern den Ländern nach dem örtlichen Aufkommen zu. Dies bedeutete z. B., daß die Hafenstädte sämtliche Zolleinnahmen und Verbrauchsteuern auf Importgüter erhielten. Wie nicht anders zu erwarten, führte diese Einnahmeverteilung zu sehr starken Verwerfungen in der Länderfinanzkraft. Dies wird in Tab. 8 deutlich, die die Steuereinnahmen pro Kopf für das Jahr 1947 wiedergibt:[141]

Land	*Steuereinnahmen pro Kopf*	*Index Schleswig-Holstein =100*
Schleswig-Holstein	233,14 RM	100
Niedersachsen	255,66 RM	110
Hessen	285,04 RM	122
Bayern	301,13 RM	129
Nordrhein-Westfalen	302,69 RM	130
Württemberg-Baden	400,33 RM	172
Bremen	679,73 RM	292
Hamburg	1078,14 RM	462

Tab. 8: Steuereinnahmen pro Kopf der Länder der Bizone im Jahr 1947

---

[140] Vgl.: KNOCHE, ERNST-GÜNTHER: Der horizontale Finanzausgleich zwischen den Ländern der Bundesrepublik Deutschland, Diss. Uni. Köln 1965, Eigenverlag, Köln 1963, S. 26.

[141] Quelle: FISCHER, HEINZ JOACHIM: Parlamentarischer Rat und Finanzverfassung, Diss. Uni. Kiel 1970, Eigenverlag, Kiel 1970, S. 100.

Nicht nur die Finanzkraft, auch der **Finanzbedarf** der Länder war insbesondere wegen unterschiedlich starker Flüchtlingsbelastung sehr heterogen. Diese Bedingungen führten schon 1948 zu großen finanziellen Problemen des Landes Schleswig-Holstein,[142] das sich kaum mehr in der Lage sah, seinen Zahlungsverpflichtungen nachzukommen.[143]

Der **Wirtschaftsrat** als bizonales Parlament, dessen Kompetenz in Finanzfragen jedoch umstritten war, regte eine gesetzliche Lösung des Finanzausgleichs an. Dies stieß auf den entschiedenen Widerstand der Ministerpräsidenten - sie strebten eine staatsvertragliche Lösung an, die der Einstimmigkeit bedurft hätte.

Die Schatten der Währungsreform vom 21. Juni 1948 machten eine Einigung vor diesem Termin unmöglich. Erst im Oktober 1948 nahm sich der **Länderrat**, der Vorgänger des Bundesrates, der Finanzausgleichsproblematik erneut an. In den damaligen Verhandlungen plädierten außer Niedersachsen und Schleswig-Holstein, die als finanzschwache Länder aus einer Finanzausgleichsregelung Vorteile gezogen hätten, alle Länder gegen einen Finanzausgleich.[144]

Wegen der drohenden Zahlungsunfähigkeit Schleswig-Holsteins, einigte man sich schließlich auf unverzinsliche Vorschüsse auf eine noch zu beschließende Finanzausgleichsregelung, die sogenannten **Kassenkredite**. Als einziges Land profitierte Schleswig-Holstein von dieser Maßnahme; selbst das finanzschwache Niedersachsen fand sich unerwartet in den Reihen der Geberländer wieder, stellte seine Zahlungen im Dezember 1948 aber ein.

---

[142] Schleswig-Holstein hatte bei 1,6 Mio. Einwohnern 1,04 Mio. Flüchtlinge zu verkraften. Vgl.: RENZSCH, WOLFGANG: Finanzverfassung und Finanzausgleich. Die Auseinandersetzungen um ihre politische Gestaltung in der Bundesrepublik Deutschland zwischen Währungsreform und deutscher Vereinigung (1948-1990), Habil.-Schrift Uni. Göttingen 1991, Dietz, Bonn 1991, S. 28.

[143] Vgl.: RENZSCH, WOLFGANG: Finanzverfassung und Finanzausgleich. Die Auseinandersetzungen um ihre politische Gestaltung in der Bundesrepublik Deutschland zwischen Währungsreform und deutscher Vereinigung (1948-1990), Habil.-Schrift Uni. Göttingen 1991, Dietz, Bonn 1991, S. 30.

[144] Vgl.: RENZSCH, WOLFGANG: Finanzverfassung und Finanzausgleich. Die Auseinandersetzungen um ihre politische Gestaltung in der Bundesrepublik Deutschland zwischen Währungsreform und deutscher Vereinigung (1948-1990), Habil.-Schrift Uni. Göttingen 1991, Dietz, Bonn 1991, S. 32.

Das Jahr **1949** war insbesondere von den Auseinandersetzungen zwischen dem Wirtschaftsrat und dem Länderrat um die Gestaltung des Finanzausgleichs und der erwarteten Verabschiedung des Grundgesetzes geprägt.

Zunächst beriet der Länderrat im März 1949 einen Vorschlag des Hauptreferenten FISCHER-MENSHAUSEN, der erstmals so etwas wie eine umfassende, wenn auch vorläufige Regelung des Finanzausgleichs beinhaltete. Vorgesehen war, daß die Länder 90 % ihrer Einnahmen aus Zöllen und Verbrauchsteuern als Ausgleichsmasse abführten. Diese sollte dann zunächst den Ländern zugute kommen, deren Kriegsfolgelasten im Verhältnis zu ihren Besitz- und Verkehrsteuern den Durchschnitt überstiegen - dies traf im wesentlichen auf Niedersachsen und Schleswig-Holstein zu. Der restliche Betrag sollte unter den Ländern nach der Einwohnerzahl verteilt werden, wobei die Einwohnerzahlen Hamburgs und Bremens veredelt werden sollten.

Auch wenn eine solche Lösung die Finanzkraftunterschiede unter den Ländern gemildert hätte, im Vergleich zu heutigen Verhältnissen wären sie immer noch enorm hoch gewesen (vgl. Tab. 9).[145]

Land	vor Durchführung eines Finanzausgleichs		nach Durchführung eines Finanzausgleichs	
	Finanzkraft pro Kopf	Index	Finanzkraft pro Kopf	Index
Schleswig-Holstein	14,38 DM	100	82,59 DM	100
Niedersachsen	46,70 DM	325	98,89 DM	120
Württemberg-Baden	250,58 DM	1743	207,29 DM	251
Bremen	599,54 DM	4169	317,85 DM	385

Tab. 9: Finanzkraft vor und nach dem Finanzausgleich nach dem Entwurf FISCHER-MENSHAUSENS

Etwa zeitgleich mit den Beratungen im Länderrat nahm sich auch der Wirtschaftsrat der Problematik des Finanzausgleichs erneut an. Das Präsidium wurde aufgefordert, in Verhandlungen mit dem Bipartite Control Office zu treten, um den Wirtschaftsrat mit den für die Verabschiedung eines Finanzausgleichsgesetzes notwendigen Kompetenzen auszustatten.

---

[145] Quelle: RENZSCH, WOLFGANG: Finanzverfassung und Finanzausgleich. Die Auseinandersetzungen um ihre politische Gestaltung in der Bundesrepublik Deutschland zwischen Währungsreform und deutscher Vereinigung (1948-1990), Habil.-Schrift Uni. Göttingen 1991, Dietz, Bonn 1991, S. 35.

Die Reaktion der Länder auf dieses Votum ließ nicht lange auf sich warten: Schon einen Tag später, am 25. März 1949 tagten die Länderfinanzminister und erteilten jeglichen Versuchen des Wirtschaftsrates eine Finanzausgleichsregelung herbeizuführen eine strikte Absage. Um der drohenden Gesetzesinitiative des Wirtschaftsrates zuvorzukommen, legten die Finanzminister einen eigenen Vorschlag zur Gestaltung eines Finanzausgleichs vor, der mit den oben dargelegten Plänen FISCHER-MENSHAUSENs kaum noch etwas gemein hatte.

Das Papier sah vor, die Ausgleichsmasse auf 500 Mio. DM zu begrenzen, die Niedersachsen, Schleswig-Holstein und Bayern zugute kommen sollte. Aufgebracht werden sollte die nach dem Steueraufkommen berechnete Summe von Bremen, Hamburg, Nordrhein-Westfalen, Württemberg-Baden und Hessen. Der *Kuhhandel* scheiterte am Widerspruch Niedersachsens und Hamburgs,[146] die ihrerseits mit Anträgen, die Regelung des Finanzausgleiches dem Wirtschaftsrat zu überlassen, nicht die Mehrheit der Ländervertreter gewinnen konnten.

Wegen der Uneinigkeit der Länder, ergriff nun erneut der Wirtschaftsrat die Initiative. Das Bipartite Control Office hatte eine Kompetenzausweitung in Bezug auf ein Finanzausgleichsgesetz von der konkreten Ausgestaltung einer Gesetzesvorlage abhängig gemacht.

Am 23. Mai 1949 wurde ein solcher Gesetzesantrag im Wirtschaftsrat eingebracht, der sich im wesentlichen an den Vorschlägen der Länderfinanzminister vom 25. März 1949 orientierte. Wie in diesem sollte die Ausgleichsmasse auf 500 Mio. DM beschränkt werden, die von Bremen (90 Mio. DM), Hamburg (196 Mio. DM), Nordrhein-Westfalen (75 Mio. DM), Württemberg-Baden (120 Mio. DM) und Hessen (10 Mio. DM) aufzubringen war. Begünstigte des Planes waren Bayern (100 Mio. DM), Schleswig-Holstein (220 Mio. DM) und Niedersachsen (180 Mio. DM). Für letzteres sah der Gesetzentwurf eine Sonderklausel vor, wonach die Besatzungskosten Niedersachsens, die über den Betrag von 500 Mio. DM hinausgingen, von den übrigen Ländern finanziert werden sollten. Nach Verhandlungen im Länderrat wurde die *Niedersachsen-Klausel* dahingehend modifiziert, daß nicht 100 %, sondern lediglich 70 % der über 500 Mio. DM hinausgehenden Besatzungskosten erstattet werden sollten.

---

[146] Während Niedersachsen schlicht mehr Geld wollte, bewogen Hamburg in Anbetracht der bevorstehenden Verabschiedung des Grundgesetzes verfassungsrechtliche Bedenken.

Auf Drängen der Alliierten wurde das Länderfinanzausgleichsgesetz angesichts anstehender bundesgesetzlicher Regelungen bis zum 31. Dezember 1949 befristet. Nachdem der Wirtschaftsrat am 20. Juli 1949 und der Länderrat am 29. Juli 1949 dieser letzten Änderung zugestimmt hatten, trat das Gesetz in Kraft.

In die Phase der Übergangszeit von der Gründung der Bizone zur Entstehung der Bundesrepublik tat sich noch ein weiteres Problem auf: die Einbeziehung der **französischen Besatzungszone** in den bizonalen Finanzausgleich. Problematisch war die Einbeziehung insbesondere wegen der angespannten Finanzlage von Baden und Rheinland-Pfalz.[147] Obgleich der rheinland-pfälzische Ministerpräsident ALTMEYER am 4. Mai 1949 die Einbeziehung der französischen Besatzungszone in den bizonalen Finanzausgleich vehement eingefordert hatte, lehnten dies seine Kollegen aus den Ländern der (ehemaligen) Bizone am 1. Juni 1949, also nach Inkrafttreten des Grundgesetzes, ab - ein verfassungsrechtlich wohl bemerkenswerter Vorgang.

Erst die Konstituierung der ersten Bundesregierung am 20. September 1949 brachte wieder Bewegung in die Finanzausgleichsverhandlungen. Unter Federführung des Bundesfinanzministeriums[148] kam es zu einem Referentenentwurf mit folgenden Inhalten:

- Hessen wird vom Geber- zum Empfängerland,
- Hamburg und Bremen müssen 24 Mio. DM mehr leisten,
- Nordrhein-Westfalen zahlt an Rheinland-Pfalz 40 Mio. DM.

Nachdem man sich zwischenzeitlich darauf verständigt hatte, die bis zum 31. Dezember 1949 gültige Regelung bis zum 30. März 1950 zu verlängern, wurde der Referentenentwurf in einigen Punkten modifiziert.[149]

---

[147] So betrug die Steuerkraft pro Kopf in der französischen Zone 265,29 DM. Im Vergleich dazu lag dieser Wert in der Bizone bei 322,83 DM. Vgl.: INSTITUT FÜR FINANZEN UND STEUERN (Hrsg.): Finanzausgleich. Beiträge zur Frage des Finanzausgleichs und der Organisation der Finanzverwaltung, Schriftenreihe des Instituts für Finanzen und Steuern, Heft 17, Eigenverlag, Bonn 1952, S. 11.

[148] Der Entwurf stammte vom Referenten im Bundesfinanzministerium HERBERT FISCHER-MENSHAUSEN.

[149] Vgl.: INSTITUT FÜR FINANZEN UND STEUERN (Hrsg.): Finanzausgleich. Beiträge zur Frage des Finanzausgleichs und der Organisation der Finanzverwaltung, Schriftenreihe des Instituts für Finanzen und Steuern, Heft 17, Eigenverlag, Bonn 1952, S. 12.

So mußten Bremen und Hamburg 5 Mio. DM bzw. 1 Mio. DM weniger leisten als geplant, Rheinland-Pfalz erhielt 3 Mio. DM mehr. Nachdem der Bundestag dem Gesetzentwurf am 27. Januar 1950 zugestimmt hatte,[150] verabschiedete auch der Bundesrat am 10. Februar 1950[151] gegen die Stimmen Badens die Vorlage.

Schon in den Anfängen der Nachkriegsgeschichte traten beim Länderfinanzausgleich Schwierigkeiten auf, die ihn auch in den folgenden Jahren begleiten sollten. Der Länderfinanzausgleich war und ist Ringen um Geld, um Macht oder freundlicher formuliert, um politischen Gestaltungsspielraum.[152] Von der so oft beschworenen Solidarität der Bundesländer blieb in den Finanzausgleichsverhandlungen im Zweifel nicht viel übrig; dementsprechend waren staatsvertragliche Regelungen, die der Einstimmigkeit unter den Ländern bedurft hätten, nicht zu erreichen. Die Länder forderten zwar Unabhängigkeit in der Aushandlung des Länderfinanzausgleichs, waren aber wegen starker Interessengegensätze oft nicht in der Lage, ohne Vermittlung der Zentralinstanz eine Lösung herbeizuführen - nicht nur hier offenbart sich die Spannung zwischen Finanzausgleich und Föderalismus.[153]

3.2 Der Finanzausgleich in der Bundesrepublik Deutschland bis zur deutschen Einheit

Nachdem bislang die Finanzausgleichssysteme in den Vorläuferstaaten der Bundesrepublik beleuchtet wurden, soll nunmehr vor diesem Hintergrund die Geschichte des Finanzausgleichs in der Bundesrepublik Deutschland untersucht werden.

Der Chronologie folgend, werden dabei vier Eckpfeiler des bundesdeutschen Finanzausgleichs analysiert: Zunächst richtet sich der Blick auf die sehr stark von alliierten Einflüssen geprägte Regelung des **Finanzausgleichs im Grundgesetz** in der Fassung

---

[150] Vgl.: DEUTSCHER BUNDESTAG: 1. Wahlperiode, Protokoll der Sitzung v. 27.1.1950, S. 1007.

[151] Vgl.: BUNDESRAT: Protokoll der 13. Sitzung v. 10.2.1950, S. 213.

[152] Vgl.: THIEL, EBERHARD: Finanzsystem und föderale Struktur, in: Raumordnungspolitik in Deutschland. Wissenschaftliche Plenarsitzung 1993, hrsg. v. d. Akademie für Raumforschung und Landesplanung, Forschungs- und Sitzungsberichte Nr. 197, Eigenverlag, Hannover 1994, S. 71-72, hier S. 71.

[153] Vgl.: MEIJER, GERRIT: Finanzausgleich und Föderalismus, in: Systemwandel und Reform in östlichen Wirtschaften, hrsg. v. Jürgen Backhaus, Metropolis, Marburg 1991, S. 287.

vom 23. Mai 1949, dessen in vielen Teilen provisorische Finanzverfassung zur ersten **Finanzreform** des Jahres **1955 überleitet.**

Die wachsenden Aufgaben des Zentralstaates sowie eine Reihe weiterer, noch zu erörternder Gründe ebnete im Jahr 1969 den Weg zur **großen Finanzreform**, mit der weite Teile der ursprünglichen Finanzverfassung geändert wurden und die bis heute den Finanzausgleich im wesentlichen prägt. Zum Abschluß dieses Kapitels wird schließlich der wachsende Reformbedarf im Politikfeld Finanzausgleich anhand des **Verfassungsstreits** der achtziger Jahre aufgezeigt.

3.2.1 Die Finanzverfassung des Grundgesetzes i. d. F. v. 23.5.1949[154]

Nach den Erfahrungen mit dem nationalsozialistischen Einheitsstaat genoß der föderale Gedanke in Deutschland, nicht zuletzt bei den Alliierten, großes Ansehen. Für einen föderalen Staat ist die Finanzverfassung von besonderer Bedeutung, da sie das Machtgefüge zwischen Zentral- und Gliedstaaten, den Grad der Föderalisierung determiniert.[155] Dementsprechend groß war der alliierte Einfluß auf die Finanzverfassung.[156]

Nachfolgend soll die Genese der Finanzverfassung des Grundgesetzes dargestellt sowie die Ursachen für deren spezifische Ausgestaltung untersucht werden. Dabei wird zunächst knapp die Aufgabenverteilung vorgestellt, um dann ausführlicher auf den aktiven Finanzausgleich des Grundgesetzes einzugehen.

3.2.1.1 Der passive Finanzausgleich im Grundgesetz

Der passive Finanzausgleich des Grundgesetzes i. d. F. v. 23. Mai 1949 ist von einer **Zweiteilung** der Zuständigkeiten geprägt: Der auf der einen Seite verfassungsrecht-

---

[154] Vgl. zu den Einzelheiten: FISCHER, HEINZ JOACHIM: Parlamentarischer Rat und Finanzverfassung, Diss. Uni. Kiel 1970, Eigenverlag, Kiel 1970.

[155] Vgl.: RENZSCH, WOLFGANG: Neuordnung des bundesstaatlichen Finanzausgleichs, in: Gegenwartskunde, 35. Jg. (1986), S. 499-533, hier S. 515.

[156] Vgl. zu den Einzelheiten des alliierten Einflusses: STRAUB, FRANZ-JOSEF: Die Finanzverfassung, Olzog, München, Wien 1969, S. 27 ff.

lich festgeschriebene Kompetenz für den Bund, steht auf der anderen Seite die verfassungsrechtlich vermutete Zuständigkeit für die Länder gegenüber.[157] Diese Struktur spiegelt sich auch im Verhältnis des Art. 30 GG zu den Art. 70 ff., Art. 83 ff., Art. 92 ff und Art. 105 ff. GG wider.

Während Art. 30 eine allgemeine Zuständigkeitsvermutung zugunsten der Länder in Form einer Generalklausel enthält, wird ihre Kompetenz auf den Gebieten der Gesetzgebungshoheit (Art. 70 ff.), der Ausführung von Bundesgesetzen (Art. 83 ff.) und der Rechtsprechung (Art. 92 ff.) wesentlich eingeschränkt. Gemäß Art. 73 GG verfügt der Bund über die **ausschließliche Gesetzgebung** in allen Aufgabenfeldern, die ihrem Wesen nach einer einheitlichen Erfüllung bedürfen; dazu zählen etwa die Sicherheits-, die Wirtschafts- oder die Sozialpolitik.

Von besonderer Bedeutung sind neben den Vorschriften über die ausschließliche Gesetzgebung des Bundes die Bestimmungen hinsichtlich der **konkurrierenden Gesetzgebung** nach Art. 74 GG in Verbindung mit Art. 72 Abs. 2 GG, die dem Bund die Gesetzgebungshoheit übertragen, insofern ein Bedürfnis nach bundesgesetzlicher Regelung besteht (Bedürfniszuständigkeit). Damit blieb den Ländern im wesentlichen nur die Organisation ihrer originären staatlichen Bereiche, des Kommunalwesens, der Polizei- und Ordnungsverwaltung, des kulturellen Bereichs, hier vor allem des Schul- und Hochschulbereichs und die Planung der eigenen Aufgaben.[158]

Nach Art. 83 GG wurden die Länder verpflichtet, die vom Bund beschlossenen Gesetze nach dessen Maßgabe als eigene Angelegenheit auszuführen. Im Bereich der ausschließlichen Gesetzgebung des Bundes konnte der Bund nach Art. 86 eigene Verwaltungen aufbauen, so auch die Bundesfinanzverwaltung.

Von herausragender Bedeutung für den Finanzausgleich ist ferner die **Staatlichkeit** der Bundesländer,[159] die nach Art. 79 Abs. 3 GG verfassungsrechtliche Ewigkeitsga-

---

[157] Vgl.: PAGENKOPF, HANS: Der Finanzausgleich im Bundesstaat. Theorie und Praxis, Kohlhammer, Stuttgart usw. 1981, S. 150.

[158] Vgl.: LENK, THOMAS: Reformbedarf und Reformmöglichkeiten des deutschen Finanzausgleichs. Eine Simulationsstudie, Schriften zur öffentlichen Verwaltung und öffentlichen Wirtschaft, Band 138, hrsg. v. Peter Friedrich, Habil.-Schrift TH Darmstadt 1992, Nomos, Baden-Baden 1993, S. 111.

[159] Vgl.: BUNDESVERFASSUNGSGERICHT (Hrsg.): Entscheidungen des BVerfG, Band 1, Mohr, Tübingen, S. 14 ff.

rantie genießt. Aus dem Staatscharakter ergeben sich einige für den Finanzausgleich wichtige, unabdingbare Rechte der Länder, wie etwa das Recht über eigene Finanzmittel auch eigenverantwortlich zu entscheiden, das Recht auf eine angemessene Finanzausstattung, das Recht zur Gesetzgebungshoheit in Landesangelegenheiten sowie das Recht zur **Mitwirkung an der Bundesgesetzgebung**. Generell muß jedes Bundesgesetz dem Bundesrat zugeleitet werden. Die Befugnisse der Länderkammer sind dabei abhängig von der Gesetzesart. Bei zustimmungspflichtigen Gesetzen ist eine einfache Mehrheit des Bundesrates, bei Verfassungsänderungen eine 2/3-Mehrheit erforderlich. Einsprüche der Ländervertretung bei nicht zustimmungspflichtigen Gesetzen können mit der Mehrheit des Bundestages abgewiesen werden.

Da der Finanzausgleich in seinen wesentlichen Teilen durch das Grundgesetz oder durch zustimmungspflichtige Bundesgesetze geregelt ist, sind grundlegende Änderungen des Finanzausgleichs ohne die Mehrheit der Bundesländer nicht zu realisieren.

In den Anfängen der Bundesrepublik hatte noch Art. 120 GG Bedeutung, nach dem der Bund die **Kriegsfolgelasten** zu übernehmen hatte. Die damit verbundenen Aufgaben, etwa auf dem Gebiet der Kriegsfürsorge, blieben jedoch Sache der Länder bzw. der Sozialversicherungsträger; der Bund hatte lediglich die Kosten für diese Aufgaben zu tragen.[160]

Nach dieser knappen, ergebnisorientierten Darstellung des passiven Finanzausgleichs im Grundgesetz, wird der aktive Finanzausgleich im folgenden ausführlicher erörtert.

3.2.1.2 Der aktive Finanzausgleich im Grundgesetz

In Folge der Londoner Außenministerkonferenz der Alliierten und der Benelux-Staaten im Frühjahr 1948, zeichnete sich immer deutlicher deren Drängen auf die Gründung eines westdeutschen Teilstaates ab. In den auf den Beschlüssen der Londoner Konferenz beruhenden Frankfurter Dokumenten, die den Ministerpräsidenten am 1. Juli 1948 übergeben wurden, wurden die Deutschen aufgefordert, eine verfassunggebende Versammlung einzuberufen, die für den neu zu schaffenden Staat eine föderale und demokratische Verfassung ausarbeiten sollte. Nach anfänglichem Zögern der

---

[160] Vgl.: BALLING, ADOLF: Der vertikale Finanzausgleich des Bonner Grundgesetzes, Diss. Uni. Mainz 1954, Eigenverlag, Mainz 1954, S. 54.

Ministerpräsidenten, die eine anhaltende Teilung Deutschlands befürchteten, luden diese unter dem Eindruck des sich abzeichnenden Kalten Krieges eine Reihe von Verfassungsexperten für den 10. Oktober 1948 zum **Herrenchiemseer Verfassungskonvent** ein.

Entsprechend der Vorgabe der Alliierten,[161] und ganz im Sinne der Ministerpräsidenten, standen die Herrenchiemseer Beratungen im Zeichen einer föderalen Lösung[162] für die neu zu errichtende Republik - strittig war jedoch, ob in Form eines Staatenbundes oder eines Bundesstaates. Von diesem Spannungsverhältnis waren auch die Beratungen im Unterausschuß II, u. a. zuständig für Fragen der Finanzverfassung, geprägt.[163]

Insbesondere der durch die geplante Übernahme der Kriegsfolgelasten ungeklärte Finanzbedarf des Bundes, machte konkrete Entscheidungsvorschläge des Herrenchiemseer Konvents für den Parlamentarischen Rat auf dem Gebiet der Finanzverfassung schwierig. Einigkeit herrschte lediglich darüber, dem Bund bei der Objekthoheit einen gewissen Vorrang einzuräumen. Welche Steuern nun allerdings dem Bund und welche den Ländern hinsichtlich Ertrags- und Objekthoheit überlassen werden sollten, war umstritten.[164]

Die Beratungen des **Parlamentarischen Rates** wurden von HERMANN HÖPKER-ASCHOFF[165] dominiert,[166] dessen Überlegungen zur Finanzverfassung ganz auf der

---

[161] Vgl.: BALLING, ADOLF: Der vertikale Finanzausgleich des Bonner Grundgesetzes, Diss. Uni. Mainz 1954, Eigenverlag, Mainz 1954, S. 29.

[162] Vgl.: LITTMANN, KONRAD: Über einige Untiefen in der Finanzverfassung, in: Staatswissenschaft und Staatspraxis, 2. Jg. (1991), S. 31-45, hier S. 32.

[163] Vgl.: BALLING, ADOLF: Der vertikale Finanzausgleich des Bonner Grundgesetzes, Diss. Uni. Mainz 1954, Eigenverlag, Mainz 1954, S. 49.

[164] Vgl. zu den Einzelheiten: STUMPP, HANS: Die Entwicklung des Finanzausgleichs in Deutschland von 1871 bis zur Gegenwart, Diss. Uni. Würzburg 1965, Eigenverlag, Würzburg 1964, S. 58. Sehr ausführlich auch: BALLING, ADOLF: Der vertikale Finanzausgleich des Bonner Grundgesetzes, Diss. Uni. Mainz 1954, Eigenverlag, Mainz 1954, S. 31 ff.

[165] Vgl. zur Person HÖPKER-ASCHOFFS die Angaben über die Mitglieder des Finanzausschusses des Parlamentarischen Rates. In: FISCHER, HEINZ JOACHIM: Parlamentarischer Rat und Finanzverfassung, Diss. Uni. Kiel 1970, Eigenverlag, Kiel 1970, S. 264.

[166] Vgl.: BALLING, ADOLF: Der vertikale Finanzausgleich des Bonner Grundgesetzes, Diss. Uni. Mainz 1954, Eigenverlag, Mainz 1954, S. 49.

Vorstellung eines einheitlichen Wirtschaftsgebietes basierten.[167] Nach HÖPKER-ASCHOFFS Ansicht sollte die **Objekthoheit**, mit Ausnahme der Steuern mit örtlich begrenztem Wirkungskreis, vollständig beim Bund angesiedelt werden. Hinsichtlich der **Ertragshoheit** schlug er eine Mischung aus Trenn- und Verbundsystem vor. Während die indirekten Steuern, also die Verbrauch- und Verkehrsteuern, dem Bund zustehen sollten, war das Aufkommen der Erbschaft-, Vermögen-, Kfz- und Rennwettsteuer für die Länder vorgesehen. Die ertragreichsten Steuern, nämlich die Umsatz-, die Biersteuer[168] und die Steuern auf das Einkommen sollten im Verbund den Ländern und dem Bund zustehen. Die konkrete Verteilung sollte durch ein Bundesgesetz geregelt werden.

Die enormen **Finanzkraftunterschiede** zwischen den Ländern wollte HÖPKER-ASCHOFF nicht durch einen reinen horizontalen Ausgleich, sondern durch einen vertikalen Ausgleich mit horizontalem Effekt gemildert wissen. Dazu sollte die Umsatzsteuer nach der Einwohnerzahl und die Kfz-Steuer nach der Straßenlänge verteilt werden.[169]

Sowohl im Finanz- als auch im Hauptausschuß des Parlamentarischen Rates fanden die Vorschläge HÖPKER-ASCHOFFS eine breite Mehrheit, allerdings unter der Maßgabe, daß die, die Steueraufteilung bestimmenden Finanzausgleichsgesetze der Zustimmung einer Länderkammer bedürfen.[170]

Obgleich die **Alliierten** in ihrem Aidè-memoire vom 22. November 1948 die Ablehnung der nach ihrem Geschmack zu bundesfreundlichen Finanzverfassung andeute-

---

[167] Vgl.: HÖPKER-ASCHOFF, HERMANN: Das Finanz- und Steuersystem des Bonner Grundgesetzes, in: Archiv des öffentlichen Rechts, 75. Band (1949), S. 306-331, hier S. 317.; ebenso: WACKE, GERHARD: Das Finanzwesen der Bundesrepublik. Die Einwirkungen des Finanzfunktionen auf Gesetzgebung, Verwaltung und Rechtsprechung im Bonner Grundgesetz, Beihefte zur Deutschen Rechts Zeitschrift, Nr. 13, hrsg. v. Karl S. Bader, Mohr, Tübingen 1950, S. 23.

[168] Der (letztlich erfolgreiche) Kampf Bayerns um die Biersteuer als Ländersteuer zählt wohl zu den unterhaltsamsten Abschnitten in den Beratungen des Parlamentarischen Rates. Vgl.: BALLING, ADOLF: Der vertikale Finanzausgleich des Bonner Grundgesetzes, Diss. Uni. Mainz 1954, Eigenverlag, Mainz 1954, S. 37.

[169] Vgl.: BALLING, ADOLF: Der vertikale Finanzausgleich des Bonner Grundgesetzes, Diss. Uni. Mainz 1954, Eigenverlag, Mainz 1954, S. 36.

[170] Vgl.: BALLING, ADOLF: Der vertikale Finanzausgleich des Bonner Grundgesetzes, Diss. Uni. Mainz 1954, Eigenverlag, Mainz 1954, S. 37.

ten,[171] billigte der Parlamentarische Rat auch in zweiter und dritter Lesung, abgesehen von kleineren Änderungen, die Vorlage HÖPKER-ASCHOFFS.

Auf die Verabschiedung der Finanzverfassung in dritter Lesung durch den Parlamentarischen Rat am 10. Februar 1949 reagierten die Militärgouverneure nun mit schroffer Ablehnung. In ihrer Denkschrift vom 2. März 1949 forderten sie sowohl hinsichtlich der Objekt- als auch der Ertragshoheit ein striktes Trennsystem, um dem ihrer Ansicht nach nicht ausreichend berücksichtigten föderalen Charakter der Finanzverfassung deutlicher zur Geltung zu verhelfen.[172] Auf ebensolche Ablehnung von Seiten der Alliierten stieß das Konzept eines Einnahmeausgleichs unter den Ländern, sei er nun horizontaler oder vertikaler Natur.[173] Die Finanzkraftunterschiede zwischen den Ländern sollten vielmehr über Zuweisungen des Bundes aus dessen Steueraufkommen behoben werden.[174]

Nach diesem eindeutigen Votum der Siegermächte begann im Parlamentarischen Rat die schwierige Suche nach **Kompromißmöglichkeiten**, in dessen Verlauf sich die Siegermächte am 22. April 1949 erneut mit einem Memorandum zu Wort meldeten, in dem sie ihre ablehnende Haltung modifizierten und so die angestrebte Einigung erleichterten.

Als Reaktion auf die unterschiedlichen Anträge im Parlamentarischen Rat und die alliierten Memoranden machte sich nun der Redaktionsausschuß des Parlamentarischen Rates daran, einen neuen, für alle Seiten akzeptablen Vorschlag über die Finanzverfassung des Grundgesetzes auszuarbeiten. Darin wurde der ursprüngliche Plan einer einheitlichen Finanzverwaltung und eines großen Steuerverbundes aufgegeben. Statt dessen sollte die Finanzverwaltung zwischen Bund und Ländern aufgeteilt werden. An die

---

[171] Vgl.: BALLING, ADOLF: Der vertikale Finanzausgleich des Bonner Grundgesetzes, Diss. Uni. Mainz 1954, Eigenverlag, Mainz 1954, S. 37.

[172] Vgl. zur Bewertung: BALLING, ADOLF: Der vertikale Finanzausgleich des Bonner Grundgesetzes, Diss. Uni. Mainz 1954, Eigenverlag, Mainz 1954, S. 41.

[173] Vgl.: HÖPKER-ASCHOFF, HERMANN: Das Finanz- und Steuersystem des Bonner Grundgesetzes, in: Archiv des öffentlichen Rechts, 75. Band (1949), S. 306-331, hier S. 323.

[174] RENZSCH weist völlig zu Recht auf das offensichtlich andere Föderalismusverständnis der Alliierten, insbesondere der Amerikaner hin. Vgl.: RENZSCH, WOLFGANG: Finanzverfassung und Finanzausgleich. Die Auseinandersetzungen um ihre politische Gestaltung in der Bundesrepublik Deutschland zwischen Währungsreform und deutscher Vereinigung (1948-1990), Habil.-Schrift Uni. Göttingen 1991, Dietz, Bonn 1991, S. 73.

Stelle eines großen Steuerverbundes sollte nunmehr ein Trennsystem treten. Dabei sollte die Umsatzsteuer dem Bund und die Einkommensteuer grundsätzlich den Ländern zustehen. Allerdings wurde dem Bund unter bestimmten Umständen[175] das Recht eingeräumt, Teile der Einkommensteuer durch ein zustimmungspflichtiges Bundesgesetz für sich zu beanspruchen.

Die von den Alliierten angemahnte Änderung der Regelungen über den **Einnahmeausgleich** unter den Ländern führte dazu,[176] daß schließlich in Art. 106 Abs. 3 und 4 sowohl die Möglichkeit eines vertikalen Ausgleichs mit horizontalem Effekt (Abs. 3) als auch eines rein horizontalen Ausgleichs (Abs. 4) aufgenommen wurde.

Die endgültige Aufteilung[177] derjenigen Steuern, die der konkurrierenden Gesetzgebung unterlagen - und dies waren die meisten (s. u.) - sollte nach Art. 107 bis zum 31. Dezember 1952 durch ein zustimmungspflichtiges Bundesgesetz, also ohne eine verfassungändernde Mehrheit, bestimmt werden.

Die Verteilung der Steuerhoheit nach dem Grundgesetz i. d. F. v. 23. Mai 1949 gibt Abb. 5 wieder.

---

[175] ... einen Teil der Einkommen- und Körperschaftsteuer zur Deckung seiner durch andere Einkünfte nicht gedeckten Ausgaben, insbesondere zur Deckung von Zuschüssen, welche den Ländern zur Deckung von Ausgaben auf dem Gebiete des Schulwesens, des Gesundheitswesens und des Wohlfahrtswesens zu gewähren ... [so auch in das GG i. d. F. v. 23. Mai 1949 Art. 106 Abs. 3 aufgenommen]

[176] Zum genauen Ablauf siehe: HÖPKER-ASCHOFF, HERMANN: Das Finanz- und Steuersystem des Bonner Grundgesetzes, in: Archiv des öffentlichen Rechts, 75. Band (1949), S. 306-331, hier S. 325 f.

[177] Dabei war lediglich die Verteilung der Ertragshoheit neu zu bestimmen, nicht etwa auch die der Objekthoheit. Vgl.: WACKE, GERHARD: Das Finanzwesen der Bundesrepublik. Die Einwirkungen der Finanzfunktionen auf Gesetzgebung, Verwaltung und Rechtsprechung im Bonner Grundgesetz, Beihefte zur Deutschen Rechts Zeitschrift, Nr. 13, hrsg. v. Karl S. Bader, Mohr, Tübingen 1950, S. 47.

	Bund	Konkurrierende Gesetzgebung / Verbundsystem	Länder
Objekthoheit	Art.105 Abs.I GG • Zölle • Finanzmonopole	Bedarfszuständigkeit beim Bund, Vermutungszuständigkeit bei den Ländern Art.105 Abs.2 GG • Verbrauchsteuern • Verkehrsteuern • Einkommen-, Vermögen-, Erbschaft-, Schenkungsteuer • Realsteuern	
Ertragshoheit	Art.106 Abs.I GG • Zölle • Monopole • Verbrauch- und Umsatzsteuer • einmaligen Zwecken dienende Vermögensabgaben	Art.106 Abs.3 GG • Teile der Einkommensteuer durch zustimmungspflichtiges Bundesgesetz	Art.106 Abs.2 GG • Bier-, Verkehr- • Einkommen- und Körperschaft- • Vermögen-, Erbschaft- • Realsteuern und • Steuern mit örtlich begrenztem Wirkungskreis
Verwaltungshoheit	Art.108 GG • Zölle • Finanzmonopole • Verbrauchsteuern, die der konkurrierenden Gesetzgebung unterliegen • Beförderungsteuer • Umsatzsteuer • einmalige Vermögensabgaben • Anteile der vom Bund beanspruchten Einkommensteuer		Alle übrigen Steuern

Abb. 5: Die Verteilung der Steuerhoheit auf die Gebietskörperschaften in der Finanzverfassung des Grundgesetzes vom 23. Mai 1949

Der vorläufige Charakter eines wesentlichen Teils der Finanzverfassung ist Indiz für einen "schwer erkämpften Kompromiß",[178] der zu einem späteren Zeitpunkt, dann ohne alliierten Einfluß, erneut verhandelt werden sollte.

---

[178] WACKE, GERHARD: Das Finanzwesen der Bundesrepublik. Die Einwirkungen der Finanzfunktionen auf Gesetzgebung, Verwaltung und Rechtsprechung im Bonner Grundgesetz, Beihefte zur Deutschen Rechts Zeitschrift, Nr. 13, hrsg. v. Karl S. Bader, Mohr, Tübingen 1950, S. 47.

3.2.2 Die Finanzreform von 1955
3.2.2.1 Der Länderfinanzausgleich nach der Verabschiedung des Grundgesetzes bis zur Finanzreform 1955
3.2.2.1.1 Der horizontale Finanzausgleich bis zur Finanzreform 1955

Die auf alliiertes Insistieren zurückzuführende "salomonische"[179] Entscheidung des Parlamentarischen Rates, mit Art. 106 Abs. 3 und 4 GG sowohl die Option eines vertikalen Finanzausgleichs mit horizontalem Effekt als auch eines reinen horizontalen Ausgleichs in die Finanzverfassung aufzunehmen, führte schon bald nach der Verabschiedung des Grundgesetzes zu der Frage, wie denn nun die enormen Finanzkraftunterschiede zwischen den Ländern gemildert werden sollten. In der Annahme, daß ihnen dies eine größere Autonomie gegenüber dem Bund sichere, bevorzugten die Ministerpräsidenten den reinen horizontalen Ausgleich.[180] Aus den Auslegungsproblemen hinsichtlich Art. 106 resultierte schließlich die erste Verfassungsklage im Rahmen des Finanzausgleichs. Bevor darauf eingegangen wird, soll die Genese des ersten **Finanzausgleichsgesetz** vorgestellt werden.

Im Rechnungsjahr **1950** stellte sich das Länderfinanzausgleichsproblem erstmals unter den Bedingungen der Finanzverfassung des GG i. d. F. v. 23. Mai 1949. Bei dem Bemühen, ein Finanzausgleichsgesetz gemäß Art. 106 zu verabschieden, tauchten neben den Auslegungsproblemen bezüglich Art. 106 nun Fragen auf, die im Parlamentarischen Rat noch keine Rolle spielten, etwa der Ausgleichsintensität oder inwieweit Bedarfselemente bei der Berechnung der Beiträge und Zuweisungen im Finanzausgleich Berücksichtigung finden sollten.

Den **ersten Entwurf** für ein Finanzausgleichsgesetz legten im März 1950 die finanzschwachen Länder Rheinland-Pfalz, Niedersachsen, Schleswig-Holstein und Bayern vor.[181]

---

[179] RENZSCH, WOLFGANG: Finanzverfassung und Finanzausgleich. Die Auseinandersetzungen um ihre politische Gestaltung in der Bundesrepublik Deutschland zwischen Währungsreform und deutscher Vereinigung (1948-1990), Habil.-Schrift Uni. Göttingen 1991, Dietz, Bonn 1991, S. 68.

[180] Vgl.: RENZSCH, WOLFGANG: Finanzverfassung und Finanzausgleich. Die Auseinandersetzungen um ihre politische Gestaltung in der Bundesrepublik Deutschland zwischen Währungsreform und deutscher Vereinigung (1948-1990), Habil.-Schrift Uni. Göttingen 1991, Dietz, Bonn 1991, S. 71.

[181] Vgl.: BUNDESRAT: Bundesrats-Drucksache, 1950, Nr. 245/50.

Nach dieser Vorlage sollte ein Ausgleichsstock gebildet werden, dessen Finanzmasse nach dem Verhältnis der unterdurchschnittlichen Finanzkraft verteilt werden sollte. In den Topf einzahlen sollten die Länder, deren Finanzkraft über 105% des Bundesdurchschnitts lag. Der Entwurf der finanzschwachen Länder, der keinerlei Berücksichtigung von Bedarfselementen enthielt, fand die prinzipielle Zustimmung des Bundes - nicht aber die der finanzstarken Länder.

Hessen als ein Land mit etwa durchschnittlicher Finanzkraft auch in Zukunft oft Vermittler zwischen den Ländern, machte daher einen eigenen Vorschlag zur Regelung des horizontalen Länderfinanzausgleichs. Im Unterschied zur Initiative der finanzschwachen Länder sollten auch **Bedarfselemente**, etwa Hafenlasten oder Kriegszerstörungen, im Länderfinanzausgleich Berücksichtigung finden. Außerdem sah der Entwurf mit Hinweis auf das BRECHTSCHE Gesetz[182] eine Einwohnerveredelung vor.

So wie der Vorschlag der finanzschwachen Länder eine obere ausgleichsfreie Zone enthielt, basierte der hessische Entwurf auf dem Gedanken, eine solche nach unten zu schaffen: Nur Länder, deren Finanzkraft unter 70% des Bundesdurchschnitts lag, sollten einen Anspruch auf Leistungen der anderen Länder besitzen und auch nur im hälftigen Umfang dessen, was dem betreffenden Land bis an 90% der durchschnittlichen Finanzkraft fehlte. Die Ausgleichsintensität wäre also bedeutend geringer gewesen als bei der Initiative der finanzschwachen Länder - einzig Schleswig-Holstein, das über eine Finanzkraft von 55% des Bundesdurchschnitts verfügte, hätte substantielle Leistungen aus dem horizontalen Länderfinanzausgleich hessischer Prägung erhalten. Da auch der hessische Vorschlag nicht mehrheitsfähig war, entschlossen sich die Finanzreferenten der Länder, die Vorarbeit für ein Finanzausgleichsgesetz in eine **Kommission** hochrangiger Beamter zu verlagern.

Im Juni 1950 gab die Kommission ihren Bericht ab, der im Kern folgenden Vorschlag für die Einbringung eines Finanzausgleichsgesetzes enthielt: Es wird ein Finanzausgleichsstock in Höhe von 250 Mio. DM gebildet, aus dem die Finanzkraft der Länder, die unter 80% der durchschnittlichen Finanzkraft liegen, zu drei Vierteln und jener, die über eine Finanzkraft zwischen 80% und 100% des Durchschnitts verfügen, zu einem Viertel aufgefüllt wird. Zur Finanzierung sollten die finanzstarken Länder her-

---

[182] Zur Ermittlung des Finanzbedarfs einer Gebietskörperschaft wird in der Regel ihre Einwohnerzahl zugrundegelegt. Das BRECHTSCHE Gesetz unterstellt, daß der Finanzbedarf pro Einwohner wegen zentralörtlicher Funktionen mit steigender Einwohnerzahl wächst.

angezogen werden; wobei die Finanzkraft über 110% des Durchschnitts aller Länder zur Hälfte und zwischen 100% und 110% zu einem Viertel abgeschöpft werden sollte. Die Finanzkraft eines Landes berechnete sich nach diesem Modell ausschließlich aufgrund seiner Steuereinnahmen, einschließlich der auf einheitliche Hebesätze umgerechneten Gemeindesteuern. Von der Finanzkraft sollten in einem zweiten Schritt Bedarfselemente abgezogen werden. Als solche sollten die Hafenlasten, mittelbare Kriegs- und Flüchtlingslasten und die Interessenquoten für den Bund[183] Anerkennung finden. Die Einwohnerzahlen sollten gestaffelt veredelt werden, wobei der höchste Wert mit 135% für jeden Einwohner ab einer Einwohnerzahl über 100.000 gelten sollte.[184]

Auf Basis der Empfehlungen der Studienkommission legte der Bund im September 1950 einen Gesetzentwurf vor,[185] der ergänzend die Anerkennung von Lasten für Hochschulen, Dauerarbeitslose und Zinszahlungen als Bedarfselemente vorsah. Entgegen der allgemeinen Erwartung lehnte der Bundesrat die Gesetzesvorlage Ende Oktober 1950 ab.[186] Dabei bewogen die Länder unterschiedliche Motive, hervorzuheben ist die Stellungnahme Hamburgs, das einen horizontalen Länderfinanzausgleich für grundsätzlich **unvereinbar mit den Bestimmungen des Grundgesetzes** hielt.[187]

Nachdem man sich im November 1950 mühsam auf Finanzhilfen[188] für Schleswig-Holstein, dessen Finanzlage nach wie vor prekär war, verständigt hatte, ergriff Nordrhein-Westfalen noch einmal die Initiative, um einer von Bundesfinanzminister SCHÄFFER angekündigten mehrheitsfähigen Gesetzesvorlage zuvorzukommen. Der nordrhein-westfälische Vorschlag bestach weniger durch *finanzwissenschaftliche Brillanz* als durch das klare Bestreben, die notwendige Mehrheit in der Länderkammer zu erreichen. Um sich die Stimmen Bremens zu sichern, beinhaltete der Vorschlag

---

[183] Der Bund hatte die Länder über sog. Interessenquoten an seinen Ausgaben für Kriegsfolgelasten, die er nach Art. 120 GG zu tragen hatte, beteiligt.

[184] Siehe zu den Einzelheiten: KNOCHE, ERNST-GÜNTHER: Der horizontale Finanzausgleich zwischen den Ländern der Bundesrepublik Deutschland, Diss. Uni. Köln 1965, Eigenverlag, Köln 1963, S. 34 f.

[185] Vgl.: BUNDESRAT: Bundesrats-Drucksache, 1950, Nr. 841/50.

[186] Vgl.: BUNDESRAT: Protokoll der 38. Sitzung v. 27.10.1950, S. 716 ff.

[187] Vgl.: BUNDESRAT: Protokoll der 38. Sitzung v. 27.10.1950, S. 717 ff.

[188] Man wollte diese Hilfen jedoch nur als Kredit gewähren, als Vorschuß auf anstehende Finanzausgleichsregelungen.

eine *Hanseaten-Klausel*, nach der die Finanzkraft Hamburgs und Bremens nicht unter die von Nordrhein-Westfalen und Baden-Württemberg bei den Landes- und nicht unter die von Köln und Stuttgart bei den Kommunalsteuern sinken durfte. Zusätzlich wurde, um Hamburg trotz seiner verfassungsrechtlichen Bedenken zur Zustimmung zu bewegen, die Einwohnerveredelung nochmals angehoben.

Nachdem auch eine Einigung hinsichtlich der strittigen Frage erzielt wurde, inwieweit Sonderlasten, etwa Lasten für Dauerarbeitslose oder Hochschullasten, Berücksichtigung finden sollten, war der Kompromiß zum Länderfinanzausgleich perfekt. Er fand im Februar 1951 die Zustimmung des Bundestages[189] und des Bundesrates.[190]

Hamburg und Baden-Württemberg, die auch im Bundesrat gegen das Finanzausgleichsgesetz gestimmt hatten, reichten im Oktober 1951 einen **Normenkontrollantrag** beim Bundesverfassungsgericht ein, da nach ihrer Ansicht das Länderfinanzausgleichsgesetz im Widerspruch zu Art. 106 GG i. d. F. v. 23. 5. 1949 stand.[191] Im Februar 1952 fällte das Bundesverfassungsgericht sein erstes Urteil zum Länderfinanzausgleich.[192] Es stellte klar, daß Art. 106 Abs. 4 GG i.d.F.v. 23.5.1949 einen reinen horizontalen Einnahmeausgleich zuließe.[193] Damit waren die juristischen Auslegungsprobleme hinsichtlich Art. 106 GG ausgeräumt - ein Ausgleich der Finanzkraft war **sowohl horizontal als auch vertikal** möglich. Die politischen Auseinandersetzungen um die Frage horizontaler Finanzausgleich versus vertikaler Finanzausgleich mit horizontalem Effekt waren - wie die Geschichte der Bundesrepublik zeigt - damit allerdings keineswegs beendet. Das BVerfG machte schließlich deutlich, daß die **Ausgleichsintensität** Sache der politischen Verhandlung sei, sich aber eine Nivellierung der Finanzkraft verfassungsrechtlich verbiete.[194]

---

[189] Vgl.: DEUTSCHER BUNDESTAG: 1. Wahlperiode, Protokoll der 116. Sitzung v. 1.2.1951.

[190] Vgl.: BUNDESRAT: Protokoll der 50. Sitzung v. 16.2.1951.

[191] Vgl.: BUNDESVERFASSUNGSGERICHT (Hrsg.): Entscheidungen des BVerfG, Band 1, Mohr, Tübingen, S. 123.

[192] Vgl.: BUNDESVERFASSUNGSGERICHT (Hrsg.): Entscheidungen des BVerfG, Band 1, Mohr, Tübingen, S. 117 ff.

[193] Vgl.: BUNDESVERFASSUNGSGERICHT (Hrsg.): Entscheidungen des BVerfG, Band 1, Mohr, Tübingen, S. 134.

[194] Vgl.: BUNDESVERFASSUNGSGERICHT (Hrsg.): Entscheidungen des BVerfG, Band 1, Mohr, Tübingen, S. 134.

In den Folgejahren bis zur Verabschiedung des Finanzverfassungsgesetzes 1955 wurde die 1950 praktizierte Systematik des horizontalen Länderfinanzausgleichs beibehalten (vgl. Abb. 6).[195]

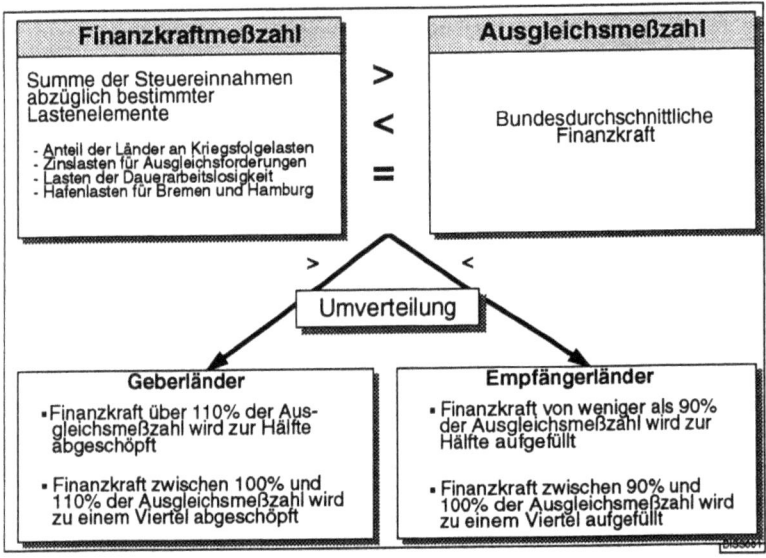

Abb. 6: Systematik des horizontalen Länderfinanzausgleichs nach dem Grundgesetz i. d. F. v. 23. Mai 1949

Tab. 10 gibt einen Überblick über die im Rahmen des horizontalen Länderfinanzausgleichs im betreffenden Zeitraum verteilten Finanzmittel und ihre Bedeutung für die Länderhaushalte.[196]

---

[195] Vgl.: LENK, THOMAS: Reformbedarf und Reformmöglichkeiten des deutschen Finanzausgleichs. Eine Simulationsstudie, Schriften zur öffentlichen Verwaltung und öffentlichen Wirtschaft, Band 138, hrsg. v. Peter Friedrich, Habil.-Schrift TH Darmstadt 1992, Nomos, Baden-Baden 1993, S. 117.

[196] INSTITUT FÜR FINANZEN UND STEUERN (Hrsg.): Die große Finanzreform. Gutachten, Schriftenreihe des Instituts für Finanzen und Steuern, Heft 80, Stollfuß, Bonn 1966, S. 4.

Land	1950		1951		1952		1953		1954	
	Beiträge oder Zuweisungen	in v. H. der Landessteuern	Beiträge oder Zuweisungen	in v. H. der Landessteuern	Beiträge oder Zuweisungen	in v. H. der Landessteuern	Beiträge oder Zuweisungen	in v. H. der Landessteuern	Beiträge oder Zuweisungen	in v. H. der Landessteuern
Beiträge der ausgleichspflichtigen Länder in Mio. DM										
Baden-Württemb.	69,0	7,3	31,4	3,0	45,4	3,7	78,2	5,6	79,9	5,4
Bremen	1,3	1,2	-	-	-	-	-	-	0,8	0,5
Hamburg	36,6	8,9	36,6	7,5	40,2	9,5	22,4	4,3	33,6	5,4
Hessen	30,3	4,9	19,0	2,7	-	-	-	-	-	-
Nordrhein-Westfalen	134,8	6,6	83,1	3,5	135,2	4,8	45,6	4,7	33,6	5,4
Ausgleichsmasse	272,0	6,6	170,1	3,6	220,8	4,1	246,2	4,1	256,7	4,1
Zuweisungen an ausgleichsberechtigte Länder in Mio. DM										
Bayern	35,4	3,3	13,3	1,1	15,3	1,2	27,3	2,0	39,9	2,9
Niedersachsen	80,8	12,0	26,3	3,3	56,1	6,8	60,1	6,6	72,7	7,9
Rheinland-Pfalz	50,5	18,1	28,8	8,9	33,1	8,9	19,2	4,4	18,1	4,0
Schleswig-Holstein	105,3	61,2	101,8	53,0	116,3	52,5	139,6	60,1	135,0	54,4
Ausgleichsmasse	272,0	12,4	170,2	6,9	220,8	8,1	246,2	8,4	265,7	8,8

Tab. 10: Die Zahlungen im Rahmen des horizontalen Länderfinanzausgleichs von 1950 bis 1954

Neben den Leistungen aus dem horizontalen Finanzausgleich, hatte das **Steuerzerlegungsgesetz** von 1952[197] einen ausgleichenden Effekt auf die Länderfinanzkraft.[198] Vor dessen Inkrafttreten wurden die Steuern ausschließlich nach dem örtlichen Aufkommen verteilt, was z. B. bedeutete, daß die Steuern größerer Konzerne immer am

---

[197] Gesetz über die Steuerberechtigung und Zerlegung bei der Einkommen- und Körperschaftsteuer (Zerlegungsgesetz) v. 29.3.1952. BGBl I. 1952, S. 225 ff.

[198] Immerhin entsprach der durch das Steuerzerlegungsgesetz erzielte Ausgleich ca. der Hälfte des Volumens, das durch den Länderfinanzausgleich ohne Steuerzerlegung zustande gekommen wäre.

Stammsitz des Unternehmens veranlagt wurden. Länder, in denen Filialbetriebe ansässig waren, erzielten keine Steuereinnahmen.

Durch die nun vorgenommene Steuerzerlegung sank zwar die Finanzausgleichsmasse von 189,5 Mio. DM auf 156,2 Mio. DM, dennoch profitierten in der Summe die finanzschwachen Länder vom Steuerzerlegungsgesetz, wie Tab. 11 verdeutlicht:[199]

Hamburg	-30 Mio. DM
Hessen	- 30 Mio. DM
Nordrhein-Westfalen	-24 Mio. DM
Bremen	- 6 Mio. DM
Bayern	+ 30 Mio. DM
Niedersachsen	+21 Mio. DM
Schleswig-Holstein	+ 18 Mio. DM
Rheinland-Pfalz	+ 12 Mio. DM
Baden-Württemberg	+ 9 Mio. DM

Tab. 11: Die finanziellen Wirkungen des Steuerzerlegungsgesetzes von 1952

Betrachtet man zusammenfassend Tab. 12, so muß dennoch konstatiert werden, daß die Finanzkraft zwischen den Ländern auch nach Durchführung des horizontalen Finanzausgleichs sehr stark streute.[200]

	1951		1952		1953		1954	
	vor	nach	vor	nach	vor	nach	vor	nach
	LFA		LFA		LFA		LFA	
	Länderfinanzkraft (Bundesdurchschnitt = 100)							
Nordrhein-Westfalen	115	112	119	115	119	114	119	114
Baden-Württemberg	107	105	110	107	113	109	113	109
Hessen	107	105	103	103	98	98	99	99
Bayern	85	85	84	85	82	84	84	85
Niedersachsen	82	84	78	82	78	82	79	83
Rheinland-Pfalz	71	76	72	76	75	78	76	79
Schleswig-Holstein	59	80	58	79	59	85	62	87
Hamburg	186	175	170	159	164	159	166	161
Bremen	145	145	137	137	143	139	142	139

Tab. 12: Die Länderfinanzkraft vor und nach horizontalem Finanzausgleich von 1951 bis 1954

---

[199] Quelle: RENZSCH, WOLFGANG: Finanzverfassung und Finanzausgleich. Die Auseinandersetzungen um ihre politische Gestaltung in der Bundesrepublik Deutschland zwischen Währungsreform und deutscher Vereinigung (1948-1990), Habil.-Schrift Uni. Göttingen 1991, Dietz, Bonn 1991, S. 122.

[200] Eigene Berechnungen nach Bundestag-Drucksache, II/480, S. 183, Anlage 7.

Ebenso wie die horizontale Umverteilung der Finanzmittel war auch die Steuerverteilung zwischen Bund und Ländern in der Folgezeit des Grundgesetzes von langwierigen politischen Auseinandersetzungen geprägt, auf die nunmehr eingegangen wird.

3.2.2.1.2 Der vertikale Finanzausgleich bis zur Finanzreform 1955

Der vertikale Finanzausgleich war in der Folgezeit der Verabschiedung des Grundgesetzes ganz von der in Art. 120 GG vorgesehenen Übernahme der **Kriegsfolgelasten** durch den Bund geprägt.

Mit dem ersten Überleitungsgesetz vom 28.11.1950[201] kam der Bund dieser Verpflichtung mit Wirkung vom 1.4.1950 nach. Als Einnahmen erhielt er die in Art. 106 Abs. 1 GG angeführten Steuern: die Umsatz-, die Beförderung- und die Verbrauchsteuern (mit Ausnahme der Biersteuer). Die originären Einnahmen des Bundes reichten zur Deckung seines durch die Übernahme der Kriegsfolgelasten objektiv gestiegenen Finanzbedarfs (die Lasten betrugen p.a. ca. 10 Mrd. DM[202]) nicht aus. Strittig war, wie das **Finanzierungsdefizit** im Bundeshaushalt beseitigt werden sollte.

Grundsätzlich boten sich zwei Wege an: Der Bund macht von seinem Recht nach Art. 106 Abs. 3 GG i.d.F.v. 23.5.1949 Gebrauch und beansprucht Teile der Einkommensteuer für sich; oder aber der Bund übernimmt nicht die vollen, sondern nur einen Teil der Kriegsfolgelasten, während der Rest von den Ländern finanziert wird.[203] Tatsächlich wurde von beiden Möglichkeiten auch Gebrauch gemacht.

Mit dem ersten Überleitungsgesetz beschritt man zunächst den verfassungsrechtlich gar nicht vorgesehenen, aber von den Ländern erwünschten, Weg der sogenannten **Interessenquoten**.[204] Demnach mußten sich die Länder mit 10% bis 25%[205] an den

---

[201] BGBl I, 1950, S. 773 ff.

[202] Vgl.: INSTITUT FÜR FINANZEN UND STEUERN (Hrsg.): Die große Finanzreform. Gutachten, Schriftenreihe des Instituts für Finanzen und Steuern, Heft 80, Stollfuß, Bonn 1966, S. 2.

[203] Vgl.: BALLING, ADOLF: Der vertikale Finanzausgleich des Bonner Grundgesetzes, Diss. Uni. Mainz 1954, Eigenverlag, Mainz 1954, S. 74.

[204] Vgl.: BALLING, ADOLF: Der vertikale Finanzausgleich des Bonner Grundgesetzes, Diss. Uni. Mainz 1954, Eigenverlag, Mainz 1954, S. 74.

Ausgaben des Bundes für Kriegsfolgelasten beteiligen. Im zweiten Überleitungsgesetz vom 21.8.1951 wurde die Quote auf 15% gesenkt.[206]

Von der Übernahme der Kriegsfolgelasten durch den Bund gingen aufgrund der uneinheitlichen Verteilung der Lasten auf die Bundesländer erhebliche **horizontale Verteilungswirkungen** aus. Durch die Interessenquotenregelung wurde der ausgleichende Effekt der Übernahme der Kriegsfolgelasten jedoch konterkariert. Gerade die steuerschwachen Länder hatten auch hohe Kriegsfolgelasten zu tragen - so führten die Interessenquoten zu dem Ergebnis, daß die armen Länder eine höhere Quote zahlen mußten als die reichen.[207]

Aufgrund der negativen horizontalen Verteilungseffekte[208] wurden die Interessenquoten im Folgejahr sowohl qualitativ als auch quantitativ begrenzt[209] - 1953 fielen sie dann ganz weg. So mußten die Bundesländer 1951 nur noch 112 Mio. DM der Kriegsfolgelasten tragen, was offensichtlich nicht zur Deckung des Finanzbedarfs des Bundes ausreichte.

Da sich auch im Bundesrat eine Mehrheit der Länder für eine **Inanspruchnahme von Teilen des Einkommensteueraufkommens** durch den Bund abzeichnete, brachte Bundesfinanzminister SCHÄFFER einen Gesetzentwurf ein, nach dem der Bund zu 31,3% am Einkommensteueraufkommen beteiligt werden sollte.[210] Der Prozentsatz war gerade so gewählt, daß der Bund die Mehreinnahmen der Länder aus der Einkommensteuer im Vergleich zum Vorjahr für sich beansprucht hätte - was die Länderhaushalte wegen der Dominanz der Einkommensteuer quasi eingefroren hätte.

---

[205] Vgl.: INSTITUT FÜR FINANZEN UND STEUERN (Hrsg.): Die große Finanzreform. Gutachten, Schriftenreihe des Instituts für Finanzen und Steuern, Heft 80, Stollfuß, Bonn 1966, S. 2.

[206] BGBl I, 1951, S. 774 ff.

[207] Vgl.: INSTITUT FÜR FINANZEN UND STEUERN (Hrsg.): Die Finanzreform, Schriftenreihe des Instituts für Finanzen und Steuern, Heft 33, Stollfuß, Bonn 1954, S. 60.

[208] Vgl.: BALLING, ADOLF: Der vertikale Finanzausgleich des Bonner Grundgesetzes, Diss. Uni. Mainz 1954, Eigenverlag, Mainz 1954, S. 78.

[209] Vgl.: INSTITUT FÜR FINANZEN UND STEUERN (Hrsg.): Die große Finanzreform. Gutachten, Schriftenreihe des Instituts für Finanzen und Steuern, Heft 80, Stollfuß, Bonn 1966, S. 3.

[210] Vgl.: BUNDESRAT: Bundesrats-Drucksache, 1951, Nr. 305/51.

Nach schwierigen Verhandlungen, in dessen Verlauf der Bund die finanzschwachen Länder durch den Entzug nicht gesetzlich garantierter Leistungen, etwa Zuschüssen zum sozialen Wohnungsbau, unter Druck gesetzt hatte, konnte schließlich im ersten Inspruchnahmegesetz vom 23.10.1951[211] eine Einigung bei 27 % erzielt werden,[212] was dem Bund für 1951 Einnahmen von 2,213 Mrd. DM einbrachte.[213]

Das Tauziehen um die Verteilung des Einkommensteueraufkommens setzte sich auch in den Folgejahren in allerdings immer härteren Auseinandersetzungen fort. Im Februar 1952 legte der Bundesfinanzminister den Entwurf des zweiten Inspruchnahmegesetzes vor.[214] Darin war mit der Begründung anstehender Verteidigungslasten eine Erhöhung des Bundesanteils an der Einkommensteuer um 13 Prozentpunkte, also auf 40%, vorgesehen.

Der Bundesrat lehnte im Februar 1952 das Ansinnen des Bundes ab, worauf dieser wieder zum Druckmittel der Streichung freiwilliger Bundeshilfen griff.[215] Unter Einsatz auch parteipolitischer Solidaritätsanmahnungen[216] versuchte Bundesfinanzminister SCHÄFFER, seine Forderung nach einem größeren Bundesanteil am Einkommensteueraufkommen durchzusetzen. Der im Vermittlungsausschuß im Juli 1952 schließlich erzielte Kompromiß brachte ein Novum:[217] Die Einkommensteuereinnahmen des Bundes wurden nach oben begrenzt und den Ländern eine Mindeststeuerkraft garantiert.

---

[211] BGBl I, 1951, S. 864.

[212] Vgl.: BALLING, ADOLF: Der vertikale Finanzausgleich des Bonner Grundgesetzes, Diss. Uni. Mainz 1954, Eigenverlag, Mainz 1954, S. 79.

[213] Angemerkt sei, daß die ursprüngliche Forderung Schäffers von 31,3 % dem Bund Mehreinnahmen von 2,1 Mrd. DM eingebracht hätte.

[214] Vgl.: DEUSCHER BUNDESTAG: 1. Wahlperiode, Bundestags-Drucksache Nr. 3168.

[215] Details in: RENZSCH, WOLFGANG: Finanzverfassung und Finanzausgleich. Die Auseinandersetzungen um ihre politische Gestaltung in der Bundesrepublik Deutschland zwischen Währungsreform und deutscher Vereinigung (1948-1990), Habil.-Schrift Uni. Göttingen 1991, Dietz, Bonn 1991, S. 86.

[216] Vgl.: RENZSCH, WOLFGANG: Finanzverfassung und Finanzausgleich. Die Auseinandersetzungen um ihre politische Gestaltung in der Bundesrepublik Deutschland zwischen Währungsreform und deutscher Vereinigung (1948-1990), Habil.-Schrift Uni. Göttingen 1991, Dietz, Bonn 1991, S. 85.

[217] Vgl.: BALLING, ADOLF: Der vertikale Finanzausgleich des Bonner Grundgesetzes, Diss. Uni. Mainz 1954, Eigenverlag, Mainz 1954, S. 81.

Im einzelnen sollte der Bund 37% des Einkommensteueraufkommens erhalten, allerdings nur bis zu einer Grenze von 4,2 Mrd. DM. Sollten die Bundeseinnahmen insgesamt den Betrag von 15,6 Mrd. DM übersteigen, so verminderte sich die Quote des Bundes je 100 Mio. DM Überschuß um einen Prozentpunkt. Außerdem wurde den Ländern eine Mindeststeuerkraft von 105% gegenüber dem Vorjahr garantiert.[218]
In der Konsequenz führten die Bestimmungen des zweiten Inanspruchnahmegesetzes vom 25.7.1952[219] dazu, daß der Bund den Ländern 117 Mio. DM zurücküberweisen mußte, so daß sich seine echte Quote auf 35,6% belief, was Einnahmen von 3,910 Mrd. DM bedeutete.[220]

Im Rechnungsjahr 1953 sollte nach den Vorstellungen des Bundes bei gleichzeitigem Wegfall der 105%-Garantieklausel die Inanspruchnahmequote nochmals deutlich auf dann 44% steigen.[221] Die Länder sahen, bei ansonsten durchaus unterschiedlichen Ansichten, keinen Grund, die Quote des Bundes erneut zu erhöhen; sie sollte weiter 37%, bei einer Beibehaltung der 105%-Klausel, betragen.[222] Im Zuge der Verhandlungen reduzierte der Bund seine Forderung auf 40%, um die Einnahmeverluste der Länder aus der geplanten Senkung der Einkommensteuer um 15 Prozentpunkte in Grenzen zu halten.[223] Allerdings sollten die erwarteten Defizite im Bundeshaushalt durch einen 80%igen Zugriff auf die Einkommensteuereinnahmen der Länder, die über den Betrag von 10,8 Mrd. DM hinausgingen, gedeckt werden.

Um den Vorschlag für die finanzschwachen Länder attraktiv zu machen, verband der Bundesfinanzminister seine Gesetzesinitiative mit einem horizontalen Element, dem sogenannten **Schullastenausgleich**. Demnach sollten 200 Mio. DM der dem Bund zufließenden Einkommensteuer im Sinne des Art. 106 Abs. 3 GG i.d.F.v. 23.5.1949 an die Länder verteilt werden. Dies hätte in der Konsequenz eine gestaffelte Inanspruchnahmequote von 39,5% für Hamburg bis 35,5% für Schleswig-Holstein bedeu-

---

[218] Vgl.: DEUTSCHER BUNDESTAG: 1. Wahlperiode, Bundestags-Drucksache Nr. 3547.

[219] BGBl I, 1952, S. 389.

[220] Vgl.: INSTITUT FÜR FINANZEN UND STEUERN (Hrsg.): Die große Finanzreform. Gutachten, Schriftenreihe des Instituts für Finanzen und Steuern, Heft 80, Stollfuß, Bonn 1966, S. 3.

[221] Vgl.: BUNDESRAT: Bundesrats-Drucksache, 1952, Nr. 472/52.

[222] Vgl.: BUNDESRAT: Bundesrats-Drucksache, 1953, Nr. 49/1/53.

[223] Vgl.: BALLING, ADOLF: Der vertikale Finanzausgleich des Bonner Grundgesetzes, Diss. Uni. Mainz 1954, Eigenverlag, Mainz 1954, S. 82.

tet.[224] Der Schullastenausgleich wurde in den weiteren Verhandlungen wieder gestrichen, statt dessen einigte man sich Mitte Juni 1953 auf eine Quote von 38% bei Wegfall der 105%-Garantieklausel.[225]

Die Verhandlungen um den vertikalen Finanzausgleich für das Rechnungsjahr 1954 wurden durch das Scheitern der Pläne zur Bildung der Europäischen Verteidigungs Gemeinschaft (EVG) wesentlich erleichtert. Denn für den Aufbau der EVG waren bereits Bundesmittel eingeplant, die nun quasi als freie Reserve zur Verfügung standen. So wich der Bund von seiner ursprünglichen Forderung, zusätzlich zu der 38%-Quote noch 80% des Einkommensteuermehraufkommens für sich zu beanspruchen und begnügte sich mit dem 38%igen Zugriff auf das Einkommensteueraufkommen.[226]

Bemerkenswert an der Lösung für das Rechnungsjahr 1954 ist das Datum ihres Zustandekommens, der 1.4.1955, einen Tag nach Ablauf des Rechnungsjahres. Diese Tatsache wirft ein bezeichnendes Licht auf die Qualität der in den Jahren 1950 bis 1954 nach jeweils zähen und langen Verhandlungen praktizierten Regelungen zum vertikalen Finanzausgleich: Das Verfahren der Inanspruchnahmequoten nach Art. 106 Abs. 3 war höchst unbefriedigend, da sie die Haushaltsplanung in Bund und Ländern erschwerte.[227] Außerdem erhielt der Bund aufgrund der Interessendivergenz der Länder im vertikalen Finanzausgleich von Jahr zu Jahr eine immer stärkere Position.[228]

---

[224] Vgl.: RENZSCH, WOLFGANG: Finanzverfassung und Finanzausgleich. Die Auseinandersetzungen um ihre politische Gestaltung in der Bundesrepublik Deutschland zwischen Währungsreform und deutscher Vereinigung (1948-1990), Habil.-Schrift Uni. Göttingen 1991, Dietz, Bonn 1991, S. 93. BALLING, ADOLF: Der vertikale Finanzausgleich des Bonner Grundgesetzes, Diss. Uni. Mainz 1954, Eigenverlag, Mainz 1954, S. 83.

[225] Vgl.: BUNDESRAT: Protokoll der 110. Sitzung v. 15.6.1953; DEUTSCHER BUNDESTAG: 1. Wahlperiode, Protokoll der 270. Sitzung v. 11.6.1953.

[226] Vgl.: DEUTSCHER BUNDESTAG: 2. Wahlperiode, Protokoll der 49. Sitzung v. 15.10.1954.

[227] Vgl. zur Kritik: INSTITUT FÜR FINANZEN UND STEUERN (Hrsg.): Die Finanzreform, Schriftenreihe des Instituts für Finanzen und Steuern, Heft 33, Stollfuß, Bonn 1954, S. 93.

[228] Vgl. zum Juliusturm: PAGELS, WILHELM: Der Juliusturm. Eine politologische Fallstudie zum Verhältnis von Ökonomie, Politik und Recht in der Bundesrepublik, Diss. Uni. Hamburg 1979, Eigenverlag, Hamburg 1979.

3.2.2.2 Das Finanzverfassungsgesetz von 1955

In dem Bestreben, der ungewissen Entwicklung von Einnahmen und Ausgaben in Bund und Ländern Rechnung zu tragen sowie die Finanzverfassung in ihren wesentlichen Teilen zu einem späteren Zeitpunkt - dann ohne alliierte Eingriffe - reformieren zu können, nahmen die Verfassungsmütter und -väter mit Art. 107 eine etwas kurios anmutende Vorschrift in die Finanzverfassung des Grundgesetzes i.d.F.v. 23.5.1949 auf. Demnach sollte,

"die endgültige Verteilung der der konkurrierenden Gesetzgebung unterliegenden Steuern auf Bund und Länder (soll) spätestens bis zum 31. Dezember 1952 erfolgen, und zwar durch Bundesgesetz, das der Zustimmung des Bundesrates bedarf."[229]

Als sich 1952 abzeichnete, daß die angestrebte endgültige[230] Regelung der Steuerverteilung wegen immer noch großer finanzieller Unwägbarkeiten nicht bis zum ursprünglichen Termin verabschiedet werden konnte, brachte der Bundesfinanzminister mit der Intention, die Frist des Art. 107 GG i. d. F. v. 23.5.1993 um drei Jahre, also bis zum 31.12.1955 zu verlängern, ein Verfassungsänderungsgesetz ein.

Nachdem die Länder die angestrebte Grundgesetzänderung zunächst mit dem Hinweis abgelehnt hatten, sie wollten erst einen Gesetzentwurf für die Steuerverteilung i. S. d. Art. 107 abwarten,[231] stimmten sie einer zweijährigen **Fristverlängerung** nach Vorlage eines solchen zu.[232] Da auch bis zum 31.12.1954 noch keine Regelung i. S. d. Art. 107 gefunden werden konnte, wurde die Frist am 25.12.1954 nochmals bis zum 31.12.1955 verlängert.[233] Tatsächlich verabschiedet wurde das **Finanzverfassungsgesetz** erst im Dezember 1955 - über zwei Jahre dauerten also die Verhandlungen um

---

[229] Art. 107 Satz I GG i.d.F.v. 23.5.1949.

[230] Vgl. zum Problem einer endgültigen Finanzverfassung kritisch: WACKE, GERHARD: Das Finanzwesen der Bundesrepublik. Die Einwirkungen der Finanzfunktionen auf Gesetzgebung, Verwaltung und Rechtsprechung im Bonner Grundgesetz, Beihefte zur Deutschen Rechts Zeitschrift, Nr. 13, hrsg. v. Karl S. Bader, Mohr, Tübingen 1950, S. 32. Vgl. auch die Interpretation des Art. 107 GG i. d. F. v. 23.5.1949 in HECKT, WILHELM: Die Entwicklung des bundesstaatlichen Finanzausgleichs in der Bundesrepublik Deutschland, Stollfuß, Bonn 1973, Schriftenreihe des Instituts für Finanzen und Steuern, Heft 103, S. 25.

[231] Vgl.: BUNDESRAT: Protokoll der 98. Sitzung v. 18.12. und 19.12. 1952.

[232] Gesetz zur Änderung des Art. 107 des GG v. 20.4.1953. BGBl I, 1953, S. 130.

[233] 2. Gesetz zur Änderung des Art. 107 des GG v. 25.12.1954. BGBl I, 1954, S. 517.

die Neugestaltung wesentlicher Teile der Finanzverfassung, die im folgenden in ihrer Struktur nachgezeichnet werden sollen.

Der **erste Entwurf** eines Finanzverfassungsgesetzes[234] aus der Feder des Bundesfinanzministers vom Dezember 1952 beinhaltete eine tiefgreifende Reform der bestehenden Finanzverfassung. Er sah vor, die Umsatz- und Einkommensteuer zur Gemeinschaftsteuer von Bund und Ländern zu machen, wobei die Anteile durch zustimmungspflichtiges Bundesgesetz festgelegt werden sollten. Des weiteren sollte der vertikale Finanzausgleich mit horizontalem Effekt deutlich intensiviert werden, so daß der horizontale Länderfinanzausgleich an Bedeutung verloren hätte. Dazu sollte der Länderanteil an der Umsatzsteuer zur Hälfte nach dem örtlichen Aufkommen und zur Hälfte nach der Einwohnerzahl verteilt werden. Außerdem sollte die Finanzkraft der finanzschwachen Länder durch Bundeszuweisungen vor Einsetzen des horizontalen Länderfinanzausgleichs auf 80 % bis 85 % des Bundesdurchschnitts angehoben werden. In der Konsequenz hätte der Entwurf die Finanzkraftunterschiede zwischen den Ländern und die Bedeutung des horizontalen Finanzausgleichs verringert. Da die Gesetzesvorlage nicht konsensfähig war, wurde die Frist des Art. 107 GG i. d. F. v. 23.5.1949 zunächst um zwei Jahre verlängert. Zur Vorbereitung der Reform beriefen nun sowohl der Bund als auch die Länder eine Kommission ein.

In der **Länderkommission** dominierten die finanzstarken Länder Hamburg, Bremen, Nordrhein-Westfalen und Hessen, die wegen der Uneinigkeit der finanzschwachen Länder faktisch über die Mehrheit in der Kommission verfügten.[235] Sie lehnten sowohl Pläne zur Einrichtung eines großen Steuerverbundes als auch die Erweiterung des vertikalen Ausgleichs mit horizontalem Effekt ab. Statt dessen sollte am System der horizontalen Einnahmeumverteilung festgehalten werden, wobei die Finanzkraft eines Landes zwischen 100 % und 105 % des Bundesdurchschnitts ausgleichsfrei bleiben und die Finanzkraft der steuerschwachen Länder auf 85 % des Bundesdurchschnitts angehoben werden sollte.

Der **Bund** legte auf Grundlage der Empfehlungen *seiner* Studienkommission im Februar 1954 einen Gesetzentwurf zur Reform des Art. 106 GG vor. Daneben enthielt

---

[234] Vgl.: DEUTSCHER BUNDESTAG: 1. Wahlperiode. Bundestags-Drucksache Nr. 3769, S. 2.

[235] Schleswig-Holstein erhoffte sich Sonderzuweisungen der reichen Länder, Bayern legte als finanzschwaches Land besonderen Wert auf seine staatliche Unabhängigkeit.

der Entwurf Vorschläge für das Finanzanpassungs-[236] (vertikaler Finanzausgleich) und das Länderfinanzausgleichsgesetz (horizontaler Finanzausgleich).[237]

Mit dem Ziel, die finanziellen Beziehungen zwischen Bund und Ländern auf eine dauerhafte Grundlage zu stellen,[238] sah die Gesetzesvorlage im einzelnen folgendes vor: Die Pläne zu einem großen Steuerverbund wurden aufgegeben. Statt dessen sollte die Einkommensteuer nunmehr auch de jure im kleinen Steuerverbund bei einem 40%igen Bundesanteil erhoben werden. Eine Änderung des Beteiligungsverhältnisses sollte nur alle zwei Jahre durch zustimmungspflichtiges Bundesgesetz möglich sein; dies aber auch nur dann, wenn sich das Verhältnis zwischen Einnahmen und Ausgaben bei Bund und Ländern unterschiedlich entwickelte. Abweichend von diesem Grundsatz sollte eine Revision des Beteiligungsverhältnisses möglich sein, wenn der Bund den Ländern neue Lasten aufbürdet.

Weiterhin sollten Bund und Länder gleichmäßig Anspruch auf die Deckung ihrer Ausgaben haben. Dabei sollten die Deckungsbedürfnisse so abgestimmt werden, daß ein billiger Ausgleich erzielt, eine Überbelastung der Steuerpflichtigen vermieden und die Einheitlichkeit der Lebensverhältnisse gewahrt bleibt. Die zur Wahrung der Einheitlichkeit der Lebensverhältnisse notwendige Angleichung der Länderfinanzkraft sollte überwiegend horizontal erfolgen, wobei eine deutliche Erhöhung der Ausgleichsintensität angestrebt wurde. Länder mit einer Steuerkraft über 100 % des Bundesdurchschnitts sollten in Zukunft als finanzstark und jene mit einer Steuerkraft unter 95 % des Durchschnitts als finanzschwach gelten.

Die Finanzkraft der finanzschwachen Länder sollte auf mindestens 88,75 % des Bundesdurchschnitts angehoben werden. Die Finanzkraft ermittelte sich dabei als Summe aus den Einnahmen aus Landessteuern, den Realsteuern (zu 50%), den Steuern mit örtlich begrenztem Wirkungskreis sowie den Einnahmen aus den Gemeinschaftssteuern. Als Sonderlasten sollten in Zukunft nur noch die Hafenlasten und die besonderen Belastungen Schleswig-Holsteins anerkannt werden. Weiterhin war vorgesehen, die Einwohnerzahlen wie bisher mit einem Faktor zwischen 1 und 1,5 zu veredeln. Der

---

[236] Die ursprüngliche Intention der Fristverlängerung des Art. 107, die Reform der Finanzverfassung nicht mit den Verhandlungen zum vertikalen und horizontalen Finanzausgleichs zu belasten, konnte nicht verwirklicht werden.

[237] Vgl.: BUNDESRAT: Bundesrats-Drucksache, 1954. Nr. 78/54 a-c.

[238] Vgl.: BUNDESRAT: Bundesrats-Drucksache 1954, Nr. 78/54 a-c, S. 1.

hier vorgestellte Regierungsentwurf sollte die Grundlage für die später verabschiedeten Gesetze sein - dazwischen lagen jedoch 18 Monate zäher **Verhandlungen zwischen Bund und Ländern**, deren Verlauf nachfolgend nachgezeichnet werden soll.

In der Sitzung des **Finanzausschusses des Bundesrates** vom 1.4.1954[239] wurde die Regierungsvorlage strikt abgelehnt. Mit Ausnahme der vier finanzschwachen Länder sah man in ihr den Versuch, "einer Verschiebung der innerstaatlichen Machtbalance zugunsten des Bundes."[240] Nach den Vorstellungen der Ländermehrheit[241] sollte die Ertragshoheit über die Einkommensteuer grundsätzlich bei den Ländern verbleiben.[242] Den durch die Inanspruchnahmegesetze geregelten Bundesanteil an der Einkommensteuer wollte man auf 35% begrenzt wissen - fünf Prozentpunkte weniger als vom Bund gefordert.[243] Das vom Bund reklamierte Recht, einen Zuschlag zur Einkommensteuer erheben zu dürfen, wollte man diesem nur zugestehen, wenn es auch die Länder erhielten.[244]

Auf wenig Gegenliebe stieß auch die Intensivierung des vertikalen Ausgleichs mit horizontalem Effekt. Bestehende Finanzkraftunterschiede sollten nicht vertikal, sondern horizontal gemildert werden, wobei die Ländermehrheit eine Anhebung der Finanzkraft der finanzschwachen Länder auf 85% des Bundesdurchschnitts für angemessen hielt.[245] Subsidiär sollte der Bund Ergänzungszuweisungen an die finanzschwachen Länder leisten.[246] Der gesamte horizontale Finanzausgleich sollte nach den Vorstellungen der Ländermehrheit en détail Bestandteil der Finanzverfassung werden.[247]

---

[239] Vgl.: FINANZAUSSCHUB DES BUNDESRATES: Protokoll der 114. Sitzung v. 1.4.1954.

[240] RENZSCH, WOLFGANG: Finanzverfassung und Finanzausgleich. Die Auseinandersetzungen um ihre politische Gestaltung in der Bundesrepublik Deutschland zwischen Währungsreform und deutscher Vereinigung (1948-1990), Habil.-Schrift Uni. Göttingen 1991, Dietz, Bonn 1991, S. 126.

[241] Vgl. zu der Debatte innerhalb der Bundesländer: BUNDESRAT: Protokoll der 121. Sitzung v. 9.4.1954.

[242] Vgl.: BUNDESRAT: Bundesrats-Drucksache, 1954, Nr. 78/54a, S. 7.

[243] Vgl.: BUNDESRAT: Bundesrats-Drucksache, 1954, Nr. 78/54a, Anlage 1, S. 1.

[244] Vgl.: BUNDESRAT: Bundesrats-Drucksache, 1954, Nr. 78/54a, S. 9.

[245] Vgl.: BUNDESRAT: Bundesrats-Drucksache, 1954, Nr. 78/54a. Anlage 1, S. 2.

[246] Vgl.: BUNDESRAT: Bundesrats-Drucksache, 1954, Nr. 78/54a. Anlage 1, S. 2.

In den Beratungen des **Finanzausschusses des Bundestages**[248] bemühte man sich, den Wünschen der Ländermehrheit ein Stück weit entgegen zu kommen. Um dem gestiegenen Finanzbedarf des Bundes Rechnung zu tragen, sollte dieser die volle Ertragshoheit über die Vermögen-, Erbschaft-, Kapitalverkehr-, Versicherung-, Wechsel- und Kfz-Steuer erhalten.[249] Die Festlegung der Anteile an der im kleinen Steuerverbund erhobenen Einkommensteuer sollte nach dem Konnexitätsprinzip erfolgen.[250]

Eine Änderung des Beteiligungsverhältnisses sollte zugunsten des Bundes nur alle drei Jahre möglich sein.[251] Der Ausgleich der Finanzkraft sollte horizontal von statten gehen, wobei die Mindestfinanzkraft bei 89,5 % des Bundesdurchschnitts liegen sollte.[252] Um den Forderungen der Ländermehrheit weiter entgegen zu kommen, sollte auf die Steuerzerlegung[253] in Zukunft verzichtet werden.[254]

Die **Mehrheit der Bundesländer** lehnte die Vorschläge des Bundestages, der den Empfehlungen seines Finanzausschusses im wesentlichen gefolgt war,[255] in der Bundesratssitzung vom 3.12.1954 ab.[256] Die Ländermehrheit monierte insbesondere zweierlei: Erstens wollte sie den Bundesanteil an der Einkommensteuer verfassungsrechtlich festgeschrieben wissen,[257] zweitens verwahrten sie sich gegen die Einmischung

---

[247] Vgl. Entwurf der Ländermehrheit zur Neufassung des Art. 106 GG. In: BUNDESRAT: Bundesrats-Drucksache, 1954, Nr. 78/54a. Anlage 1, S. 2.

[248] Vgl.: DEUTSCHER BUNDESTAG: 2. Wahlperiode, Bundestags-Drucksache Nr. 960.

[249] Vgl.: DEUTSCHER BUNDESTAG: 2. Wahlperiode, Bundestags-Drucksache Nr. 960, S. 3.

[250] Vgl.: DEUTSCHER BUNDESTAG: 2. Wahlperiode, Bundestags-Drucksache Nr. 960, S. 3.

[251] Vgl.: DEUTSCHER BUNDESTAG: 2. Wahlperiode, Bundestags-Drucksache.Nr. 960, S. 4.

[252] Vgl.: DEUTSCHER BUNDESTAG: 2. Wahlperiode, Bundestags-Drucksache.Nr. 960, S. 8.

[253] Vgl.: DEUTSCHER BUNDESTAG: 2. Wahlperiode, Bundestags-Drucksache Nr. 960, S. 4.

[254] Bei Realisierung des Vorschlags hätte das ärmste Land 212 DM und das reichste Land 301 DM Einnahmen pro Einwohner zur Verfügung gehabt.

[255] Vgl.: DEUTSCHER BUNDESTAG: 2. Wahlperiode, Bundestags-Drucksache Nr. 990.

[256] Vgl.: BUNDESRAT: Protokoll der 132. Sitzung v. 3.12.1954.

[257] Vgl.: BUNDESRAT: Protokoll der 132. Sitzung v. 3.12.1954, S. 338.

des Bundes in eine aus ihrer Sicht originäre Länderangelegenheit[258] - den Länderfinanzausgleich.[259]

Das Mißtrauen der Länder gegenüber der vom Bund angestrebten Aufteilung der Einkommensteuer nach dem Bedarf schien nicht unberechtigt, hatte doch der Bund in den Vorjahren in Kenntnis der Möglichkeit einer Inanspruchnahme von Teilen der Einkommensteuer immer seinen eigenen Bedarf großzügig definiert, um anschließend eine Erhöhung seines Anteils an der Einkommensteuer von den Ländern zu verlangen. Der Bremer Finanzsenator NOLTING-HAUF brachte die Skepsis der Länder gegenüber einer Aufteilung der Einkommensteuer nach dem Bedarf wie folgt zum Ausdruck:

"... Finanzminister wissen, daß der Bedarf ... nur durch ... die Zahl Unendlich ausgedrückt werden kann."[260]

In der ersten Runde des **Vermittlungsausschusses** im März 1955,[261] der noch zwei weitere folgen sollten, wurde klar, daß die Aufteilung der Einkommensteuer nach dem Bedarf und der konkrete Bundesanteil am Aufkommen dieser Steuer die wesentlichen Konfliktpunkte zwischen Bund und Ländern waren.

Einigung konnte hingegen über den **horizontalen Ausgleich** erzielt werden. So wurde die Einwohnerveredelung reduziert, als Lastenelemente wurden nur noch die Hafenlasten Hamburgs und Bremens und die Sonderlasten Schleswig-Holsteins anerkannt und die Mindestfinanzkraft auf 88,75% des Bundesdurchschnitts festgesetzt. Dem Kompromiß zum Länderfinanzausgleich stimmten Bundestag und Bundesrat zu, dem Entwurf eines Finanzverfassungsgesetzes im Sinne des Art. 107 GG verweigerte die Länderkammer hingegen ihre Zustimmung.[262]

In der zweiten Runde des Vermittlungsausschusses im Oktober 1955[263] stimmte eine Mehrheit für einen Kompromiß, der eine 35%ige Bundesbeteiligung am Einkommen-

---

[258] Vgl.: BUNDESRAT: Protokoll der 132. Sitzung v. 3.12.1954, S. 340.

[259] Im Sinne eines horizontalen Einnahmeausgleichs - ein vertikaler Ausgleich mit horizontalem Effekt wurde prinzipiell abgelehnt.

[260] BUNDESRAT: Protokoll der 132. Sitzung v. 3.12.1954, S. 339.

[261] Vgl.: VERMITTLUNGSAUSSCHUB: 2. Wahlperiode, Protokoll der 9. Sitzung v. 11.3.1955.

[262] Vgl.: BUNDESRAT: Protokoll der 139. Sitzung v. 1.4.1955, S. 74.

steueraufkommen vorsah, die nur alle zwei Jahre geändert werden durfte. Außerdem sollte die Ertragshoheit über die Kfz-Steuer bei den Ländern verbleiben. Die neun Gegenstimmen im Vermittlungsausschuß ließen aber bereits die dann auch eintretende Ablehnung durch den Bundesrat erahnen.[264]

Die dritte Runde im Vermittlungsausschuß im Dezember 1955[265] - die Frist des Art. 107 GG schwebte wie ein Damoklesschwert über den Beteiligten - brachte erstmals eine geschlossene Länderfront und so dann auch die **Einigung**. Der Bundesanteil an der Einkommensteuer wurde für die nächsten drei Haushaltsjahre auf 33 1/3 % festgelegt und sollte danach auf 35 % steigen. Eine Änderung des Beteiligungsverhältnisses sollte nur alle zwei Jahre durch ein zustimmungspflichtiges Bundesgesetz möglich sein.

Entscheidend für das Zustandekommen der Vereinbarung war wohl auch das Zugeständnis der Länder, dem Bund das Recht der Einführung einer Ergänzungsabgabe zur Einkommensteuer zuzubilligen. Trotz der Einschränkung des Art. 106 Abs. 4 GG i. d. F. v. 24.12.1956, nach dem die Erhebung der Ergänzungsabgabe nur zulässig war, wenn ein finanzieller Mehrbedarf des Bundes nicht durch eine Erhöhung des Bundesanteils an der Einkommensteuer gedeckt werden konnte, kann man sich des Eindrucks nicht erwehren, daß sich Bund und Länder in den damaligen Verhandlungen auf Kosten eines Dritten, nämlich des Steuerzahlers, geeinigt haben.[266]

Zusammenfassend seien hier noch einmal die **wesentlichen Änderungen** im Finanzausgleich durch die Finanzreform 1955, bestehend aus dem Finanzverfassungsgesetz vom 23.12.1955[267] und dem dazu ergänzenden Gesetz zur Änderung und Ergänzung des Art. 106 des Grundgesetzes vom 24.12.1956,[268] dargestellt.

---

[263] Vgl.: VERMITTLUNGSAUSSCHUß: 2. Wahlperiode, Protokoll der 16. Sitzung v. 26.10.1955.

[264] Vgl.: BUNDESRAT: Protokoll der 150. Sitzung v. 2.12.1955.

[265] Vgl.: VERMITTLUNGSAUSSCHUß: 2. Wahlperiode, Protokoll der 17. Sitzung v. 8.12.1955.

[266] Vgl. zur Kritik: INSTITUT FÜR FINANZEN UND STEUERN (Hrsg.): Die Finanzreform, Schriftenreihe des Instituts für Finanzen und Steuern, Heft 33, Stollfuß, Bonn 1954, S. 93. Eine ähnliche Argumentation ließe sich in bezug auf die Einigung beim *Solidarpakt* aufbauen.

[267] BGBl. I, 1955, S. 817.

[268] BGBl. I, 1956, S. 1077.

Im **vertikalen Finanzausgleich**, der in Art. 106 GG festgelegt wurde, ist die Erhebung der Einkommensteuer zur Gemeinschaftsteuer von Bund und Ländern besonders wichtig. Das Beteiligungsverhältnis wurde bis zum 31.3.1958 verfassungsrechtlich auf 66 2/3 % für die Länder und 33 1/3 % für den Bund festgeschrieben (Art. 106 Abs. 3 GG). Die sogenannte Revisionsklausel (Art. 106 Abs. 4 GG) sah vor, daß für die Zeit danach eine Änderung des Beteiligungsverhältnisses alle zwei Jahre unter der Bedingung sich unterschiedlich entwickelnder Einnahmen und Ausgaben in Bund und Ländern durch zustimmungspflichtiges Bundesgesetz möglich sei. Ausgenommen von den Vorschriften des Art. 106 Abs. 4 war der einklagbare Anspruch der Länder auf eine Änderung des Beteiligungsverhältnisses, falls der Bund den Ländern zusätzliche Ausgaben auferlegt oder Einnahmen entzieht (Art. 106 Abs. 5 GG).

Bei einer Neufestlegung des Beteiligungsverhältnisses galt es, die in Art. 106 aufgenommenen Grundsätze zu beachten, die zu einer "Versachlichung der Steueraufteilung"[269] führen sollten. Besonders bedeutsam ist die in diesem Zusammenhang vorgenommene Festschreibung des Konnexitätsprinzips als allgemeine Lastenverteilungsregel.[270] Des weiteren erhielten Bund und Länder einen gleichmäßigen Anspruch auf die Deckung ihrer notwendigen Ausgaben. Außerdem sollte ein billiger Ausgleich zwischen Bund und Ländern erzielt, die Steuerpflichtigen nicht überbelastet werden und die Einheitlichkeit der Lebensverhältnisse gewahrt bleiben. Auch wenn HECKT in diesem Zusammenhang von Selbstverständlichkeiten[271] spricht, sollte die Bedeutung dieser Klauseln nicht unterschätzt werden. Sie sicherten den Ländern den verfassungsmäßigen Anspruch auf die zur Wahrung ihrer Aufgaben notwendigen Finanzmittel.

Im Zusammenhang mit dem Recht des Bundes, einen Zuschlag auf die Einkommensteuer zu erheben, wurde schon die Bedeutung der Auflage, "Überbelastungen der Steuerpflichtigen sind zu vermeiden", hervorgehoben. Sie verwies Bund und Länder vor einer Steuererhöhung zunächst auf den schwierigen Verhandlungsweg über eine

---

[269] HECKT, WILHELM: Die Entwicklung des bundesstaatlichen Finanzausgleichs in der Bundesrepublik Deutschland, Stollfuß, Bonn 1973, Schriftenreihe des Instituts für Finanzen und Steuern, Heft 103, S. 32.

[270] Vgl.: HECKT, WILHELM: Die Entwicklung des bundesstaatlichen Finanzausgleichs in der Bundesrepublik Deutschland, Stollfuß, Bonn 1973, Schriftenreihe des Instituts für Finanzen und Steuern, Heft 103, S. 25 f.

[271] Vgl.: HECKT, WILHELM: Die Entwicklung des bundesstaatlichen Finanzausgleichs in der Bundesrepublik Deutschland, Stollfuß, Bonn 1973, Schriftenreihe des Instituts für Finanzen und Steuern, Heft 103, S. 32.

Neuverteilung des Einkommensteueraufkommens. Die geforderte Wahrung der **Einheitlichkeit der Lebensverhältnisse** war schließlich ein Hinweis darauf, daß die Anforderungen des horizontalen Finanzausgleichs bei der Quotenfestlegung zu berücksichtigen sind.[272]

Als weitere Änderungen wurden dem neuen Art. 106 GG als dem Bund zustehende Steuern die Ausgleichsabgaben, die Abgabe Notopfer Berlin und die schon mehrfach angesprochene Ergänzungsabgabe zur Einkommensteuer hinzugefügt. Die Länder erhielten als zusätzliche Einnahme die Spielbankenabgabe, mußten aber wie dargelegt, auf die Einkommen- und Körperschaftsteuer als Landessteuer verzichten. Den Gemeinden wurden durch das Änderungsgesetz vom 24.12.1956 die Realsteuern zugesprochen.[273]

Die Änderungen im **horizontalen Finanzausgleich** fanden sich im veränderten Art. 107 GG. Demnach wurden die den Ländern zustehenden Steuern grundsätzlich nach dem örtlichen Aufkommen verteilt; ein Steuerzerlegungsgesetz war jedoch möglich. Der Bundesgesetzgeber wurde nun verpflichtet, für einen angemessenen Ausgleich zwischen leistungsstarken und leistungsschwachen Ländern zu sorgen, so daß aus "einer Kannvorschrift eine Mußvorschrift" wurde.[274] Neu geschaffen wurde die Möglichkeit der allgemeinen Finanzzuweisungen des Bundes an finanzschwache Länder, die sogenannten Bundesergänzungszuweisungen.[275] Einen zusammenfassenden Überblick über die wesentlichen Änderungen des Finanzausgleichs durch die Finanzreform von 1955 bietet nachfolgende Abbildung.

---

[272] Vgl.: HECKT, WILHELM: Die Entwicklung des bundesstaatlichen Finanzausgleichs in der Bundesrepublik Deutschland, Stollfuß, Bonn 1973, Schriftenreihe des Instituts für Finanzen und Steuern, Heft 103, S. 33.

[273] Gesetz zur Änderung und Ergänzung des Art. 106 des Grundgesetzes. BGBl I, 1954, S. 1077.

[274] INSTITUT FÜR FINANZEN UND STEUERN (Hrsg.): Die große Finanzreform. Gutachten, Schriftenreihe des Instituts für Finanzen und Steuern, Heft 80, Stollfuß, Bonn 1966, S. 6.

[275] Vgl. zu der Entwicklung der Bundesergänzungzuweisungen: INGENLATH, PETER: Die Ergänzungszuweisungen des Bundes gem. Art 107 II 3 GG, Diss. Uni. Bonn, Eigenverlag, Bonn 1984.

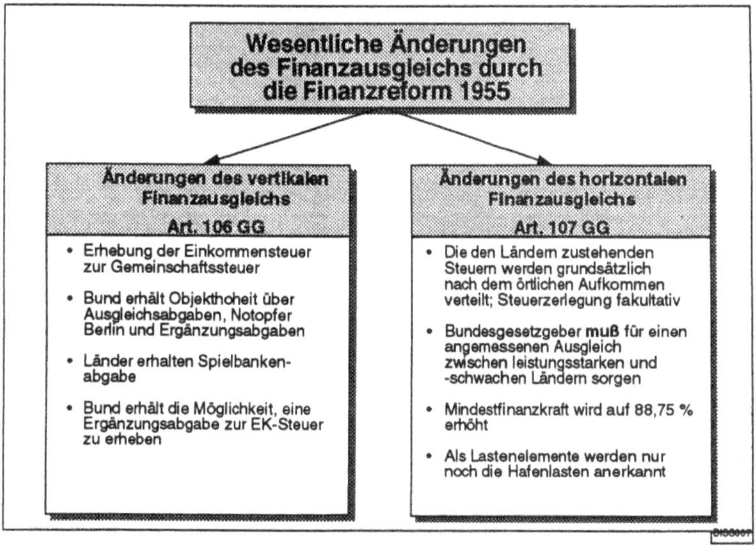

```
┌─────────────────────────────────────────────────────────────┐
│              Wesentliche Änderungen                         │
│            des Finanzausgleichs durch                       │
│               die Finanzreform 1955                         │
└─────────────────────────────────────────────────────────────┘
```

Änderungen des vertikalen Finanzausgleichs
Art. 106 GG
- Erhebung der Einkommensteuer zur Gemeinschaftssteuer
- Bund erhält Objekthoheit über Ausgleichsabgaben, Notopfer Berlin und Ergänzungsabgaben
- Länder erhalten Spielbankenabgabe
- Bund erhält die Möglichkeit, eine Ergänzungsabgabe zur EK-Steuer zu erheben

Änderungen des horizontalen Finanzausgleichs
Art. 107 GG
- Die den Ländern zustehenden Steuern werden grundsätzlich nach dem örtlichen Aufkommen verteilt; Steuerzerlegung fakultativ
- Bundesgesetzgeber muß für einen angemessenen Ausgleich zwischen leistungsstarken und -schwachen Ländern sorgen
- Mindestfinanzkraft wird auf 88,75 % erhöht
- Als Lastenelemente werden nur noch die Hafenlasten anerkannt

Abb. 7: Die wesentlichen Änderungen des Finanzausgleichs durch die Finanzreform von 1955

3.2.3 Die Finanzreform von 1969

Die im Rahmen der großen Koalition verabschiedete Finanzreform von 1969 trägt im Gegensatz zur Finanzreform von 1955 ihren Namen völlig zu Recht, da die Finanzverfassung von Grund auf geändert wurde. Ein derart tiefer Einschnitt wurde auch im Zusammenhang mit der deutschen Einheit von vielen Autoren gefordert;[276] nicht zuletzt deshalb verdient die Finanzreform von 1969 besondere Aufmerksamkeit.

3.2.3.1 Im Vorfeld der Finanzreform - der Finanzausgleich nach dem Finanzverfassungsgesetz

Das Ziel des Finanzverfassungsgesetzes, die finanziellen Beziehungen zwischen Bund und Ländern auf eine **dauerhafte Grundlage** zu stellen, wurde nicht erreicht. Der den **vertikalen Finanzausgleich** bestimmende Faktor, die Aufteilung der Einkom-

---

[276] Vgl. z. B.: WISSENSCHAFTLICHER BEIRAT BEIM BUNDESMINISTERIUM DER FINANZEN: Gutachten zum Länderfinanzausgleich, Schriftenreihe des Bundesministerium der Finanzen, Heft 47, Stollfuß, Bonn 1992.

men- und Körperschaftsteuer zwischen Bund und Ländern, wurde in der Zeit von 1956 bis 1969 dreimal geändert.[277]

Problematisch hieran war insbesondere, daß im ersten und zweiten Gesetz zur Änderung des **Beteiligungsverhältnisses** an der Einkommen- und Körperschaftsteuer die Gültigkeit der Beteiligungsquoten **zeitlich befristet** wurde, so daß die Praxis der Verteilung der Einkommensteuer der vor der Verabschiedung des Finanzverfassungsgesetzes ähnelte. Gerade die das Bund-Länder-Verhältnis belastenden **häufigen Neuverhandlungen** um die Aufteilung der Einkommen- und Körperschaftsteuer, die in Folge des Finanzverfassungsgesetzes sogar verfassungändernde Mehrheiten erforderte, sollten aber durch die verfassungsmäßige Festschreibung des Bundesanteils vermieden werden.

Einen ebensolchen Verstoß gegen den Geist des Finanzverfassungsgesetzes stellten die Beiträge der Länder zum Bundeshaushalt im Jahr 1962 dar.[278] Dieser "unverständliche Rückfall in das System der Matrikularbeiträge"[279] wurde als Überbrückungsmaßnahme zur bevorstehenden Änderung des Beteiligungsverhältnisses an der Einkommen- und Körperschaftsteuer gerechtfertigt - gleichwohl blieben die Beiträge verfassungsrechtlich zweifelhaft.[280] Unbefriedigend war auch die Beibehaltung des 1968 eingeführten Zuschlages zur Einkommen- und Körperschaftsteuer, obwohl das Beteiligungsverhältnis an dieser Steuer anschließend geändert wurde.[281]

---

[277] Gesetze v. 11.3.1964: BGBl I, 1964, S. 137.; v. 9.3.1967: BGBl I, 1967, S. 265 und v. 3.3.1969: BGBl I, 1969, S. 173. Nach Ablauf der Frist der Art. 106 GG war die Quote des Bundes am 1.4.1958 wie vorgesehen zunächst von 33 1/3 % auf 35% angehoben worden. In langwierigen Verhandlungen wurde die Quote des Bundes durch das erste Gesetz zur Änderung des Beteiligungsverhältnisses an der Einkommen- und Körperschaftsteuer für das Jahr 1963 auf 38 % und für die Jahre 1964 bis 1966 auf 39 % festgeschrieben. Mit dem zweiten Gesetz zur Änderung des Beteiligungsverhältnisses an der Einkommen- und Körperschaftsteuer v. 9.3.1967 wurde der Bundesanteil auf 37 % reduziert. Da die Finanzreform nicht wie geplant schon am 1.1.1969, sondern erst ein Jahr später in Kraft treten konnte, wurde am 3.3.1969 das Beteiligungsverhältnis noch einmal auf dann 35 % für den Bund geändert.

[278] Die Länder beteiligten sich mit 1050 Mio. DM am Bundeshaushalt.

[279] HECKT, WILHELM: Die Entwicklung des bundesstaatlichen Finanzausgleichs in der Bundesrepublik Deutschland, Stollfuß, Bonn 1973, Schriftenreihe des Instituts für Finanzen und Steuern, Heft 103, S. 41.

[280] Vgl.: INSTITUT FÜR FINANZEN UND STEUERN (Hrsg.): Die große Finanzreform. Gutachten, Schriftenreihe des Instituts für Finanzen und Steuern, Heft 80, Stollfuß, Bonn 1966, S. 8.

[281] Die im Vorfeld der Finanzreform geäußerten Befürchtungen, die Einigung zwischen Bund und Ländern ginge zu Lasten des Steuerzahlers, haben sich insofern bestätigt.

Neben diesen systematischen Einwänden gegen die Entwicklung des vertikalen Finanzausgleichs bot auch die **Steuerverteilung** zwischen Bund, Ländern und Gemeinden Anlaß zur Kritik.[282]

Die Länder und Gemeinden konnten ihren Anteil am Gesamtsteueraufkommen von 40,7 % im Jahr 1954 auf 43,8 % im Jahr 1965 ausbauen. Grund hierfür war in erster Linie die Verteilungssystematik bei der Einkommen- und Körperschaftsteuer. Durch die progressiven Tarife dieser Steuer wächst das Steueraufkommen bei anhaltendem Wirtschaftswachstum überproportional.[283] Da die Länder den größeren Teil der Einkommen- und Körperschaftsteuer erhielten, profitierten sie davon stärker als der Bund. Dies wog um so schwerer, als der Bund einen starken Aufgabenzuwachs und damit steigenden Finanzbedarf zu verzeichnen hatte. So wuchs die Ausgabenlast des Bundes von 1955 bis 1962 um 140 %; die der Länder nur um 116 %.[284] Tab. 13 macht die Verschiebung bei der Einnahmeverteilung zugunsten der Länder und Gemeinden deutlich.

Jahr	*Bund*	*Länder und Gemeinden*
	Anteile am Gesamtsteueraufkommen in v. H.	
1954	59,3	40,7
1957	56,2	43,8
1962	53,8	46,2
1963	54,8	45,2
1964	55,3	44,7
1965	56,2	43,8

Tab. 13: Die Verteilung des Gesamtsteueraufkommens auf Bund, Länder und Gemeinden von 1954 bis 1965[285]

---

[282] Vgl. dazu: INSTITUT FÜR FINANZEN UND STEUERN (Hrsg.): Die große Finanzreform. Gutachten, Schriftenreihe des Instituts für Finanzen und Steuern, Heft 80, Stollfuß, Bonn 1966, S. 27. Ebenso: STRAUB, FRANZ-JOSEF: Die Finanzverfassung, Olzog, München, Wien 1969, S. 46 ff.

[283] Bei einem Wachstum des Sozialproduktes von 5 % nehmen die Verbrauchsteuern um knapp 4 %, die Einkommen- und Körperschaftsteuer dagegen um 6,5 % zu. Vgl.: LITTMANN, KONRAD: Über einige Untiefen in der Finanzverfassung, in: Staatswissenschaft und Staatspraxis, 2. Jg. (1991), S. 31-45, hier S. 35.

[284] Vgl.: HETTLAGE, KARL M.: Die Krise ist die Mutter der Reform, in: Die Zeit v. 3.5.1963, S. 25 f.

[285] Quelle: Evtl. INSTITUT FÜR FINANZEN UND STEUERN (Hrsg.): Die große Finanzreform. Gutachten, Schriftenreihe des Instituts für Finanzen und Steuern, Heft 80, Stollfuß, Bonn 1966, S. 27.

Die Systematik des **horizontalen Länderfinanzausgleichs** wurde nach der Finanzreform von 1955 im wesentlichen beibehalten. Von der neu geschaffenen Möglichkeit, Finanzkraftunterschiede zwischen den Ländern durch Bundesergänzungszuweisungen zu mildern, wurde zunächst kein Gebrauch gemacht. Geändert wurde im Laufe der Zeit allerdings die **Ausgleichsintensität** des horizontalen Länderfinanzausgleichs, indem die Ländermindestfinanzkraft 1958 zunächst auf 90 % und 1959 sogar auf 91 % des Bundesdurchschnitts angehoben wurde.[286]

Nicht nur die Intensivierung des horizontalen Einnahmeausgleichs führte zu einer Angleichung der Länderfinanzkraft. Vielmehr profitierten die ausgleichsberechtigten Länder stärker vom kräftigen Wachstum des Gesamtsteueraufkommens als die ausgleichspflichtigen Länder. Noch 1954 verfügten die finanzschwachen Länder in ihrer Gesamtheit vor Durchführung des horizontalen Finanzausgleichs über durchschnittlich 64,4 % der Finanzkraft pro Einwohner der finanzstarken Länder; im Jahr 1965 lag dieser Wert bei 71,8 %.[287] Diesen Befund spiegelt auch Tab. 14 wider, in der die Finanzkraft vor und nach Durchführung des Finanzausgleichs in den Jahren 1954, 1957 und 1961 gegenübergestellt ist.[288]

	1954		1957		1961	
Land	vor	nach	vor	nach	vor	nach
		LFA		LFA		LFA
Baden-Württemberg	113	107	110	101	107	101
Bayern	81	83	82	88	86	91
Bremen	148	147	142	131	126	126
Hamburg	184	173	207	162	195	152
Hessen	97	97	106	102	112	104
Niedersachsen	75	81	73	86	74	90
Nordrhein-Westfalen	118	112	116	106	114	103
Rheinland-Pfalz	75	78	65	86	70	93
Saarland	-	-	-	-	67	95
Schleswig-Holstein	57	91	55	103	66	96

Tab. 14: Steuerkraftunterschiede zwischen den Ländern vor und nach dem Länderfinanzausgleich (LFA) in den Jahren 1954, 1957 und 1961 in v. H. des Bundesdurchschnitts

---

[286] BGBl I, 1959, S. 73 ff.

[287] Eigene Berechnungen nach Daten aus: INSTITUT FÜR FINANZEN UND STEUERN (Hrsg.): Die große Finanzreform. Gutachten, Schriftenreihe des Instituts für Finanzen und Steuern, Heft 80, Stollfuß, Bonn 1966, S. 29.

[288] Quelle: KNOCHE, ERNST-GÜNTHER: Der horizontale Finanzausgleich zwischen den Ländern der Bundesrepublik Deutschland, Diss. Uni. Köln 1965, Eigenverlag, Köln 1963, S. 46.

Mit dem Jahr 1961 wurde das außerordentlich finanzschwache **Saarland** (s. o.) in die Systematik des horizontalen Länderfinanzausgleichs einbezogen. Gleichzeitig wurde das Haushaltsjahr, das bis dato vom 1.4. bis zum 31.3. reichte, auf das Kalenderjahr umgestellt.[289]

Weitere Änderungen gab es im Bereich der **Anerkennung von Sonderlasten** und der **Einwohnerveredelung**. Ab 1956 wurden auch die Lasten Niedersachsens für seinen Hafen Emden als Sonderlast anerkannt und die Einwohnerveredelung bei den Landessteuern auf die Hansestädte beschränkt.

Nicht nur auf dem Gebiet des aktiven, hier insbesondere des vertikalen Finanzausgleichs waren die Entwicklungen nach der Finanzreform von 1955 unbefriedigend. Die im Rahmen des **passiven Finanzausgleichs** in das Grundgesetz aufgenommene allgemeine Lastenverteilungsregel, "Bund und Länder tragen gesondert die Ausgaben, die sich aus der Wahrnehmung ihrer Aufgaben ergeben",[290] wurde "nur in sehr beschränktem Umfang beachtet".[291] Die Abweichungen vom Konnexitätsgrundsatz und die Entwicklung hin zur Praxis der **Gemeinschaftsaufgaben** spiegelt sich in einer Vielzahl von Einzelregelungen, wie z.B. den Gesetzen über die Wohnungsbauprämien, die Sparprämien etc. wider.[292] Die finanziell gewichtigsten Verflechtungen zwischen Bund und Ländern stellten die Berlin-Hilfe und der *Grüne Plan* dar. Sie zusammen hatten 1963 einen Anteil von ca. 80% an den gesamten vom Bund an die Länder geleisteten Finanzhilfen.

3.2.3.2 Die Verhandlungen um die Finanzreform von 1969

Der Ruf nach einer Weiterentwicklung der Finanzverfassung wurde erstmals schon 1956, also kurz nach Verabschiedung des Finanzverfassungsgesetzes laut, als der da-

---

[289] Vgl.: BGBl I, 1961, S. 517 f.

[290] Art. 106 Abs. 4 Nr. 1 GG v. 23.12.1955

[291] HECKT, WILHELM: Die Entwicklung des bundesstaatlichen Finanzausgleichs in der Bundesrepublik Deutschland, Stollfuß, Bonn 1973, Schriftenreihe des Instituts für Finanzen und Steuern, Heft 103, S. 36.

[292] Vgl. die Übersicht über Zuweisungen, Zuschüsse und Beihilfen an Gebietskörperschaften. In: INSTITUT FÜR FINANZEN UND STEUERN (Hrsg.): Die große Finanzreform. Gutachten, Schriftenreihe des Instituts für Finanzen und Steuern, Heft 80, Stollfuß, Bonn 1966, S. 15 f.

malige hessische Finanzminister TROEGER eine Fortführung der Finanzreform forderte.[293] Aber erst der Druck der oben dargelegten Entwicklung bei den verfassungsrechtlich nicht abgesicherten Gemeinschaftsaufgaben[294] und die unbefriedigende Einnahmeverteilung zwischen Bund und Ländern weckte bei den Beteiligten die Bereitschaft, sich erneut auf den schwierigen Weg einer Reform der Finanzverfassung zu begeben.[295]

Im Dezember 1961 entwickelte die in Opposition befindliche SPD erstmals den Gedanken einer **Expertenkommission** zur Vorbereitung der Finanzreform. Nachdem die Pläne zur Bildung einer solchen Kommission zunächst an Streitigkeiten um ihre Besetzung scheiterten, verständigten sich die Ministerpräsidenten und der Bundeskanzler ERHARD schließlich im März 1964 auf die Einsetzung einer Expertenkommission unter Vorsitz des inzwischen in den Vorstand der Bundesbank gewechselten ehemaligen hessischen Finanzministers TROEGER, der der Kommission später auch ihren Namen gab.[296] Am 10. Februar 1966 übergab die Kommission[297] ihr "Gutachten zur Finanzreform in der Bundesrepublik Deutschland"[298] der Bundesregierung, das "sich als wertvolle Grundlage für die Finanzreform erwies"[299] und dessen zentrale Inhalte nachfolgend vorgestellt werden.

---

[293] Vgl.: TROEGER, HEINRICH: Der Kummer der Länder, in: Der Volkswirt, 10. Jg. (1956), S. 11-14.

[294] HEINSEN hält die damalige Praxis für verfassungswidrig. Vgl.: HEINSEN, ERNST: Der Kampf um die Große Finanzreform 1969, in: Hrbek, Rudolf (Hrsg.): Miterlebt-Mitgestaltet. Der Bundesrat im Rückblick, Bonn aktuell, Bonn 1989, S. 187-223, hier S.191.

[295] STRAUß merkt lapidar an: "Der Ruf nach einer Finanzreform war bei Bund und Länder immer stärker geworden." STRAUß, FRANZ-JOSEF: Die Finanzverfassung, Olzog, München, Wien 1969, S. 68.

[296] Neben TROEGER gehörten ihr HERBERT FISCHER-MENSHAUSEN, WILHELM LOSCHELDER, AUGUST NEUBURGER UND FRITZ NEUMARK an.

[297] Das INSTITUT FÜR FINANZEN UND STEUERN veröffentlichte im November 1966 in der Überzeugung, "daß nicht nur e i n Gutachten als Diskussionsgrundlage zur Verfügung" stehen sollte, ein eigenes Gutachten zur Finanzreform. Vgl.: INSTITUT FÜR FINANZEN UND STEUERN (Hrsg.): Die große Finanzreform. Gutachten, Schriftenreihe des Instituts für Finanzen und Steuern, Heft 80, Stollfuß, Bonn 1966.

[298] Vgl.: KOMMISSION FÜR DIE FINANZREFORM: Gutachten über die Finanzreform in der Bundesrepublik Deutschland, Kohlhammer, Deutscher Gemeindeverlag, Stuttgart usw. 1966.

[299] STRAUß, FRANZ-JOSEF: Die Finanzverfassung, Olzog, München, Wien 1969, S. 68.

Beim **passiven Finanzausgleich** sollten die faktisch bereits existenten Gemeinschaftsaufgaben eine verfassungsrechtliche Absicherung erhalten, war doch die bisherige Praxis der Gemeinschaftsaufgaben verfassungsrechtlich umstritten.[300] Die Kommission schlug dazu vor, eine allgemeine Bestimmung in das Grundgesetz aufzunehmen, nach der Bund und Länder bei der Erfüllung staatlicher Aufgaben zusammenarbeiten, wenn sie für die Gesamtheit bedeutsam sind und einer langfristig gemeinsamen Planung bedürfen.[301]

Beim **aktiven Finanzausgleich** ist der von der Kommission vorgeschlagene große Steuerverbund, bestehend aus der Einkommen- und Körperschaftsteuer sowie der Umsatz- und Umsatzausgleichsteuer, hervorzuheben.[302] Dabei sollten die Anteile des Bundes und der Länder nicht wie seit 1955 bei der Einkommen- und Körperschaftsteuer üblich verfassungsmäßig festgeschrieben, sondern durch zustimmungspflichtiges Bundesgesetz bestimmt werden.[303] Die dabei zu beachtenden Grundsätze sollten den bis dato bei einer Neufestlegung der Einkommensteuerverteilung gültigen entsprechen.[304] Abweichend von den bisherigen Regelungen sollte die Revisionsklausel dahingehend geändert werden, daß der Bundesgesetzgeber in allen Fällen einer wesentlichen Änderung der finanzwirtschaftlichen Grundlagen zu einer Neufestlegung der Anteile verpflichtet wird.[305]

Weitere Änderungsvorschläge betreffen die Ertragshoheit über die Kapitalverkehr-, die Versicherung- und die Wechselsteuer, deren Aufkommen zukünftig nicht mehr den Ländern, sondern dem Bund zustehen sollte, da sich diese Steuern wegen ihrer überregionalen Belastungswirkungen nicht für die Aufteilung unter den Ländern eigne-

---

[300] Vgl.: STRAUB, FRANZ-JOSEF: Die Finanzverfassung, Olzog, München, Wien 1969, S. 71.

[301] Vgl.: KOMMISSION FÜR DIE FINANZREFORM: Gutachten über die Finanzreform in der Bundesrepublik Deutschland, Kohlhammer, Deutscher Gemeindeverlag, Stuttgart usw. 1966, Tz. 139.

[302] Vgl.: KOMMISSION FÜR DIE FINANZREFORM: Gutachten über die Finanzreform in der Bundesrepublik Deutschland, Kohlhammer, Deutscher Gemeindeverlag, Stuttgart usw. 1966, Tz. 246c.

[303] Vgl.: KOMMISSION FÜR DIE FINANZREFORM: Gutachten über die Finanzreform in der Bundesrepublik Deutschland, Kohlhammer, Deutscher Gemeindeverlag, Stuttgart usw. 1966, Tz. 248.

[304] Vgl.: KOMMISSION FÜR DIE FINANZREFORM: Gutachten über die Finanzreform in der Bundesrepublik Deutschland, Kohlhammer, Deutscher Gemeindeverlag, Stuttgart usw. 1966, Tz. 247.

[305] Vgl.: KOMMISSION FÜR DIE FINANZREFORM: Gutachten über die Finanzreform in der Bundesrepublik Deutschland, Kohlhammer, Deutscher Gemeindeverlag, Stuttgart usw. 1966, Tz. 250.

ten.[306] Des weiteren sollte der Bund auch die Objekthoheit über die Steuern mit örtlich begrenztem Wirkungskreis erhalten.

Bezüglich des **horizontalen Finanzausgleichs**, der in seiner Gesamtheit von der Kommission positiv bewertet wurde,[307] schlugen die Experten eine Intensivierung des vertikalen Ausgleichs mit horizontalem Effekt vor. Dazu sollte ein Teil des Länderanteils an den Gemeinschaftsteuern nach anderen Maßstäben als dem des örtlichen Aufkommens verteilt werden.

Die **Gewährung von Bundesergänzungszuweisungen** wollte die Kommission nicht mehr wie bislang an das Kriterium der Leistungsschwäche eines Landes, sondern an seinen tatsächlichen finanziellen Sonderbedarf knüpfen.[308] Um die Finanzierung der Gemeinschaftsaufgaben, die je zur Hälfte vom Bund und von den Ländern geleistet werden sollte, auch bei den finanzschwachen Ländern sicherzustellen, sollte ein Sonderlastenausgleich geschaffen werden, der den tatsächlichen Länderanteil bei Finanzierungsproblemen auf 25 % gesenkt hätte.[309]

Die **Umsetzung der Finanzreform** wurde zunächst durch das sich abzeichnende Ende der Regierung ERHARD verzögert. Erst durch die Bildung der großen Koalition im Dezember 1966, die durch die Finanzreform nachträglich gerechtfertigt werden sollte,[310] bekam das Projekt neuen Antrieb.

Im Juli 1967 legte die Bundesregierung den ersten Entwurf eines Finanzreformprogramms, der sich eng an den Ergebnissen der TROEGER-Kommission orientierte, der Öffentlichkeit vor.[311] Im einzelnen sah der Entwurf die Einführung des großen Steuer-

---

[306] Vgl.: KOMMISSION FÜR DIE FINANZREFORM: Gutachten über die Finanzreform in der Bundesrepublik Deutschland, Kohlhammer, Deutscher Gemeindeverlag, Stuttgart usw. 1966, Tz. 562.

[307] Vgl.: KOMMISSION FÜR DIE FINANZREFORM: Gutachten über die Finanzreform in der Bundesrepublik Deutschland, Kohlhammer, Deutscher Gemeindeverlag, Stuttgart usw. 1966, Tz. 284.

[308] Vgl.: KOMMISSION FÜR DIE FINANZREFORM: Gutachten über die Finanzreform in der Bundesrepublik Deutschland, Kohlhammer, Deutscher Gemeindeverlag, Stuttgart usw. 1966, Tz. 287.

[309] Vgl.: KOMMISSION FÜR DIE FINANZREFORM: Gutachten über die Finanzreform in der Bundesrepublik Deutschland, Kohlhammer, Deutscher Gemeindeverlag, Stuttgart usw. 1966, Tz. 298.

[310] Vgl.: HEINSEN, ERNST: Der Kampf um die Große Finanzreform 1969, in: Hrbek, Rudolf (Hrsg.): Miterlebt-Mitgestaltet. Der Bundesrat im Rückblick, Bonn aktuell, Bonn 1989, S. 187-223, hier S.187.

verbundes, die Überführung der Kapitalverkehr-, Versicherung- und Wechselsteuer auf den Bund[312] und die Fortführung des horizontalen Finanzausgleichs in seiner bisherigen Form vor.[313] Abweichend von den Vorstellungen der Kommission[314] sollte die Steuerzerlegung nicht eingeführt werden, dafür aber Teile des Länderanteils an den Gemeinschaftsteuern nach anderen Kriterien als dem örtlichen Aufkommen verteilt werden.[315]

Bei den Gemeinschaftsaufgaben beinhaltete der Regierungsentwurf im Gegensatz zum Kommissionsbericht[316] eine Enumeration von insgesamt neun in Zukunft von Bund und Ländern gemeinsam wahrzunehmenden Aufgaben.[317] STRAUB begründet dies in erster Linie mit dem zu erwartenden Länderwiderstand gegen eine allgemeine Umschreibung der Gemeinschaftsaufgaben,[318] wie sie im TROEGER-Gutachten vorgesehen war. Zur weiteren Beratung wurde eine **Bund-Länder-Kommission** gegründet, der von Seiten des Bundes die Minister für Finanzen, Wirtschaft, Inneres, Justiz, Bundesrat und Wirtschaft sowie von Seiten der Länder die elf Ministerpräsidenten bzw. Regierenden Bürgermeister, anhörten.

Nachdem sich zunächst bei der Finanzierung der Gemeinschaftsaufgaben eine Einigung dahingehend abzeichnete, daß Bund und Länder je zur Hälfte die bei der Erfüllung der Gemeinschaftsaufgaben anfallenden Kosten tragen sollten[319] und der Bund bei seinem umfangreichen Katalog an Gemeinschaftsaufgaben Abstriche machte, war der **Kompromiß bei den Gemeinschaftsaufgaben** im Februar 1968 schließlich per-

---

[311] Vgl.: PRESSE- UND INFORMATIONSAMT DER BUNDESREGIERUNG: Bulletin v. 8.8.1967, S. 713 ff.

[312] Vgl.: PRESSE- UND INFORMATIONSAMT DER BUNDESREGIERUNG: Bulletin v. 8.8.1967, S. 717.

[313] Vgl.: PRESSE- UND INFORMATIONSAMT DER BUNDESREGIERUNG: Bulletin v. 8.8.1967, S. 717 f.

[314] Vgl.: KOMMISSION FÜR DIE FINANZREFORM: Gutachten über die Finanzreform in der Bundesrepublik Deutschland, Kohlhammer, Deutscher Gemeindeverlag, Stuttgart usw. 1966, Tz. 294.

[315] Vgl.: PRESSE- UND INFORMATIONSAMT DER BUNDESREGIERUNG: Bulletin v. 8.8.1967, S. 718.

[316] Im Troeger-Gutachten findet sich in der Zusammenfassung ebenfalls eine Enumeration möglicher Gemeinschaftsaufgaben. Vgl.: KOMMISSION FÜR DIE FINANZREFORM: Gutachten über die Finanzreform in der Bundesrepublik Deutschland, Kohlhammer, Deutscher Gemeindeverlag, Stuttgart usw. 1966, Tz. 551. Im Vorschlag der Kommission zur Fassung des Art. 85a ist jedoch nur der oben dargelegte allgemeine Grundsatz zu den Gemeinschaftsaufgaben angeführt.

[317] Vgl.: PRESSE- UND INFORMATIONSAMT DER BUNDESREGIERUNG: Bulletin v. 8.8.1967, S. 715.

[318] Vgl.: STRAUB, FRANZ-JOSEF: Die Finanzverfassung, Olzog, München, Wien 1969, S. 74.

[319] Vgl.: O. V.: Kompromißbereite Länderchefs, in: Handelsblatt v. 15./16.9.1967, S. 4.

fekt.[320] Der Ausbau der kommunalen Verkehrssysteme und die Ausbildungsförderung wurden außerhalb der Gemeinschaftsaufgaben geregelt, so daß man sich auf insgesamt vier[321] Gemeinschaftsaufgaben verständigte:

- Aus- und Neubau der Hochschulen,
- Förderung der Agrarstruktur und des Küstenschutzes,[322]
- Förderung der regionalen Wirtschaft.

Keine Einigung konnte hingegen bei der Frage des **großen Steuerverbundes** erzielt werden, den die Länder nach wie vor ablehnten.[323] Die Abneigung der finanzstarken Ländermehrheit gegen die Einführung eines großen Steuerverbundes hatte seine Ursache weniger in grundsätzlichen Bedenken als in den von einem großen Steuerverbund ausgehenden horizontalen Verteilungswirkungen. Erstens hätte die bloße Hereinnahme der Umsatzsteuer in den Verbund einen ausgleichenden Effekt auf die Länderfinanzkraft gehabt, da ihr Aufkommen weniger stark regional streut als das der Einkommen- und Körperschaftsteuer. Zweitens fürchteten die Länder um das Prinzip der Steuerverteilung nach dem örtlichen Aufkommen. Denn mit der Einfuhrumsatzsteuer, die ihrer Natur gemäß nur an den Grenzen erhoben wird, sollte eine objektiv nicht regional radizierbare Steuer Bestandteil des Steuerverbundes werden. Die finanzstarken Länder glaubten, daß wenn eine Steuer des Verbundes nach anderen Kriterien als dem des örtlichen Aufkommens verteilt würde, sich dies auch bei den anderen nicht verhindern ließe.

Die finanzschwachen Länder hatten diametral entgegengesetzte Interessen: Sie hofften, wie schon in den Verhandlungen um die Finanzreform von 1955, auf eine Intensivierung des vertikalen Ausgleichs mit horizontalem Effekt, und zwar derart, daß sich

---

[320] Vgl.: HEINSEN, ERNST: Der Kampf um die Große Finanzreform 1969, in: Hrbek, Rudolf (Hrsg.): Miterlebt-Mitgestaltet. Der Bundesrat im Rückblick, Bonn aktuell, Bonn 1989, S. 187-223, hier S. 204.

[321] Häufig wird von lediglich drei Gemeinschaftsaufgaben gesprochen. Die ist jedoch falsch, denn die Zusammenfassung der Gemeinschaftsaufgaben "Förderung des Küstenschutzes" und "Förderung der Agrarstruktur" in einem Unterpunkt ändert nichts an der Tatsache, daß es sich hierbei um zwei verschiedene Aufgaben handelt.

[322] Den Küstenschutz hatte man aufgrund der Erfahrungen der Flutkatastrophe von 1962 in den Katalog der Gemeinschaftsaufgaben aufgenommen.

[323] Vgl.: O. V.: Die Länder wehren sich gegen einen weiteren Steuerverbund, in: FAZ v. 30.12.1967, S. 3.

ein horizontaler Ausgleich in Zukunft erübrigte.[324] Dies war nur mit einem Abweichen vom Grundsatz der Verteilung nach dem örtlichen Aufkommen möglich.

Nach den Vorverhandlungen in der Bund-Länder-Kommission legte die Bundesregierung am 13. März 1968 einen **Gesetzentwurf zur Finanzreform** vor, der sich im wesentlichen an den bisher erzielten Einigungen orientierte.[325] Im neu zu schaffenden Art. 91a GG sollten die vier **Gemeinschaftsaufgaben** Aus- und Neubau der Hochschulen, Förderung der Agrarstruktur und des Küstenschutzes sowie Förderung der regionalen Wirtschaft aufgenommen werden.[326] Die Finanzierung dieser Aufgaben sollte mit Ausnahme der Förderung der Agrarstruktur und des Küstenschutzes, bei denen der Bund mindestens 50 % der Lasten tragen sollte, je zur Hälfte vom Bund und dem betroffenen Land übernommen werden.[327] Die **Ausbildungsförderung** sollte in den Katalog der konkurrierenden Gesetzgebung nach Art. 74 GG aufgenommen werden. Der von Bund und Ländern bereits gemeinsam getragene **Wissenschaftsbereich** sollte seine grundgesetzliche Verankerung in Art. 91b GG finden.[328] Im Entwurf des Art. 104a GG, in dem nun das **Konnexitätsprinzip** als genereller Lastenverteilungsgrundsatz aufgenommen wurde, fanden sich auch die Bestimmungen zu Bundeshilfen für besonders wichtige Investitionsvorhaben.[329]

Weiter sah der Entwurf die Einführung eines **großen Steuerverbundes** aus Einkommen- und Körperschaft-, Umsatz- und Gewerbesteuer sowie die Übertragung der Kapitalverkehr-, Wechsel- und Versicherungsteuer auf den Bund vor.[330] Die Einfuhrumsatzsteuer sollte weiterhin dem Bund zustehen, so daß am Prinzip der Verteilung nach dem örtlichen Aufkommen festgehalten werden konnte.[331]

---

[324] "Der Finanzausgleich zwischen armen und reichen Ländern dürfe keine Entwicklungshilfe sein." So der rheinland-pfälzische Ministerpräsident Altmeyer. Zitiert nach: o. V.: Die Finanzreform verzögert sich weiter, in: FAZ v. 8.2.1969, S. 1.

[325] Vgl.: BUNDESMINISTERIUM DER FINANZEN (Hrsg.): Finanzbericht 1969, Bonn 1969, S.195 ff. Vgl. auch: PRESSE- UND INFORMATIONSAMT DER BUNDESREGIERUNG: Bulletin v. 14.3.1968, S. 270 ff.

[326] Vgl.: PRESSE- UND INFORMATIONSAMT DER BUNDESREGIERUNG: Bulletin v. 14.3.1968, S. 272.

[327] Vgl.: PRESSE- UND INFORMATIONSAMT DER BUNDESREGIERUNG: Bulletin v. 14.3.1968, S. 272.

[328] Vgl.: PRESSE- UND INFORMATIONSAMT DER BUNDESREGIERUNG: Bulletin v. 14.3.1968, S. 272.

[329] Vgl.: PRESSE- UND INFORMATIONSAMT DER BUNDESREGIERUNG: Bulletin v. 14.3.1968, S. 272.

[330] Vgl.: PRESSE- UND INFORMATIONSAMT DER BUNDESREGIERUNG: Bulletin v. 14.3.1968, S. 274.

Der **horizontale Länderfinanzausgleich** sollte zwar intensiviert werden, im Kern aber in der bisherigen Form erhalten bleiben.[332]

Im **Bundesrat** lehnte die Mehrheit der Länder den Regierungsentwurf im April 1968 ab und zog sich zunächst auf eine Maximalposition zurück, die Raum für Verhandlungen ließ.[333] So erteilte man sowohl den Plänen zur Einführung eines großen Steuerverbundes als auch der Überführung der Kapitalverkehr-, Versicherung- und Wechselsteuer auf den Bund eine Absage. Dem Katalog an Gemeinschaftsaufgaben stimmte man im Grundsatz zu, wollte ihn aber um den besonders kostenträchtigen Punkt - Aus- und Neubau der Hochschulkliniken - erweitert wissen.[334]

Die finanzschwachen Länder unter der Federführung Niedersachsens konnten sich mit ihren Vorstellungen eines weitgehenden vertikalen Ausgleichs mit horizontalem Effekt in der Länderkammer nicht durchsetzen.[335] Dafür fanden sie aber Gehör im Bundestag,[336] der sich "im Unterschied zu früheren Gesetzgebungsprozessen dieser Materie ... als echter dritter Partner"[337] erwies. Der **Finanzausschuß des Bundestages** schlug nun vor,[338] lediglich die Einkommen- und Körperschaftsteuer nach dem örtlichen Aufkommen, den Länderanteil an der Umsatzsteuer hingegen nach veredelten Einwohnerzahlen zu verteilen.

---

[331] Vgl.: PRESSE- UND INFORMATIONSAMT DER BUNDESREGIERUNG: Bulletin v. 14.3.1968, S. 275.

[332] Vgl.: PRESSE- UND INFORMATIONSAMT DER BUNDESREGIERUNG: Bulletin v. 14.3.1968, S. 275.

[333] Vgl.: BUNDESRAT: Protokoll der 322. Sitzung v. 5.4.1968.; o. V.: Keine Annäherung über Steuerverbund, in: FAZ v. 6.4.1968, S. 5; o. V.: Bundesrat will Regierungsvorlage zur Finanzreform ändern, in: Die Welt v. 6.4.1968, S. 11.

[334] Vgl.: HEINSEN, ERNST: Der Kampf um die Große Finanzreform 1969, in: Hrbek, Rudolf (Hrsg.): Miterlebt-Mitgestaltet. Der Bundesrat im Rückblick, Bonn aktuell, Bonn 1989, S. 187-223, hier S.207.

[335] Vgl.: BUNDESRAT: Protokoll der 322. Sitzung v. 5.4.1968, S. 67.

[336] Vgl.: HEINSEN, ERNST: Der Kampf um die Große Finanzreform 1969, in: Hrbek, Rudolf (Hrsg.): Miterlebt-Mitgestaltet. Der Bundesrat im Rückblick, Bonn aktuell, Bonn 1989, S. 187-223, hier S.209.

[337] RENZSCH, WOLFGANG: Finanzverfassung und Finanzausgleich. Die Auseinandersetzungen um ihre politische Gestaltung in der Bundesrepublik Deutschland zwischen Währungsreform und deutscher Vereinigung (1948-1990), Habil.-Schrift Uni. Göttingen 1991, Dietz, Bonn 1991, S. 289.

[338] Kurzprotokolle der 103, 104, 105, 108-112 Sitzung des Finanzausschusses v. 19.6, 21.6, 27.6 und 30.9-4.10 1968.

Geradezu revolutionär war das Votum für einen Wegfall des horizontalen Finanzausgleichs. An seine Stelle sollte ein vertikaler Ausgleich mit horizontalem Effekt treten. Dabei sollte die Umsatzsteuer nach veredelten Einwohnerzahlen und die Einfuhrumsatzsteuer nach Bedarfsschlüsseln verteilt werden. Komplementär sollte der Bund Ergänzungszuweisungen leisten. Im Dezember 1968 folgte der Bundestag den Vorschlägen seines Finanzausschusses mit breiter Mehrheit.[339]

Wie angesichts der Interessenlage kaum anders zu erwarten, lehnte der **Bundesrat** im Februar 1969 die Vorlage des Bundestages mit den Stimmen der finanzstarken Bundesländer ab.[340]

In den Beratungen des **Vermittlungsausschusses**[341] im Februar 1969 wurde der Interessengegensatz von finanzstarken und finanzschwachen Länder deutlich. Für die finanzschwachen Länder machte der niedersächsische Finanzminister KUBEL klar, daß es eine Finanzreform nur geben könne, wenn die Finanzordnung derart umgestaltet würde, daß in Zukunft die primäre Steuerverteilung nicht zu einer Spaltung in arme und reiche Länder führe. De facto hätte dies einen Wechsel vom Prinzip der Steuerverteilung nach dem örtlichen Aufkommen zu einer Verteilung nach Bedarfskriterien bedeutet. Die finanzstarken Länder, für die der Hamburger Bundesratssenator HEINSEN das Wort ergriff, zeigten Kompromißbereitschaft.

HEINSEN schlug ein Modell vor, das aus folgenden Eckpunkten bestand: Es sollte zum großen Steuerverbund kommen, wobei die Einkommen- und Körperschaftsteuer nach Abzug des Gemeindeanteils[342] hälftig zwischen Bund und Ländern nach dem örtlichen Aufkommen verteilt werden sollte. Der Länderanteil an der Umsatzsteuer, die in Zukunft als variables Element in den Bund-Länder-Finanzbeziehungen vorgesehen war, sollte nach der Einwohnerzahl verteilt werden, wobei ein Teil des Länderanteils vorab zur Anhebung der Finanzkraft der finanzschwachen Länder genutzt werden könnte.

---

[339] Vgl.: DEUTSCHER BUNDESTAG: 5. Wahlperiode. Protokoll der 204. Sitzung v. 11.12.1968, S. 11094.

[340] Vgl.: BUNDESRAT: Protokoll der 334. Sitzung v. 7.2.1969.

[341] Vgl.: VERMITTLUNGSAUSSCHUß: 5. Wahlperiode. Protokoll der 12. Sitzung v. 13.2.1969.

[342] Dies war Bestandteil der ebenfalls beabsichtigten Gemeindefinanzreform, auf die hier jedoch nicht näher eingegangen werden kann. Vgl. zur Gemeindefinanzreform: PAGENKOPF, HANS: Der Finanzausgleich im Bundesstaat. Theorie und Praxis, Kohlhammer, Stuttgart usw. 1981, S. 262 ff.

Dann noch bestehende Finanzkraftunterschiede sollten über den horizontalen Ausgleich in alter Form gemindert werden.

Der im Vermittlungsausschuß schließlich mit knapper Mehrheit gefaßte Beschluß, der bei der Einkommen- und Körperschaftsteuer das Prinzip der Verteilung nach dem örtlichen Aufkommen mit der Option einer Steuerzerlegung und bei der Umsatzsteuer eine Verteilung nach Bedarfsschlüsseln vorsah,[343] konnte, nachdem die finanzschwachen Länder bereits eine Ablehnung im Bundesrat signalisiert hatten,[344] auch im Bundestag am 20.3.1969 nicht die erforderliche 2/3-Mehrheit erreichen.[345]

Im noch vor der Abstimmung des Bundestages erneut angerufenen Vermittlungsausschuß konnte schließlich nach langwierigen Verhandlungen im April 1969 die **Einigung** erzielt werden.[346] Das Prinzip des örtlichen Aufkommens sollte für die Landessteuern und den Länderanteil an der Einkommen- und Körperschaftsteuer beibehalten werden, allerdings bei einer obligatorischen Zerlegung der Einkommensteuer nach dem Wohnsitz und der Körperschaftsteuer nach dem Betriebsstättensitz. Der Länderanteil an der Umsatzsteuer sollte zukünftig nach der Einwohnerzahl verteilt werden, wobei bis zu 25 % davon genutzt werden können, um die Finanzkraft der leistungsschwachen Länder anzuheben. Der abschließende horizontale Länderfinanzausgleich sollte die Finanzkraft der ausgleichsberechtigten Länder auf 95 % ihrer Ausgleichsmeßzahl anheben, wobei die Finanzkraft der ausgleichsberechtigten Länder nicht unter 100 % des Bundesdurchschnitts sinken durfte. Die hier skizzierte Einigung fand im Bundestag am 23.4.1969[347] und im Bundesrat am 9.5.1969[348] die erforderlichen 2/3-Mehrheiten - die Große Finanzreform war perfekt.

---

[343] Vgl.: o. V.: Wieder hartes Ringen im Vermittlungsausschuß, in: FAZ v. 25.2.1969, S. 5.; o. V.: Die reichen Länder bleiben Sieger, in: Die Welt v. 25.2.1969, S. 11.

[344] Vgl.: o. V.: Die armen Länder blockieren die Finanzreform, in: FAZ v. 13.3.1969, S. 3.

[345] Zwar erhielten die einzelnen Artikel in der Abstimmung das erforderliche Quorum. In der gemeinsamen Abstimmung über Art. 106 und 107 wurde diese Mehrheit jedoch verfehlt. In der anschließenden namentlichen Abstimmung wurde dann wieder die 2/3-Mehrheit erreicht. Die Abgeordneten der CDU/CSU Fraktion, die vorher mit der Opposition gestimmt hatten, beugten sich bei der namentlichen Abstimmung wohl dem *Fraktionszwang*. Fraglich war nun, ob das nötige Quorum erreicht war oder nicht. Vgl.: DEUTSCHER BUNDESTAG: 5. Wahlperiode. Protokoll der 222. Sitzung v. 20.3.1969 S. 12064.; HEINSEN, ERNST: Der Kampf um die Große Finanzreform 1969, in: Hrbek, Rudolf (Hrsg.): Miterlebt-Mitgestaltet. Der Bundesrat im Rückblick, Bonn aktuell, Bonn 1989, S. 187-223, hier S.217 f.

[346] Vgl.: VERMITTLUNGSAUSSCHUB: 5. Wahlperiode. Protokoll der 13. Sitzung v. 21.4.1969.

Zusammenfassend sind drei Resultate der Finanzreform besonders hervorzuheben: der große Steuerverbund, die Intensivierung des horizontalen Länderfinanzausgleichs und die Aufnahme der Gemeinschaftsaufgaben in das Grundgesetz.

Mit der Einführung des **großen Steuerverbundes** wurden Pläne, die schon in den Beratungen des Parlamentarischen Rates Diskussionsgegenstand waren, verwirklicht. Durch die Aufnahme der Umsatz- und Einkommensteuer in den Steuerverbund wurde eine gleichmäßigere Einnahmeentwicklung bei Bund und Ländern gesichert. Wegen der unterschiedlichen Konjunkturempfindlichkeit beider Steuern wurde außerdem eine konjunkturpolitische Stabilisierung der Einnahmen in Bund und Ländern erreicht.

Durch die **Erhöhung der Ausgleichsintensität** - die Mindestfinanzkraft war von 91% auf 95% des Bundesdurchschnitts angehoben worden - konnten die Finanzkraftunterschiede unter den Bundesländern nochmals deutlich gemildert werden.[349] Dies spiegelt sich in Tab. 15[350] wider, welche die Länderfinanzkraft nach alter (1969) und neuer Gesetzeslage (1970) gegenüberstellt.

---

[347] Vgl.: DEUTSCHER BUNDESTAG: 5. Wahlperiode. Protokoll der 227. Sitzung v. 23.4.1969, S. 12545.

[348] Im Bundesrat sogar einstimmig. Vgl.: BUNDESRAT: Protokoll der 338. Sitzung v. 9.5.1969, S. 114.

[349] Der Länderfinanzausgleich ist zwar seinem Volumen nach von 2433,3 Mio. DM auf 1344,0 Mio. DM gesunken, wegen der Vorabverteilung des Länderanteils an der Umsatzsteuer nach der Einwohnerzahl ist er in seiner Wirkung aber dennoch deutlich verstärkt worden.

[350] Quelle: BUNDESMINISTERIUM DER FINANZEN (Hrsg.): Finanzbericht 1971, Bonn 1971 S. 186.

	Ausgleichsjahr 1969			Ausgleichsjahr 1970		
	Steuern der Länder vor LFA	Länderfinanzausgleich	Steuern der Länder nach LFA	Steuern der Länder vor LFA	Länderfinanzausgleich	Steuern der Länder nach LFA
	in Millionen DM					
	Ausgleichspflichtige Länder					
Nordrhein-Westfalen	13351,1	- 486,5	12865,2	-	-	-
Baden Württemberg	7416,7	- 619,2	6797,5	7913,9	- 359,2	7554,7
Hessen	4957,9	- 624,2	4333,7	5149,7	- 463,9	4685,8
Hamburg	2820,0	- 690,5	2129,5	2664,5	- 520,9	2143,6
Bremen	736,0	- 12,9	723,1	-	-	-
zusammen	29282,3	- 2433,3	26849,0	15728,1	- 1344,0	14384,1
	Ausgleichsberechtigte Länder					
Bayern	7119,9	+ 232,9	7352,8	8277,9	+ 246,2	8521,1
Niedersachsen	4043,6	+ 888,2	4931,8	5323,4	+ 430,6	5754,0
Rheinland-Pfalz	2038,6	+ 489,1	2527,7	2755,8	+ 245,0	3000,8
Schleswig-Holstein	1321,3	+ 520,2	1841,5	1918,5	+ 217,5	2135,9
Saarland	550,4	+ 302,9	853,3	847,4	+ 14309	991,3
Bremen	-	-	-	757,4	+ 60,6	818,0
Nordrhein-Westfalen	-	-	-	14549,0	+ 0,2	14549,2
zusammen	15073,8	+ 2433,3	17507,1	34429,4	+ 1344,0	35773,4

Tab. 15: Die Länderfinanzkraft vor und nach der Großen Finanzreform 1969

Beim **passiven Finanzausgleich** ist die Entwicklung des kooperativen Föderalismus hervorzuheben. Anfangs noch als positiver Reflex auf die zunehmende Komplexität staatlichen Handelns begrüßt,[351] wird die Praxis der Gemeinschaftsaufgaben und die zunehmende Unitarisierung spätestens seit der Studie von SCHARPF, REISSERT und SCHNABEL[352] unter dem Begriff Politikverflechtung kritisch kommentiert.[353] So haben

---

[351] Vgl. etwa: STRAUB, FRANZ-JOSEF: Die Finanzverfassung, Olzog, München, Wien 1969, S. 71.

die Länder eigene Gestaltungsspielräume gegen ein zunehmendes Gewicht der Ländergesamtheit durch eine verstärkte Beteiligung an der Bundespolitik getauscht.[354]

Einen zusammenfassenden Überblick über die grundlegenden Änderungen durch die Finanzreform von 1969 gibt nachfolgende Abbildung.

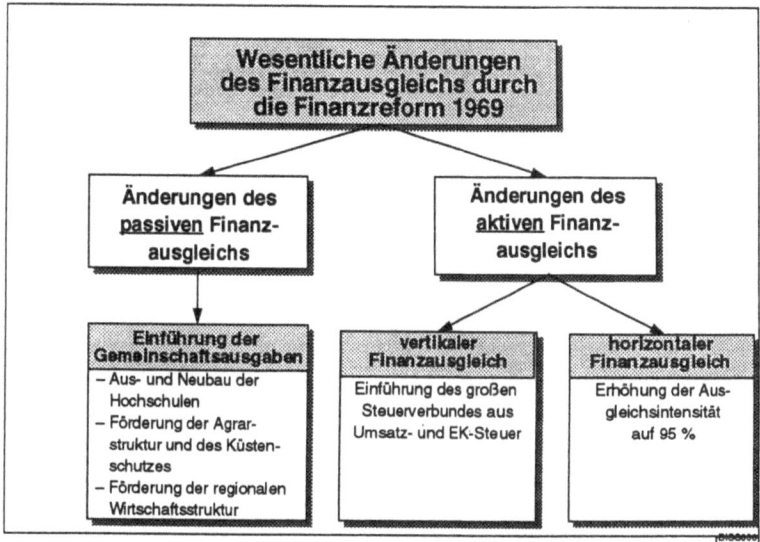

Abb. 8: Die wesentlichen Änderungen des Finanzausgleichs durch die Finanzreform von 1969

---

[352] Vgl.: SCHARPF, FRITZ W., REISERT, BERND, SCHNABEL, FRITZ: Politikverflechtung. Theorie und Empirie des kooperativen Föderalismus in der Bundesrepublik Deutschland, Scriptor, Kronberg/Ts. 1976.

[353] Vgl. zu einer ökonomischen Kritik der Mischfinanzierung: HENKE, KLAUS-DIRK ET AL.: Finanzbeziehungen zwischen Bund und Ländern - Reform der sekundären Mittelverteilung -, Fachbereich Wirtschaftswissenschaften Uni. Hannover, Diskussionspapier Nr. 178, Eigenverlag, Hannover 1992, S. 18 ff.

[354] Vgl.: SCHARPF, FRITZ W.: Föderalismus an der Wegscheide: eine Replik, in: Staatswissenschaft und Staatspraxis, 1. Jg. (1990), S. 579-587, hier S. 579.

3.2.4 Die Verfassungskrise des Finanzausgleichs in den achtziger Jahren

Die Verhandlungen um den Länderfinanzausgleich waren in den achtziger Jahren von **schwindender Konsensfähigkeit** bzw. einer starken Zunahme der Konsensfindungs- und Frustrationskosten geprägt.[355] Dies offenbart sich in den wiederholten Anträgen auf Überprüfung der Verfassungsmäßigkeit der Länderfinanzausgleichsgesetze vor dem Bundesverfassungsgericht. Während das Bundesverfassungsgericht in seinem Urteil vom 24.6.1986 weite Teile des Länderfinanzausgleichs als nicht verfassungskonform einstufte, bescheinigte es in seinem Urteil vom 27. Mai 1992 dem geänderten Länderfinanzausgleich in breiten Teilen die Verfassungsmäßigkeit. Nachfolgend wird zunächst auf das Urteil von 1986 eingegangen. Insbesondere wird die Frage zu stellen sein, ob das seit der Reform von 1969 angewandte Procedere noch zweckmäßig ist, oder ob es unter den finanzpolitischen Herausforderungen der deutschen Einheit nicht Zeit für eine neue Finanzreform wäre.

Das Urteil des obersten Gerichtes vom Mai 1992 zum Länderfinanzausgleich wurde im Zusammenhang mit der Modifikation des Finanzausgleichs anläßlich der Einbeziehung der ostdeutschen Bundesländer in den Finanzausgleich politisch umgesetzt. Daher wird dieser Rechtsstreit in dem Abschnitt über den status quo des Finanzausgleichs in der Bundesrepublik erörtert (Kap. 3.3).

Dem Antrag von sechs Ländern, das Finanzausgleichsgesetz vom BVerfG auf seine Verfassungskonformität prüfen zu lassen, lagen im wesentlichen vier Problembereiche zugrunde: die Ölförderabgabe, die Stadtstaatenproblematik, die Entwicklung der Bundesergänzungszuweisungen und schließlich der Strukturwandel von Geber- und Empfängerländern im horizontalen Finanzausgleich. Nachfolgend sollen diese Streitpunkte kurz umrissen werden.

Die **Ölförderabgabe** beruht auf den §§ 30, 31 Bundesberggesetz, wonach derjenige eine Abgabe entrichten muß, der Bodenschätze aufsuchen oder gewinnen will.[356] Zur Zeit der Finanzreform 1969 spielte diese den Ländern zustehende Abgabe praktisch

---

[355] HENKE, KLAUS-DIRK: Finanzbeziehungen zwischen Bund und Ländern - Bestandsaufnahme, Entscheidungsbedarf und Lösungsvorschläge -, Fachbereich Wirtschaftswissenschaften Uni. Hannover, Diskussionspapier Nr. 172, Eigenverlag, Hannover 1992, S. 3.

[356] KARPEN, ULRICH: Die Förderabgaben nach dem Bundesberggesetz im bundesstaatlichen Finanzausgleich, in: Archiv des öffentlichen Rechts, 109. Band (1984), S. 417-434, hier S. 417.

noch keine Rolle. Lediglich **Niedersachsen** verzeichnete damals Einnahmen aus der Ölförderabgabe von 50 Mio. DM. Aufgrund des geringen Betrages und der Finanzschwäche Niedersachsens verzichtete man auf eine Einbeziehung der Ölförderabgabe in den Berechnungsmechanismus des horizontalen Länderfinanzausgleichs. Durch die **Ölpreiskrisen** änderte sich das finanzielle Gewicht der Ölförderabgabe nachhaltig.[357] Im Jahr 1985 erreichten die Einnahmen aus der Ölförderabgabe, die fast ausschließlich in Niedersachsen anfällt, mit rund 2 Mrd. DM ihren Spitzenwert.

Die Wirkung dieser Einnahmen im System des Finanzausgleichs war mehrdimensional:[358] Da sie im vertikalen Finanzausgleich voll berücksichtigt wurden, verminderte sich zunächst der Länderanteil an der Umsatzsteuer um ca. einen Prozentpunkt. Weil die Ölförderabgabe außerdem für die Mineralölkonzerne den Charakter einer Kostensteuer hatte, minderte sie deren steuerpflichtigen Gewinn. Dadurch entgingen dem Fiskus Einnahmen aus der Gewerbe- und Körperschaftsteuer von 1,3 Mrd. DM. Diese Steuermindereinnahmen schlugen sich etwa zur Hälfte beim Bund und bei den Ländern, hier insbesondere bei Niedersachsen, nieder. Die Steuermindereinnahmen reduzierten nun im horizontalen Finanzausgleich die Finanzkraft Niedersachsens und induzierten so paradoxerweise höhere Ausgleichsbeträge der übrigen Länder an das *finanzschwache* Niedersachsen. Zwar wurden die Einnahmen aus der Ölförderabgabe ab 1983 zu einem Drittel und ab 1986 zur Hälfte bei der Finanzkraftberechnung Niedersachsens berücksichtigt, was jedoch nichts daran änderte, daß Niedersachsen seine finanzielle Position auf Kosten der anderen Bundesländer verbesserte und nach Abschluß des gesamten Finanzausgleichs über ein größeres Finanzvolumen verfügte als beispielsweise das finanzstarke Hessen.[359] Für Nordrhein-Westfalen[360] war dies Anlaß

---

[357] Dies war auch auf eine drastische Erhöhung der bergrechtlichen Förderabgabe zurückzuführen, die durchgeführt worden war, um die windfall-profits der Mineralölkonzerne abzuschöpfen.

[358] Vgl.: RENZSCH, WOLFGANG: Neuordnung des bundesstaatlichen Finanzausgleichs, in: Gegenwartskunde, 35. Jg. (1986), S. 499-533, hier S. 519.

[359] Vgl.: RENZSCH, WOLFGANG: In Karlsruhe geht es um die Zukunft des Föderalismus, in: Demokratische Gemeinde, 38. Jg. (1986), Heft 3, S. 14-17, hier S. 16.

[360] Für Nordrhein-Westfalen war die Situation besonders anstößig, da seine Ausgaben für die Steinkohleförderung quasi die gleichen Effekte wie Niedersachsens Einnahmen aus der Ölförderabgabe hatten - nur mit anderem Vorzeichen. Von den Kosten der Steinkohleförderung von ca. 1 Mrd. DM p.a., hatte Nordrhein-Westfalen ca. 850 Mio. DM als Nettolast zu tragen. Vgl.: RENZSCH, WOLFGANG: In Karlsruhe geht es um die Zukunft des Föderalismus, in: Demokratische Gemeinde, 38. Jg. (1986), Heft 3, S. 14-17, hier S. 16.

Neben der Ölförderabgabe bot die Entwicklung bei den **Bundesergänzungszuweisungen** Anlaß zur verfassungsrechtlichen Überprüfung des Finanzausgleichsgesetzes. Nachdem 1970 und 1971 je 100 Mio. DM sowie 1972 und 1973 je 500 Mio. DM an Bundesergänzungszuweisungen geleistet worden waren, gelang es den Ländern im Jahr 1974, durch die Kopplung der Zuweisungen an das Umsatzsteueraufkommen ihre Dynamisierung durchzusetzen. Seitdem wurden 1,5 % des Umsatzsteueraufkommens, die ausschließlich zu Lasten des Bundesanteils an dieser Steuer gingen, als Bundesergänzungszuweisungen an die Länder gewährt. Dadurch stiegen die Bundesergänzungszuweisungen auf einen Betrag von 1,6575 Mrd. DM im Jahr 1986, wodurch ihr ursprünglich **subsidiärer Charakter** im System des Finanzausgleichs verlorenging (vgl. Tab. 16).[361]

Jahr	Bundesergänzungszuweisungen in Mio DM	Umverteilungsvolumen horizontaler FAG in %	Verhältnis BEZ zu LFA
1970	100	1215,3	0,08
1971	100	1289,3	0,08
1972	550	1555,7	0,35
1973	550	1625,8	0,34
1974	750	1910,0	0,34
1975	802	1844,3	0,44
1976	883	1957,4	0,42
1977	939	2292,3	0,41
1978	1096	2265,4	0,48
1979	1278	2485,8	0,51
1980	1366	2191,3	0,62
1981	1479	2422,7	0,61
1982	1464	2499,5	0,59
1983	1586	2146,1	0,74
1984	1660	2330,3	0,71
1985	1634	2575,4	0,63
1986	1674	2724,0	0,61

Tab. 16: Das Verhältnis der BEZ zum Umverteilungsvolumen des horizontalen FAG[362]

---

[361] Als im Jahr 1970 erstmals Bundesergänzungszuweisungen geleistet wurden, wies die Bundesregierung ausdrücklich auf deren subsidiären Charakter hin: "In diesem Zusammenhang hat die Bundesregierung allerdings nachdrücklich darauf hingewiesen, daß es nach Art. 107 GG primär Aufgabe des Länderfinanzausgleichs ist, sicherzustellen, daß die unterschiedliche Finanzkraft der Länder angemessen ausgeglichen wird. Ergänzungszuweisungen des Bundes könnten nur subsidiär geleistet werden." BUNDESMINISTERIUM DER FINANZEN (Hrsg.): Finanzbericht 1971, Bonn 1971, S. 186.

[362] Quelle: BUNDESMINISTERIUM DER FINANZEN (Hrsg.): Finanzbericht, Bonn, diverse Jahrgänge, eigene Berechnungen.

Der zweite wesentliche Einwand gegen die Entwicklung der Bundesergänzungszuweisungen richtete sich gegen ihre **Verteilungssystematik**. Der Verteilungsschlüssel war seit 1970 trotz einer Verschiebung des wirtschaftlichen Kräfteverhältnisses[363] unter den Bundesländern nicht angepaßt worden. Dies führte z. B. dazu, daß die regelmäßig zu den Empfängerländern im horizontalen Länderfinanzausgleich zählende Hansestadt Bremen bis 1986 keine Bundesergänzungszuweisungen erhielt.Die unzulängliche Verteilungssystematik bei den Bundesergänzungszuweisungen war neben anderen Gründen ein Hauptmotiv für die Bremer Verfassungsklage.[364] Die Stadtstaaten Hamburg und Bremen bemängelten außerdem die ihres Erachtens zu geringe **Einwohnerveredelung** von 135 %.

Ebenfalls von den Stadtstaaten kritisiert wurden die Folgen der 1969 wieder eingeführten **Steuerzerlegung**,[365] durch welche die Lohnsteuer vom Arbeits- an den Wohnort überwiesen wurde. Aufgrund dieser Regelung, die erhebungstechnisch bedingte Verzerrungen bei der Ermittlung der Finanzkraft verhindern sollte, erlitten Bremen und Hamburg wegen ihres hohen Einpendlerüberschusses im Vergleich zu einer Erhebung nach dem örtlichen Aufkommen starke Steuerverluste.[366]

Vom Wandel in der **Struktur der Zahler- und Empfängerländer** im Länderfinanzausgleich war insbesondere **Baden-Württemberg** betroffen (vgl. Abb. 9). Während sich die Leistungen im Rahmen des horizontalen Finanzausgleichs im Jahr 1970 noch gleichmäßig zu je einem Viertel auf Baden-Württemberg, Nordrhein-Westfalen, Hessen und Hamburg verteilten, trug Baden-Württemberg 1986 allein knapp 60% der im horizontalen Finanzausgleich umverteilten Finanzmittel (1,472 von 2,541 Mrd. Finanzausgleichsmasse). Nach Ansicht Baden-Württembergs war dies mit der Intention des Art. 107 GG unvereinbar.[367]

---

[363] Die Finanzkraft Bayerns, sonst eher finanzschwaches Land, hatte mittlerweile ungefähr den Bundesdurchschnitt erreicht, während die Finanzkraft des traditionell finanzstarken Nordrhein-Westfalen, auf den Bundesdurchschnitt abgesunken war.

[364] Vgl.: BUNDESVERFASSUNGSGERICHT (Hrsg.): Entscheidungen des BVerfG, Band 72, Mohr, Tübingen, S. 376 ff.

[365] Vgl.: BUNDESVERFASSUNGSGERICHT (Hrsg.): Entscheidungen des BVerfG, Band 72, Mohr, Tübingen, S. 343 ff.

[366] Vgl.: HICKEL, RUDOLF, ROTH, BERNHARD, TROOST, AXEL: Der Stadtstaat Bremen im föderalen Finanzsystem. Ursachen der Finanzkrise - Neuordnungsvorschläge zum Länderfinanzausgleich, Eigenverlag, Bremen 1988, S. 125 ff.

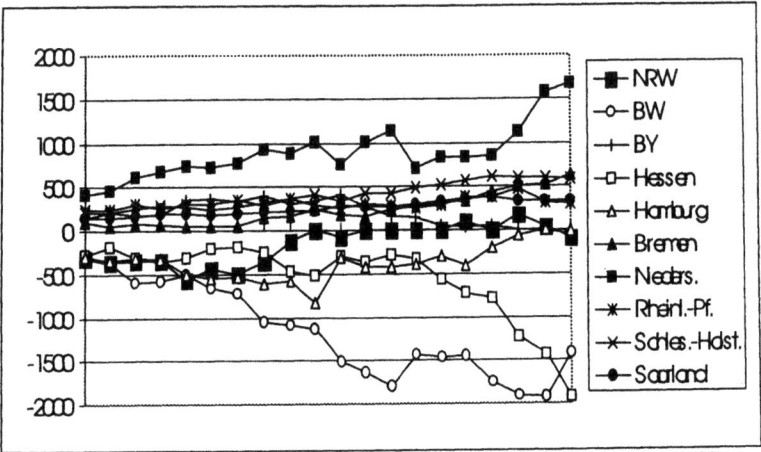

Abb. 9: Die Zahlungen im Rahmen des horizontalen Finanzausgleichs von 1970 bis 1989 (in Mio. DM)[368]

Aus den dargelegten Gründen kam es zu Normenkontrollanträgen von nicht weniger als sechs Bundesländern beim BVerfG. Zusammenfassend seien hier noch einmal die verschiedenen Klagepunkte angeführt:[369]

- Nordrhein-Westfalen und Hessen verlangten die volle Einbeziehung der Ölförderabgabe in die Berechnung der Finanzkraft im horizontalen Länderfinanzausgleich.
- Nordrhein-Westfalen verlangte die Einbeziehung zusätzlicher Einnahmearten (Feuerschutzsteuer, Spielbankenabgabe, Grunderwerbsteuer, Zinseinnahmen) in die Bemessungsgrundlage des Länderfinanzausgleichs.
- Bremen, Nordrhein-Westfalen und das Saarland strebten eine Korrektur bei der Verteilung der Bundesergänzungszuweisungen an.
- Bremen, Hamburg, Nordrhein-Westfalen und das Saarland reklamierten die Anerkennung bzw. Erhöhung von Sonderlasten (Hafenlasten, übermäßige Belastungen, Kohle- und Stahllasten).

---

[367] Vgl.: RENZSCH, WOLFGANG: In Karlsruhe geht es um die Zukunft des Föderalismus, in: Demokratische Gemeinde, 38. Jg. (1986), Heft 3, S. 14-17, S. 16.

[368] BUNDESMINISTERIUM DER FINANZEN (Hrsg.): Finanzbericht, Bonn, diverse Jahrgänge.

[369] Vgl.: GESKE, OTTO-ERICH: Der bundesstaatliche Finanzausgleich im Streit der Länder, in: Die Öffentliche Verwaltung, 38. Jg. (1985), S. 421-430, hier S. 421 ff.

- Bremen und Hamburg forderten eine Erhöhung der Einwohnerveredelung und eine Korrektur der Lohnsteuerzerlegung bei Pendlern.
- Baden-Württemberg schließlich verlangte die Streichung jeglicher Sonderlastenanerkennung, der ausgleichsfreien Zone[370] und der Einwohnerveredelung.

Die Interessengegensätze konnten kaum größer sein: Auf der einen Seite die Länder Bayern, Niedersachsen, Rheinland-Pfalz, Schleswig-Holstein und die Bundesregierung, welche die damalige Praxis im horizontalen Länderfinanzausgleich für verfassungskonform hielten. Auf der anderen Seite die sechs Klageländer, die mit ihren Anträgen teilweise diametral gegenläufige Positionen vertraten.

Nach über dreijähriger Prozeßdauer fällte das BVerfG am 24.6.1986 sein Urteil, in dem es breite Teile des damaligen Finanzausgleichsgesetzes für **unvereinbar mit dem Grundgesetz** einstufte.[371] Die Verfassungsrichter machten deutlich, daß für den Finanzausgleich nicht die Steuerkraft eines Landes, sondern seine **Finanzkraft** maßgeblich sei. Demzufolge sollten die bergrechtliche Förderabgabe, die Grunderwerbsteuer, die Feuerschutzsteuer und die Spielbankenabgabe in Zukunft bei der Ermittlung der Finanzkraft mitberücksichtigt werden.[372] Nicht einbezogen werden sollten hingegen weiterhin die Zinseinnahmen der Länder sowie ihre Erträge aus wirtschaftlicher Tätigkeit.[373]

Hinsichtlich der **Sonderlasten** stellten die Karlsruher Richter klar, daß der horizontale Länderfinanzausgleich grundsätzlich als reiner Einnahmeausgleich konzipiert sei, Lastenelemente daher keine Berücksichtigung im Berechnungsmechanismus finden könnten. Eine Ausnahme von diesem Grundsatz machte das Gericht nur bei den Hafenlasten, da diese traditionsgemäß[374] als Lasten im Finanzausgleich Anerkennung gefunden hätten.[375]

---

[370] Die Steuerkraft eines Landes zwischen 100% und 102% war von Beiträgen zum horizontalen Finanzausgleich befreit.

[371] Vgl.: o. V.: Der Finanzausgleich zwischen den Ländern ist zum Teil verfassungswidrig, in: FAZ v. 25.6.1986, S. 1.

[372] Vgl.: BUNDESVERFASSUNGSGERICHT (Hrsg.): Entscheidungen des BVerfG, Band 72, Mohr, Tübingen, S. 409.

[373] Vgl.: BUNDESVERFASSUNGSGERICHT (Hrsg.): Entscheidungen des BVerfG, Band 72, Mohr, Tübingen, S. 412.

Die **Zerlegung** der Lohn- und Körperschaftsteuer beanstandete das Karlsruher Gericht nicht. Art. 107 Abs. 1 GG verpflichte den Gesetzgeber zwar zur Steuerzerlegung; Art und Umfang derselben zu bestimmen sei jedoch allein Sache des Gesetzgebers.[376]

Eine **Veredelung** der Einwohnerzahlen sah das Gericht dem Grunde nach zumindest als zulässig an, forderte jedoch eine Überprüfung der Multiplikatoren. Dabei sollte die Andersartigkeit der Stadtstaaten angemessen berücksichtigt werden, ohne daß die Einwohnerveredelung zu einer Bestandsgröße würde.[377]

Bei den **Bundesergänzungszuweisungen** machten die Verfassungsrichter klar, daß die damalige Praxis mit dem Grundgesetz unvereinbar sei. Der Bund könne Bundesergänzungszuweisungen entweder an leistungsschwache Länder gewähren oder sie zur Abgeltung von Sonderlasten nützen.[378] In jedem Fall müsse dabei aber der Gleichheitsgrundsatz beachtet werden.[379] Die durch die verfassungswidrige Verteilung der Bundesergänzungszuweisungen entstandenen Nachteile einzelner Länder sollten nach dem Willen der Verfassungshüter nachträglich korrigiert werden.[380]

Die Verfassungsrichter machten dem Bundesgesetzgeber zur Auflage, ein den Vorgaben des Urteils entsprechendes Finanzausgleichsgesetz mit finanzwirtschaftlicher Wirkung vom 1.1.1987 bis zum 1.1.1988 zu verabschieden.[381]

---

[374] Diese Begründung stieß bei manchem Ökonomen auf scharfe Kritik. "Der Grundsatz, eine Regelung beizubehalten, weil es immer schon so gewesen sei, war bei Reformen selten die Garantie für ökonomisch sachgerechte Lösungen." So PEFFEKOVEN in: PEFFEKOVEN, ROLF: Berücksichtigung der Seehafenlasten im Länderfinanzausgleich?, in: Finanzarchiv, N. F. Bd. 46 (1988), S. 397-415, hier S. 415.

[375] Vgl.: BUNDESVERFASSUNGSGERICHT (Hrsg.): Entscheidungen des BVerfG, Band 72, Mohr, Tübingen, S. 413 f.

[376] Vgl.: BUNDESVERFASSUNGSGERICHT (Hrsg.): Entscheidungen des BVerfG, Band 72, Mohr, Tübingen, S. 390 ff.

[377] Vgl.: BUNDESVERFASSUNGSGERICHT (Hrsg.): Entscheidungen des BVerfG, Band 72, Mohr, Tübingen, S. 415 ff.

[378] Vgl.: BUNDESVERFASSUNGSGERICHT (Hrsg.): Entscheidungen des BVerfG, Band 72, Mohr, Tübingen, S. 402.

[379] Vgl.: BUNDESVERFASSUNGSGERICHT (Hrsg.): Entscheidungen des BVerfG, Band 72, Mohr, Tübingen, S. 404.

[380] Vgl.: BUNDESVERFASSUNGSGERICHT (Hrsg.): Entscheidungen des BVerfG, Band 72, Mohr, Tübingen, S. 423.

In **Reaktion auf das Urteil** beschloß das Bundeskabinett im Mai 1987 einen Gesetzentwurf zur Neufassung des Finanzausgleichsgesetzes, der sich im wesentlichen darauf beschränkte, die vom Verfassungsgericht angemahnten Teile des Länderfinanzausgleichs zu ändern. Der von den Karlsruher Richtern geebnete Weg einer völligen Neukonzeption des horizontalen Finanzausgleichs wurde also von vornherein nicht beschritten.[382]

Entsprechend den Vorgaben des BVerfG sollte an die Stelle der Steuerkraft zukünftig die **Finanzkraft** als Indikator für die Leistungsfähigkeit eines Landes treten. Daher war vorgesehen, die Einnahmen aus der Grunderwerbsteuer, der Feuerschutzsteuer, der Spielbankenabgabe sowie der bergrechtlichen Förderabgabe voll in die Berechnung der Finanzkraft einzubeziehen. Die bisher beim Saarland und Schleswig-Holstein anerkannten Sonderlasten sollten wegfallen.

Ebenfalls dem Karlsruher Richterspruch folgend, sollten die Teile des Finanzausgleichsgesetzes geändert werden, die bestimmen, unter welchen Umständen auch die Finanzkraft eines Landes zwischen 100 % und 102 % des Bundesdurchschnitts, der **sogenannten toten Zone**, zur Aufbringung der Ausgleichsmasse herangezogen werden darf.

All diese Punkte waren im weiteren Verlauf des Gesetzgebungsverfahrens nicht strittig. Anders verhielt sich dies mit vier weiteren von der Bundesregierung geplanten Änderungen im Finanzausgleichsgesetz: der Neuregelung der Bundesergänzungszuweisungen, der Einbeziehung der Gemeindesteuern in die Berechnung der Länderfinanzkraft, der Anerkennung der Hafenlasten und der Behandlung der Stadtstaatenproblematik.

Nach den Vorstellungen der Bundesregierung, sollten die **Bundesergänzungszuweisungen** in Zukunft nicht mehr an die Entwicklung des Umsatzsteueraufkommens gekoppelt werden. Statt dessen sah der Gesetzentwurf vor, die Bundesergänzungszuweisungen auf einen jährlichen Betrag von 1,775 Mrd. DM zu plafondieren. Die Aufteilung der Bundesergänzungszuweisungen sollte sich an vorhandenen Sonderlasten und am Kriterium der Finanzschwäche orientieren. Als Lastenelemente sollten dabei

---

[381] Vgl.: BUNDESVERFASSUNGSGERICHT (Hrsg.): Entscheidungen des BVerfG, Band 72, Mohr, Tübingen, S. 422.

[382] Vgl.: FISCHER, HELMUT: Zur Reform des Länderfinanzausgleichs, in: Wirtschaftswissenschaftliches Studium, 18. Jg. (1989), S. 112-118, hier S. 118.

überproportionale Kosten der politischen Führung und Haushaltsnotlagen Anerkennung finden. Profitiert hätten von dieser Regelung Bremen (50 Mio. DM), Schleswig-Holstein (50 Mio. DM) und das Saarland (175 Mio. DM). Der aus dem Budget der Bundesergänzungszuweisungen dann noch zur Verfügung stehende Betrag sollte unter den finanzschwachen Ländern verteilt werden. Als finanzschwach sollten nach dem Entwurf diejenigen Länder gelten, die im Vorjahr Leistungen aus dem reinen horizontalen Finanzausgleich erhalten hatten.

Umstritten war auch die **Berücksichtigung der Gemeindesteuern** im Berechnungsmechanismus des horizontalen Finanzausgleichs. Bis dato wurde die auf einheitliche Hebesätze umgerechnete und anschließend mit veredelten Einwohnerzahlen gewichtete Steuerkraft der Gemeinden nur zur Hälfte bei der Berechnung der Finanzkraft eines Bundeslandes einbezogen. Der Regierungsentwurf sah nunmehr eine 60 %ige Berücksichtigung der Gemeindefinanzkraft vor.[383] Die den Stadtstaaten zugute kommende **Einwohnerveredelung** sollte weiterhin bei 135 % liegen,[384] womit sich die Hansestädte höchst unzufrieden zeigten.[385] Die vom Verfassungsgericht auch künftig als **Sonderlasten** anerkannten Hafenlasten sollten Hamburg mit 55 Mio. DM, Bremen mit 25 Mio. DM und Niedersachsen mit 6 Mio. DM geltend machen können.

Im **Bundesrat** stieß das Konzept der Bundesregierung auf breite Ablehnung.[386] In seinen Beratungen im Juli 1987 legten die Bundesländer ihre Auffassungen zur Neuordnung des horizontalen Finanzausgleichs dar. Unterschiede zum Entwurf der Bundesregierung ergaben sich vor allem bei den oben als strittig gekennzeichneten Punkten.

Anstelle einer Plafondierung der **Bundesergänzungszuweisungen** sollten sie weiterhin an das Umsatzsteueraufkommen gekoppelt werden. Dabei forderten die Länder

---

[383] Vgl. zur Kritik: FISCHER, HELMUT: Zur Reform des Länderfinanzausgleichs, in: Wirtschaftswissenschaftliches Studium, 18. Jg. (1989), S. 112-118, hier S. 115.

[384] Das Bundesministerium der Finanzen hatte beim ifo-Institut für Wirtschaftsforschung eine Studie zur Einwohnerveredelung in Auftrag gegeben: HUMMEL, MARLIES, LEIBFRITZ, WILLI: Die Stadtstaaten im Länderfinanzausgleich. Gutachten im Auftrag des Bundesministers der Finanzen, ifo Studien zur Finanzpolitik, Bd. 45, Eigenverlag, München 1987 Dort kam man zu dem Schluß, daß eine Veredelung mit einem Faktor zwischen 125 % und 142 % angemessen sei; daran anknüpfend übernahm die Bundesregierung den mittleren Wert von 135 %.

[385] Vgl.: BUNDESRAT: Protokoll der 579. Sitzung v. 10.7.1987, S. 222; 226.

[386] Vgl.: BUNDESRAT: Protokoll der 579. Sitzung v. 10.7.1987, S. 221 ff.

sogar eine Erhöhung der Bundesergänzungszuweisungen von 1,5 % auf 2 % des Umsatzsteueraufkommens. Bei der Verteilung der Bundesergänzungszuweisungen stimmten die Länder einer grundsätzlichen Aufteilung zunächst nach Lastenelementen und dann nach der Finanzschwäche zwar zu, wollten allerdings nur Haushaltsnotlagen als Sonderlast anerkannt wissen. Diese sollten mit insgesamt 250 Mio. DM abgegolten werden, wobei Bremen 96 Mio. DM und das Saarland 154 Mio. DM erhalten sollten. Schleswig-Holstein sollte demnach aus dem Empfängerkreis der nach Lastenelementen verteilten Bundesergänzungszuweisungen ausscheiden. Der Rest der Bundesergänzungszuweisungen sollte zur Anhebung der Finanzkraft der finanzschwachen Länder auf 96 % des Bundesdurchschnittes verwandt werden. Evtl. dann noch zur Verfügung stehende Mittel sollten unter den Ländern nach Fehlbetragsschlüsseln verteilt werden.

Die **Hafenlasten** sollten nach den Vorstellungen der Ländermehrheit der Hälfte der tatsächlich für die Seehäfen aufgewandten Mittel entsprechen. Danach hätte Bremen 90 Mio. DM und Hamburg 142 Mio. DM als Sonderlasten geltend machen können. Da der Seehafen Emden nach Ansicht der Ländermehrheit nicht bedeutsam genug war, sollten Niedersachsen keinerlei Hafenlasten mehr angerechnet werden. Hinsichtlich der **Einbeziehung der Gemeindesteuern** in die Länderfinanzkraftberechnung plädierten die Bundesländer für eine Beibehaltung des hälftigen Ansatzes. Die Umsetzung der Vorschläge der Ländermehrheit hätte für das Saarland, Niedersachsen und Schleswig-Holstein eine Verschlechterung gegenüber der Vorlage der Bundesregierung bedeutet.

Der offensichtliche **Konflikt** zwischen Bund und Ländermehrheit, insbesondere in Fragen der Bundesergänzungszuweisungen, wurde nicht wie in früheren Auseinandersetzungen im Vermittlungsausschuß,[387] sondern in informellen Parteigremien der CDU/CSU bereinigt. So trafen sich Bundeskanzler und CDU-Parteivorsitzender KOHL, Bundesfinanzminister STOLTENBERG und die Ministerpräsidenten der unionsregierten Bundesländer Anfang Oktober 1986 zu einem vertraulichen Gespräch. Die Ergebnisse dieser unionsinternen Verhandlungen wurden dann in der Sitzung des Bundestagsfinanzausschusses vom 6. November öffentlich.[388]

---

[387] Nach Ablehnung des Regierungsentwurfs durch den Bundesrat vermutete Renzsch noch: "Vermutlich wird erst der Vermittlungsausschuß das letzte Wort sprechen". RENZSCH, WOLFGANG: Bundesfinanzminister als "ehrlicher Makler" disqualifiziert, in: Demokratische Gemeinde, 39. Jg. (1987), Heft 8, S. 18-21, hier S. 21.

Der Bund war bereit, die **Bundesergänzungszuweisungen** den Wünschen der Länder entsprechend auch in Zukunft an das Umsatzsteueraufkommen zu koppeln. Dabei sollten die Bundesergänzungszuweisungen von 1,5 % auf 2 % des Umsatzsteueraufkommens, also um jährlich ca. 600 Mio. DM erhöht werden. Im Gegenzug sollte der Verteilungsschlüssel der Umsatzsteuer von 65 % für den Bund und 35 % für die Länder beibehalten werden. Verteilt werden sollten die Bundesergänzungszuweisungen entsprechend den ursprünglichen Plänen der Bundesregierung zunächst an Länder mit besonderen Lasten und anschließend an Länder mit unterdurchschnittlicher Finanzkraft. Als **Sonderlasten** sollten sowohl überproportionale Kosten der politischen Führung als auch Haushaltsnotlagen Anerkennung finden. Demnach wurden Bremen (50 Mio. DM), Schleswig-Holstein (50 Mio. DM), dem Saarland (175 Mio. DM) und Rheinland-Pfalz (20 Mio. DM) überproportionale Kosten der politischen Führung und dem Saarland 75 Mio. DM für seine Haushaltsnotlage zugebilligt.

Der Rest der Bundesergänzungszuweisungen sollte nun gestaffelt zur Anhebung der unterdurchschnittlichen Länderfinanzkraft genutzt werden. Dabei war vorgesehen, die unter 99 % des Bundesdurchschnitts liegende Finanzkraft voll und die zwischen 99 % und 100 % des Bundesdurchschnitts liegende zu einem Drittel bei der Verteilung der Bundesergänzungszuweisungen anzurechnen. Die **Gemeindesteuerkraft** sollte nun weiterhin nur zur Hälfte bei der Berechnung der Länderfinanzkraft berücksichtigt werden. Als **Hafenlasten** sollten die im Bundesrat vorgeschlagenen Beträge Anerkennung finden. Im Unterschied zu den Vorstellungen des Bundesrates sollte jedoch auch Niedersachsen Hafenlasten für seinen Seehafen Emden mit 18 Mio. DM geltend machen können.

Der im "CDU/CSU-internen Vermittlungsausschuß"[389] gefundene Kompromiß wurde im Bundestag[390] mit den Stimmen der Regierungsfraktionen am 4. Dezember 1987 gebilligt. Im Bundesrat[391] stimmten am 18. Dezember 1987 je fünf Länder für und gegen den Gesetzentwurf. Durch die Stimmengewichtung wurde das "Achte Gesetz zur Änderung des Gesetzes über den Finanzausgleich zwischen Bund und Ländern"

---

[388] Vgl.: o. V.: Großer Widerstand der Länder, in: Die Welt v. 7.11.1986, S. 12.; o. V.: Fronten zwischen Bund und Ländern bleiben verhärtet, in: FAZ v. 8.11.1986, S. 9.

[389] RENZSCH, WOLFGANG: Unbefriedigende Lösung für die "armen" Länder, in: Demokratische Gemeinde, 40. Jg. (1988), Heft 2, S. 20-22, hier S. 22.

[390] Vgl.: DEUTSCHER BUNDESTAG: 11. Wahlperiode. Protokoll der 47. Sitzung v. 4.12.1987.

[391] Vgl.: BUNDESRAT: Protokoll der 584. Sitzung v. 18.12.1987.

dennoch mit 23 zu 18 Stimmen verabschiedet. Neben den sozialdemokratisch regierten Bundesländern Nordrhein-Westfalen, Hamburg, Bremen und dem Saarland, die an der Aushandlung des Kompromisses nicht beteiligt waren, stimmte auch das unionsregierte Rheinland-Pfalz, das sich vor allem durch die gestaffelte Verteilung der Bundesergänzungszuweisungen benachteiligt sah, gegen die Gesetzesvorlage.

Obgleich bis auf Bayern alle Länder von der Neuregelung des horizontalen Finanzausgleichs profitierten, was wesentlich auf die Erhöhung der Bundesergänzungszuweisungen zurückzuführen war,[392] dauerte es nur kurze Zeit, bis **erneut Klage** gegen das Finanzausgleichsgesetz vor dem BVerfG erhoben wurde.

3.3 Der status quo des bundesdeutschen Finanzausgleichssystems

Nachfolgend soll der status quo des bundesdeutschen Finanzausgleichssystems dargestellt werden. Den Schwerpunkt der Darstellung bildet dabei die Neuregelung des Finanzausgleichs anläßlich der Einbeziehung der ostdeutschen Länder in den Finanzausgleich. Zuvor wird auf das Urteil des Bundesverfassungsgericht vom Mai 1992 eingegangen, dessen politische Umsetzung im Zusammenhang mit der Gestaltung des Finanzausgleichs im Rahmen der deutschen Vereinigung erfolgte und daher den status quo des Finanzausgleichs mitbestimmt hat.

3.3.1 Das Urteil des BVerfG vom 27.5.1992

Schon kurz nach der Verabschiedung des *Achten Gesetzes zur Änderung des Gesetzes über den Finanzausgleich zwischen Bund und Ländern*, das als Reaktion auf das Urteil vom Juni 1986 verabschiedet worden war, stellten vier Bundesländer erneut Normenkontrollanträge beim BVerfG. In seinem Urteil vom 27.5.1992 bestätigte das BVerfG im wesentlichen sein Urteil vom 24.6.1986, erklärte aber wiederum Teile des Finanzausgleichsgesetzes für verfassungswidrig. Zunächst sollen die **Klagemotive**

---

[392] Der Verhandlungserfolg der unionsregierten Bundesländer war wohl auf das vom niedersächsischen Ministerpräsidenten ALBRECHT aufgestellte Junktim zwischen einer Erhöhung der Bundesergänzungszuweisungen und der Zustimmung zur geplanten Steuerreform zurückzuführen. Vgl.: RENZSCH, WOLFGANG: Die Neuordnung des Länderfinanzausgleichs. Neue Klagen in Karlsruhe angekündigt, in: Gegenwartskunde, 37. Jg. (1988), S. 78-87, hier S. 82.

Hamburgs, Bremens, Schleswig-Holsteins und des Saarlandes dargelegt werden, um anschließend das Urteil des Verfassungsgerichtes zu erläutern.

Der Klage der Hansestadt **Hamburg** lag die aus Hamburger Sicht unbefriedigende Anrechnung der Hafenlasten und die zu niedrige Einwohnerveredelung zugrunde. Außerdem bemängelte man, daß Hamburg als kleinem Bundesland keine Kosten der politischen Führung zuerkannt, und die Sozialhilfelasten nicht als Lastenelement berücksichtigt würden.[393]

Die Hansestadt **Bremen** verfolgte hinsichtlich der Hafenlasten und der Einwohnerveredelung die gleichen Interessen wie Hamburg.[394] Außerdem wollte Bremen seine Kosten der politischen Führung und seine Haushaltsnotlage stärker als bisher kompensiert wissen. Für unzureichend hielt Bremen auch den auf das Urteil des BVerfG vom 24.6.1986 zurückgehenden Nachteilsausgleich.[395] Da für Bremen das weiter oben dargelegte Gesetzgebungsverfahren - Stichwort *unionsinterner Vermittlungsausschuß* - rechtswidrig war,[396] beantragte es, den gesamten zweiten Teil des Finanzausgleichsgesetzes für verfassungswidrig zu erklären.[397]

Das **Saarland** forderte statt der halben eine volle Einbeziehung der Gemeindesteuern in die Länderfinanzkraftberechnung. Außerdem beanstandete es, daß die Einwohner-

---

[393] Vgl.: BUNDESVERFASSUNGSGERICHT (Hrsg.): Entscheidungen des BVerfG, Band 86, Mohr, Tübingen, S. 161.

[394] Vgl. zur besonderen Situation der Stadtstaaten im Finanzausgleich: KITTERER, WOLFGANG: Finanzausgleich im vereinten Deutschland. Neugestaltung der Finanzbeziehungen zur Stärkung des Föderalismus unter besonderer Berücksichtigung des Landes Bremen, R. v. Decker's, Heidelberg 1994.

[395] Das BVerfG hatte in seinem Urteil vom 24.6.1986 dem Gesetzgeber zur Auflage gemacht, die Nachteile, die insbesondere Bremen, aber auch Nordrhein-Westfalen, durch die verfassungswidrige Praxis der Verteilung der Bundesergänzungszuweisungen erlitten hatten, nachträglich auszugleichen. Der Gesetzgeber hatte bei der Berechnung der Nachteilsausgleichszahlungen dann das alte, verfassungswidrige Recht zugrunde gelegt und außerdem die Beträge pauschal gekürzt. Vgl.: RENZSCH, WOLFGANG: Unbefriedigende Lösung für die "armen" Länder, in: Demokratische Gemeinde, 40. Jg. (1988), Heft 2, S. 20-22, hier S. 21.

[396] Dieser Ansicht schloß sich in den Anhörungen auch Nordrhein-Westfalen an. Vgl.: BUNDESVERFASSUNGSGERICHT (Hrsg.): Entscheidungen des BVerfG, Band 86, Mohr, Tübingen, S. 163 ff.

[397] Vgl.: BUNDESVERFASSUNGSGERICHT (Hrsg.): Entscheidungen des BVerfG, Band 86, Mohr, Tübingen, S. 161.

zahlen des Saarlandes nicht veredelt würden und der Ansatz der Haushaltsnotlage völlig unzureichend sei.[398]

Schleswig-Holstein schließlich rügte die nur hälftige Berücksichtigung der Gemeindefinanzkraft und forderte außerdem, die Berechnung der selbigen in einem umfassenden Sinne vorzunehmen, wie dies seit dem Urteil vom 24.6.1986 bei der Berechnung der Länderfinanzkraft bereits erfolgte. Demnach sollten in Zukunft die Gemeindeeinnahmen aus den örtlichen Verbrauch- und Aufwandsteuern sowie aus Konzessionsabgaben und die Einnahmen der Gemeindeverbände in die Berechnung der Gemeindefinanzkraft und so der Länderfinanzkraft einfließen. Die Gewerbesteuer sollte außerdem nicht wie bislang auf Basis einheitlicher Hebesätze, sondern nach ihrem tatsächlichen Aufkommen in die Berechnung der Finanzkraftmeßzahl einfließen.[399]

Am 27.5.1992 verkündete das BVerfG sein Urteil,[400] in dem es breiten Teilen der bestehenden Regelung die **Verfassungskonformität** bestätigte,[401] bestimmte Passagen des Finanzausgleichsgesetzes aber erneut für verfassungswidrig erklärte.

Hinsichtlich der **Finanzkraftermittlung** wies das Gericht alle Anträge zurück. Es bekräftigte seine schon im Urteil vom 24.6.1986 dargelegte Ansicht, daß als Maßstab für die Leistungsfähigkeit eines Landes die Finanzkraft in einem umfassenden Sinne und nicht etwa die bloße Steuerkraft anzulegen sei.[402] Gegen den Grundsatz der umfassenden Finanzkraftberechnung konnte das Gericht durch die Regelungen im Finanzausgleichsgesetz keinen Verstoß erblicken. Die hälftige Einbeziehung der Gemeindesteuern ist demnach vom Gericht bestätigt worden.[403]

---

[398] Vgl.: BUNDESVERFASSUNGSGERICHT (Hrsg.): Entscheidungen des BVerfG, Band 86, Mohr, Tübingen, S. 162.

[399] Vgl.: BUNDESVERFASSUNGSGERICHT (Hrsg.): Entscheidungen des BVerfG, Band 86, Mohr, Tübingen, S. 162.

[400] Vgl.: BUNDESVERFASSUNGSGERICHT (Hrsg.): Entscheidungen des BVerfG, Band 86, Mohr, Tübingen, S. 148-279.

[401] Vgl.: o. V.: Der Länderfinanzausgleich entspricht dem Grundgesetz, in: FAZ v. 29.5.1992, S. 1.

[402] Vgl.: BUNDESVERFASSUNGSGERICHT (Hrsg.): Entscheidungen des BVerfG, Band 86, Mohr, Tübingen, S. 216.

[403] Vgl.: BUNDESVERFASSUNGSGERICHT (Hrsg.): Entscheidungen des BVerfG, Band 86, Mohr, Tübingen, S. 213 ff.

Des weiteren sollten zwar Einnahmen aus Quellen, über deren Nutzung Länder und Gemeinden eigenverantwortlich entscheiden, nicht von der Finanzkraftberechnung ausgenommen werden. Zulässig sei aber das Heranziehen von Soll- statt Istgrößen.[404] Damit folgte das Gericht nicht der Argumentation Schleswig-Holsteins, nach der die Gewerbesteuer nicht nach einheitlichen Hebesätzen, sondern nach ihrem tatsächlichen Aufkommen zu bemessen sei.[405]

Bezüglich der **Hafenlasten** stellte das Gericht noch einmal klar, daß "grundsätzlich ... Sonderlasten bei der Ermittlung der Finanzkraft unberücksichtigt bleiben"[406] müssen. Eine Ausnahme sei wegen der langen Tradition nur bei den Hafenlasten möglich.[407] Ein Verstoß gegen die Verfassung könne höchstens in einer Ungleichbehandlung der Hafenlasten in den einzelnen Ländern liegen. Einen solchen Verstoß gegen das föderative Gleichbehandlungsgebot konnte das Gericht in den Regelungen des Finanzausgleichsgesetzes jedoch nicht ausmachen.[408]

Auch die von Hamburg, Bremen und dem Saarland monierte **Einwohnerveredelung** beanstandete das Gericht nicht. Es machte nochmals deutlich, daß eine Einwohnerveredelung zur Berücksichtigung der strukturellen Eigenarten der Stadtstaaten zumindest zulässig sei. Die Wahl des Gewichtungsfaktors sei aber nicht Sache des Verfassungsgerichtes, sondern des Gesetzgebers.[409] Dieser müsse sich dabei allerdings verläßlicher, objektiver Indikatoren bedienen. Dieser Einschränkung hatte die Bundesregierung nach Ansicht des Gerichtes mit dem ifo-Gutachten[410] Genüge getan.[411] Dem

---

[404] Vgl.: BUNDESVERFASSUNGSGERICHT (Hrsg.): Entscheidungen des BVerfG, Band 86, Mohr, Tübingen, S. 217.

[405] Vgl.: BUNDESVERFASSUNGSGERICHT (Hrsg.): Entscheidungen des BVerfG, Band 86, Mohr, Tübingen, S. 230.

[406] BUNDESVERFASSUNGSGERICHT (Hrsg.): Entscheidungen des BVerfG, Band 86, Mohr, Tübingen, S. 236.

[407] Folgerichtig verwarf es den Antrag Hamburgs, die Sozialhilfelasten als abzugsfähige Sonderlast anzuerkennen. Vgl.: BUNDESVERFASSUNGSGERICHT (Hrsg.): Entscheidungen des BVerfG, Band 86, Mohr, Tübingen, S. 248.

[408] Vgl.: BUNDESVERFASSUNGSGERICHT (Hrsg.): Entscheidungen des BVerfG, Band 86, Mohr, Tübingen, S. 236.

[409] Vgl.: BUNDESVERFASSUNGSGERICHT (Hrsg.): Entscheidungen des BVerfG, Band 86, Mohr, Tübingen, S. 240.

Saarland billigten die Karlsruher Richter keine Einwohnerveredelung zu, da es eben nicht durch eine Stadtstaatensituation geprägt sei.[412]

Als **verfassungswidrig**, weil gegen das Willkürverbot nach Art. 20 GG verstoßend, stuften die Verfassungsrichter das Vorgehen im Rahmen der sogenannten **Ländersteuergarantie** ein.[413] Die Ländersteuergarantie sollte sicherstellen, daß die Finanzkraft der finanzschwachen Länder nach Abschluß des gesamten Finanzausgleichs mindestens 95 % des Bundesdurchschnitts und die der finanzstarken Länder wenigstens 100 % des Bundesdurchschnitts beträgt. Um dies zu gewährleisten, wurden am Ende des Finanzausgleichsprozesses Leistungen nach Fehlbetragsschlüsseln verteilt. Das BVerfG bemängelte nun, daß bei der Berechnung der Fehlbetragsschlüssel andere Maßstäbe herangezogen würden als im vorangegangen Ausgleichsverfahren. So blieben sowohl die Gemeindefinanzkraft, die Hafenlasten als auch die Einwohnerveredelung unberücksichtigt. Das Gericht machte klar, daß es dem Gesetzgeber frei stehe, das Ergebnis eines von ihm festgelegten Verfahrens aus besonderen Gründen nachträglich zu korrigieren. Wird eine solche Korrektur aber vorgenommen, müsse sie in jedem Fall dem verfassungsrechtlichen Willkürverbot entsprechen. Folglich müsse bei der Berechnung der Fehlbetragsschlüssel das gleiche Berechnungsverfahren, also unter Einschluß der Gemeindefinanzkraft, der Hafenlasten und der Einwohnerveredelung, wie im vorangegangenen Ausgleichsverfahren angewandt werden.

Aufschlußreich sind die im Rahmen der Haushaltsnotlage des Saarlandes gemachten Ausführungen des Gerichtes zu den **Bundesergänzungszuweisungen**:

"Sie (die Bundesergänzungszuweisungen, H.S.) sollen weder diesen (den horizontalen Finanzausgleich, H.S.) noch die vertikale Steueraufteilung nach Art. 106 überlagern, sondern sind vielmehr dem horizontalen Finanzausgleich als ein abschließendes vertikales Element nachgeordnet."[414]

---

[410] HUMMEL, MARLIES, LEIBFRITZ, WILLI: Die Stadtstaaten im Länderfinanzausgleich. Gutachten im Auftrag des Bundesministers der Finanzen, ifo Studien zur Finanzpolitik, Bd. 45, Eigenverlag, München 1987.

[411] Vgl.: BUNDESVERFASSUNGSGERICHT (Hrsg.): Entscheidungen des BVerfG, Band 86, Mohr, Tübingen, S. 241.

[412] Vgl.: BUNDESVERFASSUNGSGERICHT (Hrsg.): Entscheidungen des BVerfG, Band 86, Mohr, Tübingen, S. 247.

[413] Vgl.: BUNDESVERFASSUNGSGERICHT (Hrsg.): Entscheidungen des BVerfG, Band 86, Mohr, Tübingen, S. 250.

Das Gericht machte deutlich, daß die anerkannte **Haushaltsnotlage** Bremens und des Saarlandes ein derartiges Ausmaß erreicht habe, daß ihr im Rahmen der Bundesergänzungszuweisungen nicht mehr adäquat begegnet werden könne.[415] Statt dessen müßten dem bundesstaatlichen Prinzip entsprechend, Bund und Länder Maßnahmen zur Stabilisierung der Haushaltslage Bremens und des Saarlandes ergreifen.[416] Wie die konkrete Umsetzung dieser Forderung aussehen sollte, ließ das Gericht offen, verwies aber auf die Möglichkeit zur Hilfe durch Gemeinschaftsaufgaben nach Art. 91a GG und Investitionshilfen des Bundes nach Art. 91b GG. Der Ansicht des Saarlandes, daß die Summe von 75 Mio. DM zur Berücksichtigung seiner Haushaltsnotlage verfassungswidrig sei, folgten die Richter nicht.

Für verfassungswidrig erklärten die Verfassungsrichter die Art der Berücksichtigung der **Kosten der politischen Führung**, insoweit sie "Bremen als Vorabbetrag für die Kosten der politischen Führung einen Betrag zuweist, der pauschal 50% unter dem für das Saarland ausgewiesenen Betrag liegt."[417]

Als ebenfalls verfassungswidrig stufte das Gericht die **Berücksichtigung des Nachteilsausgleichs** im Finanzausgleichsgesetz ein. Zwar erhob es keine Einwände gegen eine Berechnung der Zahlungen nach dem vor dem Urteil des BVerfG vom 24.6.1986 angewandten System, eine pauschale Kürzung der Ansprüche sei aber unzulässig.

Die **gesetzliche Umsetzung** des Urteils vom 27.5.1992 erfolgte im Rahmen des *Föderalen Konsolidierungsprogramms*, mit dem gleichzeitig die Einbeziehung der ostdeutschen Bundesländer in den Finanzausgleich zum 1. Januar 1995 geregelt wurde. Die Änderungen werden daher in diesem Zusammenhang diskutiert.

Zusammenfassend ist zu konstatieren, daß die wiederholten juristischen Auseinandersetzungen um den Finanzausgleich seine strukturellen Defizite offenbaren und der

---

[414] Vgl.: BUNDESVERFASSUNGSGERICHT (Hrsg.): Entscheidungen des BVerfG, Band 86, Mohr, Tübingen, S. 261.

[415] Vgl.: BUNDESVERFASSUNGSGERICHT (Hrsg.): Entscheidungen des BVerfG, Band 86, Mohr, Tübingen, S. 262.

[416] Vgl.: BUNDESVERFASSUNGSGERICHT (Hrsg.): Entscheidungen des BVerfG, Band 86, Mohr, Tübingen, S. 264.

[417] Vgl.: BUNDESVERFASSUNGSGERICHT (Hrsg.): Entscheidungen des BVerfG, Band 86, Mohr, Tübingen, S. 274.

Debatte um eine Reform des Finanzausgleichs, insbesondere im Lichte der deutschen Einheit, neue Aktualität verliehen haben.

3.3.2 Finanzausgleich und deutsche Einheit

Mit der deutschen Einheit wurde der ohnehin *krisengeschüttelte* Finanzausgleich der alten Bundesrepublik vor Probleme ganz neuer Dimension gestellt. Obwohl die ostdeutschen Bundesländer zum Zeitpunkt der Einheit nur über eine Finanzkraft von rund 30%[418] der westdeutschen Länder verfügten, mußte zur politischen Stabilisierung eine möglichst rasche Annäherung der Lebensverhältnisse in Ost und West erreicht werden. Dieser finanzpolitischen Herausforderung stand andererseits die Chance zu einer von vielen Beobachtern für notwendig erachteten völligen Neugestaltung der föderalen Finanzbeziehungen gegenüber.[419]

Wie in diesem Spannungsfeld die Integration der ostdeutschen Bundesländer in das bundesdeutsche Finanzgefüge realisiert wurde, soll nachfolgend erörtert werden. Dabei wird zunächst die Finanzierung der ostdeutschen Länder nach dem Einigungsvertrag und anschließend die Neugestaltung des gesamtdeutschen Finanzausgleichs zum 1. Januar 1995 vorgestellt.

3.3.2.1 Die Finanzierung der ostdeutschen Länder nach dem Einigungsvertrag

Gemäß Art. 7 Abs. 1 des Einigungsvertrages (EV) erlangte die Finanzverfassung des Grundgesetzes mit dem 3. Oktober 1990 zwar grundsätzlich auch auf dem Gebiet der ehemaligen DDR Gültigkeit, durch die Vielzahl der im Vertrag enthaltenen Ausnahmeklauseln sind allerdings wesentliche Teile der Finanzverfassung nach Art. 106 und 107 GG für die neuen Länder bis zum 31. Dezember 1994 außer Kraft gesetzt worden. Anstelle eines gesamtdeutschen Finanzausgleichs wurde für die Zeit bis zum

---

[418] Vgl.: RENZSCH, WOLFGANG: Die Neuregelung der Bund-Länder-Finanzbeziehungen und die Einbeziehung der neuen Länder ab 1995, hrsg. von der Friedrich-Ebert-Stiftung, Manuskript, Bonn 1993, S. 3. SACHVERSTÄNDIGENRAT ZUR BEGUTACHTUNG DER GESAMTWIRTSCHAFTLICHEN ENTWICKLUNG: Jahresgutachten 1991/92, S. 183.

[419] Vgl. zu der Vielzahl politischer und wissenschaftlicher Vorschläge für eine Neugestaltung des Finanzausgleichs: CARL, DIETER: Bund-Länder-Finanzausgleich im Verfassungsstaat, Diss. Uni. Saarbrücken 1994, Nomos, Baden-Baden 1995, S. 152-170.

31.12.1994 ein völlig neues Finanzierungsinstrument konstruiert: der Fonds *Deutsche Einheit*.

Im folgenden werden zunächst die Passagen des EV erörtert, mit denen die neuen Länder vom gesamtdeutschen Finanzausgleich ausgeschlossen wurden, um anschließend den Finanzausgleichsersatz, den Fonds *Deutsche Einheit*, vorzustellen.

Die in Art. 107 Abs. 1 Satz 4 GG vorgesehene Verteilung des Länderanteils an der **Umsatzsteuer** nach der Einwohnerzahl fand nach Art. 7 Abs. 3 des Einigungsvertrages in den neuen Bundesländern zunächst keine Anwendung. Statt dessen wurde der Länderanteil an der Umsatzsteuer nach Vorabberechnung des Anteils für Gesamtberlin in eine Verteilungsmasse Ost und eine Verteilungsmasse West aufgeteilt, wobei der Pro-Kopf-Anteil der Ost-Masse von 1991 bis 1994 zwischen 55% und 70% des Pro-Kopf-Anteils der West-Masse liegen sollte (vgl. Tab. 17).

Jahr	*Umsatzsteueranteil*
1991	55%
1992	60%
1993	65%
1994	70%

Tab. 17: Der ostdeutsche Pro-Kopf-Umsatzsteueranteil nach dem Einigungsvertrag

Ebensowenig wie die volle Umsatzsteuerverteilung nach der Einwohnerzahl fand bis Ende 1994 die in Art. 106 Abs. 3 GG enthaltene **Deckungsquotenberechnung**[420] und die entsprechende Verpflichtung zur Neufestlegung der Anteilsverhältnisse an der Umsatzsteuer nach Art. 106 Abs. 4 GG Anwendung (Art. 7 Abs. 2 Nr. 1 Einigungsvertrag). Ohne diese Bestimmung hätte es aufgrund der Finanzschwäche der ostdeutschen Bundesländer zu einer Erhöhung des Länderanteils an der Umsatzsteuer kommen müssen, die wegen der oben dargelegten Verteilungspraxis in erster Linie den westdeutschen Ländern zugute gekommen wäre. Andererseits darf nicht übersehen werden, daß der Bund damit das volle Risiko für die finanzielle Entwicklung der ostdeutschen Länder übernahm, denn auch im Fonds *Deutsche Einheit* gelang es den alten Bundesländern, ihren Finanzierungsanteil auf 47,5 Mrd. DM zu begrenzen.[421]

---

[420] Wenn sich das Verhältnis von Einnahmen und Ausgaben in Bund und Ländern unterschiedlich entwickelt, muß nach Art. 106 Abs. 4 GG die Verteilung der Umsatzsteuer neu bestimmt werden. Vgl.: SCHMIDT-BLEIBTREU, BRUNO, KLEIN, FRANZ: Kommentar zum Grundgesetz, 8. Aufl., Luchterhand, Neuwied 1995, S. 1387 ff.

Anstelle einer etwaigen Neufestlegung wurde das Beteiligungsverhältnis an der Umsatzsteuer auf 65% für den Bund und 35% für die Länder bis zum 1.1.1992 festgeschrieben.[422]

Ebenfalls ausgeschlossen wurde die Möglichkeit, bis zu maximal 25% des Länderanteils an der Umsatzsteuer zur Vorweganhebung der Finanzkraft finanzschwacher Länder zu nutzen (Art. 7 Abs. 3 EV).

Auf Drängen der alten Bundesländer[423] kam es nach Art. 7 Abs. 3 Einigungsvertrag für die Zeit bis zum 31.12.1994 zu keinem gesamtdeutschen **horizontalen Finanzausgleich** i. S. d. Art. 107 GG. Die Altländer fürchteten angesichts der angespannten Finanzlage der neuen Bundesländer eine Überforderung des horizontalen Länderfinanzausgleichs nach Art. 107 GG bzw. ihrer eigenen Finanzen. Bis zum Zeitpunkt eines gesamtdeutschen Länderfinanzausgleichs fand allerdings auch unter den fünf neuen Bundesländern ein interner horizontaler Länderfinanzausgleich statt. Dieser, nach genau den gleichen Berechnungsmethoden wie im Westen durchgeführt, führte von 1991 bis 1994 zu den in Tab. 18 dargestellten Umverteilungen.[424]

	Sachsen	*Sachsen-Anhalt*	*Thüringen*	*Brandenburg*	*Mecklenburg-Vorpommern*
	in Mio. DM					
1991	-75	19	41	0	16
1992	47	23	-17	-45	-8
1993	-51	0	62	-31	20
1994	-157	42	75	0	40

Tab. 18: Der Länderfinanzausgleich zwischen den ostdeutschen Ländern in den Jahren 1991 bis 1994

---

[421] Vgl. dazu kritisch: PEFFEKOVEN, ROLF: Deutsche Einheit und Finanzausgleich, in: Staatswissenschaft und Staatspraxis, 1. Jg. (1990), S. 485-511, hier S. 490.

[422] Vgl. Art. 32 des Gesetzes zu dem Vertrag über die Schaffung einer Währungs-, Wirtschafts- und Sozialunion zwischen der Bundesrepublik Deutschland und der Deutschen Demokratischen Republik. BGBl II, 1990, S. 534.

[423] Vgl.: FORSCHUNGSINTITUT DER FRIEDRICH-EBERT-STIFTUNG, ABT. WIRTSCHAFTSPOLITIK (Hrsg.): Finanzierung der deutschen Einheit. Ansätze zur Neuordnung des Finanzausgleichs und zur Verbesserung der Politik der Treuhandanstalt, Wirtschaftspolitische Diskurse Nr. 26, Eigenverlag, Bonn 1992, S. 9.

[424] Quelle: Bundesministerium der Finanzen.

Die Streuung der Finanzkraft unter den ostdeutschen Bundesländern ist dabei gering, wobei der Finanzausgleich eine weitere Homogenisierung der ostdeutschen Länderfinanzkraft bewirkte, wie die nachfolgende Tabelle verdeutlicht.[425]

	Sachsen	Sachsen-Anhalt	Thüringen	Brandenburg	Mecklenburg-Vorpommern
	Finanzkraft nach LFA (100 = ostdeutscher Durchschnitt)				
1991	102,1	99,1	97,8	100,2	98,1
1992	99,0	99,2	101,0	101,4	100,6
1993	100,9	100,1	97,9	101,0	99,1
1994	102,0	98,9	97,8	101,0	98,3

Tab. 19: Die Finanzkraft der ostdeutschen Bundesländer nach dem horizontalen Finanzausgleich

In der Anlage zum Einigungsvertrag wurden die ostdeutschen Länder für die Zeit bis zum 31.12.1994 schließlich auch von den **Bundesergänzungszuweisungen** nach Art. 107 Abs. 2 GG ausgeschlossen.

Anstelle der in Art. 106 und 107 GG vorgesehenen Finanzausgleichsinstrumente wurde zur Finanzierung der ostdeutschen Länder bis 1995 ein im Grundgesetz gar nicht enthaltenes Instrument geschaffen: der **Fonds *Deutsche Einheit*.**

Der Fonds umfaßte ursprünglich ein **Finanzvolumen** von insgesamt 115 Mrd. DM. Nutznießer des Fonds sollten zu 85 % die ostdeutschen Länder und als Gegenleistung für seine in Ostdeutschland wahrzunehmenden zentralstaatlichen Aufgaben zu 15 % der Bund sein. Von dem den ostdeutschen Ländern nach der Einwohnerzahl zufließenden Fondsmittel standen 40 % den Gemeinden zu.

Aufgebracht werden sollte die Summe durch Umschichtungen im Bundeshaushalt in Höhe von 20 Mrd. DM und durch eine Kreditaufnahme von 95 Mrd. DM. Die daraus resultierenden Schuldendienstleistungen sollten je zur Hälfte vom Bund und von den alten Bundesländern, einschließlich deren Gemeinden, geleistet werden. Bremen und das Saarland bleiben dabei von Beiträgen verschont; diese werden von den anderen Bundesländern mit übernommen. Der Länderanteil am Fonds *Deutsche Einheit* wurde aus dem den Ländern zustehenden Umsatzsteueraufkommen finanziert. Die Gemeinden bestritten ihren 40 %igen Fondsanteil durch einen Zuschlag zur Gewerbe-

---

[425] Quelle: Bundesministerium der Finanzen.

steuerumlage, über ihren Anteil am Steuerverbund und über den kommunalen Finanzausgleich.[426]

Bei Einrichtung des Fonds ging man noch davon aus, daß sich die Finanzkrise der ostdeutschen Länder aufgrund des zu erwartenden Wirtschaftswachstums und der damit überproportional steigenden Steuereinnahmen rasch mildern würde. Daher waren die Leistungen aus dem Fonds *Deutsche Einheit* degressiv angelegt (vgl. Tab. 20).[427]

Jahr	jährliche Leistungen des Fonds
	in Mrd. DM
1990	22
1991	35
1992	28
1993	20
1994	10
Gesamt	115

Tab. 20: Das ursprüngliche Volumen des Fonds *Deutsche Einheit*

Die Konzeption des Einigungsvertrages zur Finanzierung der ostdeutschen Länder erwies sich schon bald als unzureichend, so daß von der in Art. 7 Abs. 6 Einigungsvertrag enthaltenen **Revisionsklausel** Gebrauch gemacht werden mußte. Dabei geriet sehr schnell die von Art. 107 Abs. 4 GG abweichende Umsatzsteuerverteilung unter Druck, bei der die ostdeutschen Einwohner faktisch mit einem Faktor kleiner als eins *veredelt* wurden.

Durch das **Haushaltsbegleitgesetz 1991**[428] wurde diese Staffelung gestrichen und die ostdeutschen Länder schon ab 1991 voll in die Umsatzsteuerverteilung einbezogen. Gegenüber dem gestaffelten Ansatz brachte diese Änderung den ostdeutschen Ländern jährliche Mehreinnahmen in Höhe von ca. 4 bis 5 Mrd. DM.[429] De facto ging von

---

[426] Vgl.: FIRMBACH, HEINZ: Fonds *Deutsche Einheit*, in: Finanzwirtschaft, 47. Jg. (1993), S. 17.

[427] Vgl. Art. 31 des Gesetzes zu dem Vertrag über die Schaffung einer Währungs-, Wirtschafts- und Sozialunion zwischen der Bundesrepublik Deutschland und der Deutschen Demokratischen Republik. BGBl II, 1990, S. 533.

[428] Gesetz über Maßnahmen zur Entlastung der öffentlichen Haushalte sowie über strukturelle Anpassungen in dem in Artikel 3 des Einigungsvertrages genannten Gebiet (Haushaltsbegleitgesetz 1991). BGBl I, 1991, S. 1314.

dieser Regelung eine erhebliche horizontale Umverteilung aus, da das Umsatzsteueraufkommen pro Kopf in den ostdeutschen Ländern erheblich unter dem Niveau der Westländer lag.

Auch die ursprünglich im EV ausgeschlossene Möglichkeit, Teile des Länderanteils an der Umsatzsteuer zur Vorabanhebung der Finanzkraft der finanzschwachen Länder zu nutzen, wurde nun wieder in Kraft gesetzt. Die Westländer konnten sich allerdings dahingehend durchsetzen, daß die Vorabanhebung in Ost und West getrennt abläuft. Da die ostdeutschen Länder im Vergleich zu den westdeutschen durchweg als finanzschwach gelten konnten, hätte ein Verzicht auf diese Trennung bedeutet, daß bis zur Grenze von 25 % der Länderanteil an der Umsatzsteuer komplett an die ostdeutschen Länder geflossen wäre. So hätte sich deren faktischer Umsatzsteueranteil von 20 % auf 40 % verdoppelt.[430]

Neben der Modifikation der Umsatzsteuerverteilung durch das Haushaltsbegleitgesetz wurden auch die Regelungen im Rahmen des **Fonds Deutsche Einheit** geändert. Der Bund verzichtete auf seinen 15 %igen Anteil am Fondsaufkommen, so daß das gesamte Finanzvolumen von damals noch 115 Mrd. DM nunmehr den ostdeutschen Ländern und damit ihren Gemeinden zustand. Die Bedeutung des Fonds für die ostdeutschen Länder nahm damit noch weiter zu: rund 40 % ihrer Gesamteinnahmen stammten aus dem Fonds.[431]

Abgesehen von den Umschichtungen innerhalb des Fonds vom Bund zu den ostdeutschen Ländern, wurde auch sein Volumen durch das Steueränderungsgesetz und das Gesetz zur Aufstockung des Fonds *Deutsche Einheit* deutlich erhöht. Demnach flossen die Mehreinnahmen aus der ab dem 1.1.1993 gültigen Umsatzsteuererhöhung von 14 % auf 15 % in den Jahren 1993 (10,5 Mrd. DM) und 1994 (12,9 Mrd. DM) vollständig in den Fonds. Außerdem stellte der Bund für den Zeitraum von 1992 bis 1994 noch weitere 7,9 Mrd. DM zur Aufstockung des Fonds zur Verfügung, so daß sich

---

[429] Vgl.: WISSENSCHAFTLICHER BEIRAT BEIM BUNDESMINISTERIUM DER FINANZEN: Gutachten zum Länderfinanzausgleich, Schriftenreihe des Bundesministerium der Finanzen, Heft 47, Stollfuß, Bonn 1992, S. 22.

[430] Vgl.: WISSENSCHAFTLICHER BEIRAT BEIM BUNDESMINISTERIUM DER FINANZEN: Gutachten zum Länderfinanzausgleich, Schriftenreihe des Bundesministerium der Finanzen, Heft 47, Stollfuß, Bonn 1992, S. 23.

[431] Vgl.: WISSENSCHAFTLICHER BEIRAT BEIM BUNDESMINISTERIUM DER FINANZEN: Gutachten zum Länderfinanzausgleich, Schriftenreihe des Bundesministerium der Finanzen, Heft 47, Stollfuß, Bonn 1992, S. 25.

sein Finanzvolumen um insgesamt 31,3 Mrd. DM erhöhte. Tab. 21 gibt die Struktur des Fonds *Deutsche Einheit* vor und nach der Aufstockung wieder.

	Leistungen insgesamt (vor Aufstockung)	davon werden finanziert durch:		Schuldendienst				Aufstockung des Fonds				zus. Leistungen des Bun.	zus. Mittel insgesamt
		Einsparungen des Bundes	Kredit	kumulierte Kreditaufnahme	Annuität 10%	davon:			Mehreinnahmen aus der Umsatzsteuererhöhung				
						Bund 50%	Westländer 50%.	insgesamt		davon:			
										Bund 63%	Länder 37%		
1990	22	2	20	20	-	-	-	-	-	-	-	-	-
1991	35	4	3	51	2,0	1,00	1,00	-	-	-	-	-	-
1992	28	4	24	75	5,1	2,55	2,55	-	-	-	5,9	5,9
1993	20	5	15	90	7,5	3,75	3,75	10,5	6,6	3,9	1,0	11,5
1994	10	5	5	95	9,0	4,50	4,50	12,9	8,1	4,8	1,0	13,9
Gesamt	115	20	95	-	23,6	11,80	11,80	23,4	14,7	8,7	7,9	31,3
ab 1995	-	-	-	-	9,5	4,75	4,75	-	-	-	-	-

Tab. 21: Der Fonds *Deutsche Einheit*[432]

Gleichzeitig mit der Aufstockung des Fonds *Deutsche Einheit* wurde eine Änderung des **Beteiligungsverhältnisses an der Umsatzsteuer** zugunsten der Länder beschlossen. Für die Jahre 1993 und 1994 wurde der Anteil des Bundes an der Umsatzsteuer auf 63 %, der der Länder folglich auf 37 % festgelegt. Die Erhöhung des Länderanteils bezog sich allerdings nur auf die Einnahmen nach dem alten Steuersatz, also 14 % bzw. 7 %; dennoch begünstigte die Neuverteilung der Umsatzsteuer die Länder jährlich etwa um 4 Mrd. DM.[433] Weiterhin wurden die bislang im Rahmen des Strukturhilfegesetzes an die westdeutschen Länder gezahlten Mittel wegen der in Ostdeutschland sehr viel schlechteren öffentlichen Infrastruktur in die ostdeutschen Länder umgelenkt.

---

[432] In dieser Tabelle sind noch nicht die im Rahmen des *Solidarpakts* beschlossenen Erhöhungen des Fonds enthalten (vgl. dazu: Tab. 22).

[433] Vgl.: FIRMBACH, HEINZ: Fonds *Deutsche Einheit*, in: Finanzwirtschaft, 47. Jg. (1993), S. 17.

Bekanntlich waren die im Einigungsvertrag enthaltenen **Ausnahmebestimmungen** zum Finanzausgleich bis zum 31.12.1994 **befristet**. Ab 1995 mußten die ostdeutschen Bundesländer voll in den Finanzausgleich einbezogen werden. Die dazu zwischen Bund und Ländern geführten Gespräche fanden - für viele Beobachter überraschend - im März 1993 im Rahmen des *Solidarpakts* ihr Ende. Der dort ausgehandelte Kompromiß, später auch als *Föderales Konsolidierungs Programm* bezeichnet, der auch die durch das Urteil des BVerfG vom 27.5.1992 notwendig gewordenen Änderungen im Finanzausgleich enthält, soll nachfolgend erörtert werden.

3.3.2.2 Die Neuregelung des Länderfinanzausgleichs seit dem 1.1.1995

Um es vorwegzunehmen: Der am 13.3.1993 im Rahmen der sogenannten *Solidarpaktgespräche*[434] erzielte Kompromiß zum Länderfinanzausgleich[435] stellt nicht die von vielen Seiten geforderte[436] Reform dar.[437] Vielmehr entspricht die Grundstruktur des ab 1995 gesamtdeutschen Finanzausgleichs der vorher in Ost- und Westdeutschland getrennt praktizierten Regelung. Zur Einigung zwischen Bund und Ländern kam es erstens durch die nochmalige **Anhebung des Länderanteils an der Umsatzsteuer** ab dem 1.1.1995 von 37 % auf 44 % und zweitens durch die vom Bund zu leistenden **Bundesergänzungszuweisungen**, die sowohl ihrem Zweck als auch ihrem Volumen nach deutlich ausgedehnt wurden.

Bevor auf die Einzelheiten des ab 1995 gültigen Systems eingegangen wird, sollen kurz die im *Solidarpakt* vorgenommenen Änderungen des Finanzausgleichs für die

---

[434] Vgl.: o. V.: Der Solidarpakt unter Dach und Fach. Steuererhöhung 1995, Sozialleistungen ungekürzt, in: FAZ v. 15.3.1993, S. 1.

[435] Auf die ebenfalls beschlossene Altschuldenübernahme durch den Bund und die Wiedereinführung des *Solidaritätszuschlages* auf die Lohn-, Einkommen- und Körperschaftsteuer in Höhe von 7,5 % ab dem 1.1.1995 kann an dieser Stelle nicht eingegangen werden.

[436] Vgl.: WISSENSCHAFTLICHER BEIRAT BEIM BUNDESMINISTERIUM DER FINANZEN: Gutachten zum Länderfinanzausgleich, Schriftenreihe des Bundesministerium der Finanzen, Heft 47, Stollfuß, Bonn 1992.

[437] Vgl. zu der beinahe resignativen Kritik: HUMMEL, MARLIES: Kritische Betrachtung der Neuregelung des Länderfinanzausgleichs,in: Raumordnungspolitik in Deutschland. Wissenschaftliche Plenarsitzung 1993, hrsg. v. d. Akademie für Raumforschung und Landesplanung, Forschungs- und Sitzungsberichte Nr. 197, Eigenverlag, Hannover 1994, S. 87-89. HUMMEL, MARLIES, NIERHAUS, WOLFGANG: Die Neuordnung des bundesstaatlichen Finanzausgleichs im Spannungsfeld zwischen Wachstums- und Verteilungszielen. Hauptband, ifo Studien zur Finanzpolitik, Band 54, Eigenverlag, München 1994, Vorwort.

Zeit bis 1995 dargelegt werden, die auch die durch das Urteil des BVerfG vom 27. Mai 1992 notwendig gewordenen Modifikationen enthalten.

Der Leistungen des Fonds *Deutsche Einheit* wurden abermals ausgeweitet, und zwar im Jahr 1993 von 31,5 Mrd. DM auf 35,205 Mrd. DM und im Jahr 1994 von 23,9 Mrd. DM auf 34,6 Mrd. DM. Damit war die auf der irrigen Annahme einer sich rasch entwickelnden ostdeutschen Volkswirtschaft zurückgehende degressive Gestaltung des Fonds *Deutsche Einheit* aufgehoben. Die für die Aufstockung des Fonds erforderlichen Finanzmittel von insgesamt 14,405 Mrd. DM wurden durch Beiträge der alten Bundesländer (1993: 2,75 Mrd. DM, 1994: 5,35 Mrd. DM) und des Bundes (1993: 1,63 Mrd. DM, 1994: 5,35 Mrd. DM) aufgebracht. Tab. 22 gibt die endgültige Struktur des Fonds wieder.[438]

	ursprüngliches Finanzvolumen	*erste Aufstockung*	*Aufstockung durch Solidarpakt*	*Gesamt*
	in Mrd. DM			
1990	22	-	-	22
1991	35	-	-	35
1992	28	5,9	-	33,9
1993	20	11,5	3,705	35,205
1994	10	13,9	10,7	34,6
Gesamt	115	31,3	14,405	160,705

Tab. 22: Der Fonds *Deutsche Einheit* nach dem *Solidarpakt*

Zur Entlastung des Bundes haben die Länder ab 1995 zusätzlich zu dem bisher gezahlten Länderbeitrag in Höhe von 50% des Bundeszuschusses am Fonds *Deutsche Einheit* weitere Schuldendienstleistungen des Fonds vom Bund übernommen, indem sie auf Teile ihres Umsatzsteueraufkommens verzichten. Dadurch entstehen den alten Ländern jährliche Mindereinnahmen von ca. 2,1 Mrd. DM. Um die von dieser Übernahme ausgehenden horizontalen Verteilungswirkungen unter den alten Ländern zu mindern, wurde eine gestaffelte Beteiligung vereinbart.

---

[438] Daten aus: BUNDESMINISTERIUM DER FINANZEN (Hrsg.): Finanzielle Auswirkungen der Neuordnung des bundesstaatlichen Finanzausgleichs auf die Länder; Manuskript, Bonn, 25.5.1993.

Land	Schuldendienstübernahme Fonds Deutsche Einheit
	in Mio. DM
Baden-Württemberg	+ 183
Bayern	+ 210
Bremen	- 55
Hamburg	+ 30
Hessen	+ 108
Niedersachsen	- 532
Nordrhein-Westfalen	+ 317
Rheinland-Pfalz	- 53
Saarland	- 77
Schleswig-Holstein	- 131

Tab. 23: Gestaffelte Schuldendienstübernahme im Rahmen des Fonds *Deutsche Einheit*

Durch die Neuregelung des bundesstaatlichen Finanzausgleichs erhalten die ostdeutschen Bundesländer ab 1995 jährliche Transferleistungen in Höhe von ca. 56 Mrd. DM. Diese Summe sichert den neuen Bundesländern Einnahmen pro Einwohner, die über dem Niveau der alten Länder liegen.[439]

Der (aktive) Finanzausgleich findet auch nach der Einbeziehung der ostdeutschen Länder und Berlins in den Finanzausgleich in **drei Stufen** statt. Im **vertikalen Finanzausgleich** werden nunmehr vom 44%igen Länderanteil an der Umsatzsteuer 75% nach der Einwohnerzahl verteilt. Die übrigen 25% werden zur Anhebung der Steuerkraft finanzschwacher Länder auf 92% des Bundesdurchschnitts genutzt. Werden zu diesem Zweck nicht die gesamten 25% benötigt, wird der Rest nach der Einwohnerzahl verteilt.

Dieser Vorwegausgleich der Finanzkraft fand bis 1995 getrennt in Ost- und Westdeutschland statt. Aufgrund der durchweg schlechten finanziellen Situation der ostdeutschen Bundesländer, wird ab 1995 nahezu das gesamte aus der Umsatzsteuervorverteilung zur Verfügung stehende Finanzvolumen unter den ostdeutschen Ländern verteilt. So fließen den neuen Ländern ab 1995 Mittel in Höhe der Fehlbeträge zwischen ihren Landessteuereinnahmen (ohne Gemeindesteuern) und 92% der durchschnittlichen Landessteuereinnahmen (ohne Umsatzsteuer) aus der Umsatzsteuervor-

---

[439] Vgl.: HUMMEL, MARLIES, NIERHAUS, WOLFGANG: Die Neuordnung des bundesstaatlichen Finanzausgleichs im Spannungsfeld zwischen Wachstums- und Verteilungszielen. Hauptband, ifo Studien zur Finanzpolitik, Band 54, Eigenverlag, München 1994, S. 7*.

verteilung zu. Dadurch und durch die sonstigen Änderungen in der Umsatzsteuerverteilung erhalten die jungen Bundesländer ab 1995 jährlich ca. 19,4 Mrd. DM.

Das Prinzip des **horizontalen Finanzausgleichs** im engeren Sinne wurde beibehalten. Im Anschluß an die Umsatzsteuerverteilung wird die Finanzkraft der finanzschwachen Länder im horizontalen Finanzausgleich auf mindestens 95% der durchschnittlichen Finanzkraft angehoben. Die Berechnung der Fehlbeträge bzw. Überschüsse erfolgt wie bislang unter Einbeziehung der halben, normierten und gewichteten Gemeindesteuern sowie unter Berücksichtigung der Einwohnerveredelung von 135% bei den Stadtstaaten (nunmehr auch Berlin) und der Hafenlasten (nunmehr auch Mecklenburg-Vorpommern).

Nach wie vor steigt die Abschöpfungsquote der finanzstarken Länder progressiv, allerdings wird nun auch schon die Finanzkraft eines Landes ab 100% des Bundesdurchschnitts in die Berechnung einbezogen - die sogenannte tote Zone wurde also abgeschafft.

Finanzkraft	*Abschöpfungsquote*
zwischen 100 und 101%	15%
zwischen 101 und 110%	66%
über 110%	80%

Tab. 24: Abschöpfungsquoten im horizontalen Finanzausgleich

Aus diesen horizontalen Umschichtungen fließen den neuen Ländern ab 1995 jährlich etwa 12,8 Mrd. DM zu.

Die **Ländersteuergarantie** nach § 10 Abs. 3 FAG blieb mit der Maßgabe erhalten, daß der Fehlbetrag eines Landes nur zu 25% ausgeglichen wird. Dabei wurde sichergestellt, daß die obigen Abschöpfungsquoten nicht überschritten und die Finanzkraftreihenfolge der Zahlerländer gewahrt bleibt. Abb. 10 gibt einen Überblick über das Verfahren der Umsatzsteuerverteilung und des horizontalen Finanzausgleichs nach Einbeziehung der neuen Bundesländer und der Umsetzung der Urteile des Bundesverfassungsgerichtes zum Länderfinanzausgleich.

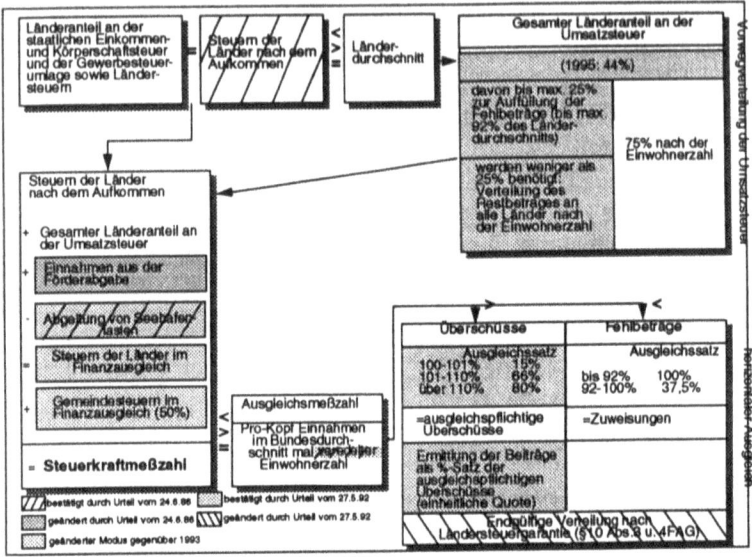

Abb. 10: Die Neuregelung des horizontalen Finanzausgleichs im Rahmen der deutschen Einheit[440]

Etwas verwirrend mutet die Neuregelung der dritten Stufe im Finanzausgleich, den **Bundesergänzungszuweisungen**, an, da man sich auf nicht weniger als vier Arten von Bundesergänzungszuweisungen geeinigt hat.[441]

Zunächst zahlt der Bund sogenannte **Fehlbetrags-Bundesergänzungszuweisungen**, die sich ausschließlich am Kriterium der Finanzschwäche orientieren - die Kopplung an das Umsatzsteueraufkommen wurde also ganz aufgegeben. Sie betragen 90 % der nach dem horizontalen Finanzausgleich noch verbleibenden Fehlbeträge zur länderdurchschnittlichen Finanzkraft. Nach Schätzungen des Bundesministeriums der Finanzen belaufen sich diese ab 1995 an finanzschwache alte und neue Bundesländer ge-

---

[440] In Anlehnung an: HUMMEL, MARLIES, NIERHAUS, WOLFGANG: Die Neuordnung des bundesstaatlichen Finanzausgleichs im Spannungsfeld zwischen Wachstums- und Verteilungszielen. Hauptband, ifo Studien zur Finanzpolitik, Band 54, Eigenverlag, München 1994, S. 25.

[441] Womit die ursprünglich ergänzende Intention endgültig aufgegeben wurde. Vgl. zu einer, wenn auch widersprüchlichen, Begründung: BURCHARDT, MICHAEL: Die Neugestaltung des aktuellen Länderfinanzausgleichs unter Einbeziehung der neuen Bundesländer - ein Lösungsvorschlag, in: Burchardt, Michael et al.: Politische Ökonomie des Teilens. Wirtschaftliche und soziale Probleme und Konzepte in der deutsch - deutschen Vereinigung, fhw-foschung 22, Eigenverlag, Berlin 1993, S. 53-85, hier S. 61 und 72 f.

währten Fehlbetrags-Bundesergänzungszuweisungen auf ca. 5 - 6 Mrd. DM pro Jahr, wovon ca. 3,8 Mrd. DM an die neuen Bundesländer fließen. Dadurch wird die Finanzkraft der ostdeutschen Länder auf 99,5 % des Bundesdurchschnitts angehoben. Die nächste Klasse von Bundesergänzungszuweisungen sind die sogenannten **Sonderbedarfs-Bundesergänzungszuweisungen**. Sie fließen zum Abbau teilungsbedingter Sonderbelastungen sowie zum Ausgleich unterproportionaler kommunaler Finanzkraft überwiegend an die neuen Bundesländer (14 Mrd. DM p.a.).

Land	*Sonderbedarfs-BEZ*
	in Mio. DM
Berlin	2.662
Brandenburg	1.985
Mecklenburg-Vorpommern	1.479
Sachsen	3.658
Sachsen-Anhalt	2.208
Thüringen	2.008

Tab. 25: Sonderbedarfs-BEZ zur Berücksichtigung teilungsbedingter Sonderlasten

Diese Zuweisungen werden in den Jahren 1995 bis 2004 gezahlt. Für das Jahr 1999 wurde für den Fall einer wesentlichen Abweichung von den der Vereinbarung zugrundeliegenden Vereinbarungen eine gemeinsame Überprüfung vereinbart.

Zur Berücksichtigung überproportionaler Kosten der politischen Führung gewährt der Bund ab 1995 Sonderbedarfs-Bundesergänzungszuweisungen an kleinere alte (0,6 Mrd. DM p.a.) und neue (0,9 Mrd. DM p.a.) Bundesländer.

Land	*Sonderbedarfs-BEZ*
	in Mio. DM
Berlin	219
Brandenburg	164
Bremen	126
Mecklenburg-Vorpommern	164
Rheinland-Pfalz	219
Saarland	153
Sachsen-Anhalt	164
Schleswig-Holstein	164
Thüringen	164

Tab. 26: Sonderbedarfs-BEZ zur Berücksichtigung überproportionaler Kosten der politischen Führung

Als dritte Kategorie von Ergänzungszuweisungen zahlt der Bund ab 1995 für zehn Jahre sogenannte **Übergangs-Bundesergänzungszuweisungen** an finanzschwache alte Bundesländer. Sie sind degressiv ausgestaltet und sollen den finanzschwachen alten Ländern den Übergang zum gesamtdeutschen Finanzausgleich erleichtern.

Die vierte Klasse von Bundesergänzungszuweisungen schließlich steht im Zusammenhang mit dem Urteil des BVerfG vom 27.5.1992. Das Gericht hatte damals bekanntlich festgestellt, daß die Haushaltsnotlage Bremens und des Saarlandes ein Ausmaß angenommen habe, dem im Rahmen des horizontalen Finanzausgleichs nicht mehr adäquat begegnet werden könne.[442] Der Bund zahlt nun zur **Haushaltssanierung** von 1994 bis 1998 an Bremen 1,8 Mrd. DM und an das Saarland 1,6 Mrd. DM jährlich. Diese Sonder-Bundesergänzungszuweisungen sollen der unmittelbaren Schuldentilgung der beiden Bundesländer dienen. Zur Stärkung der Finanzkraft gewährt der Bund den neuen Ländern ab 1995 zusätzlich zweckgebundene **Investitionshilfen** von jährlich ca. 6,6 Mrd. DM.

Zum besseren Verständnis sind in Tab. 27 die ab 1995 (Sonder-Bundesergänzungszuweisungen ab 1994) gewährten Bundesergänzungszuweisungen zusammenfassend dargestellt.[443]

---

[442] Vgl.: BUNDESVERFASSUNGSGERICHT (Hrsg.): Entscheidungen des BVerfG, Band 86, Mohr, Tübingen, S. 262.

[443] Daten aus: FINANZMINISTERIUM DES LANDES NORDRHEIN-WESTFALEN (Hrsg.): Grundzüge des bundesstaatlichen Finanzausgleichs, Manuskript, Düsseldorf 1995.

Land	Politische Führung	Teilungsbedingte Sonderlasten[444]	Übergangs-BEZ[445]	Sonder BEZ Bremen[446]	Summe
Berlin	219	2.662	-	-	2.881
Brandenburg	164	1.985	-	-	2.149
Bremen	126		80	1.800	2.006
Mecklenburg-Vorpommern	164	1.479	-	-	1.643
Niedersachsen	-	-	507	-	507
Rheinland-Pfalz	219	-	451	-	670
Saarland	153	-	80	1.600	1.833
Sachsen	-	3.658	-	-	3.658
Sachsen-Anhalt	164	2.208	-	-	2.372
Schleswig-Holstein	164	-	227	-	391
Thüringen	164	2.008	-	-	2.172
Summe	1.537	14.000	1.345	3.400	20.282

Tab. 27: Bundesergänzungszuweisungen ab 1995

Als Fazit bleibt festzuhalten, daß durch die Erhöhung der Ergänzungszuweisungen der bundesdeutsche Finanzausgleich einen deutlich vertikaleren Charakter bekommen hat.[447] Auch wenn die Zuweisungen mittelfristig abgebaut werden sollen, ist fraglich, ob diese Tendenz nicht dauerhaft erhalten bleibt.

---

[444] Diese BEZ werden von 1994 bis zum Jahr 2004 gezahlt; im Jahr 1999 ist eine Überprüfung vorgesehen.

[445] Diese BEZ werden ab 1996 jährlich um jeweils 10% gekürzt.

[446] Diese zur Behebung der Haushaltsnotlage von Bremen und dem Saarland gewährten BEZ werden bis 1998 geleistet; für 1997 ist eine Überprüfung vereinbart.

[447] Vgl.: HARDT, ULRIKE: Finanzströme zwischen West- und Ostdeutschland. Aktuelle und zukünftige Belastungen für Bund und Länder, in: Raumordnungspolitik in Deutschland. Wissenschaftliche Plenarsitzung 1993, hrsg. v. d. Akademie für Raumforschung und Landesplanung, Forschungs- und Sitzungsberichte Nr. 197, Eigenverlag, Hannover 1994, S. 79-86, hier S. 86. MÜLLER-OVERHEU, THILO: Der bundesstaatliche Finanzausgleich im Rahmen der deutschen Einheit, Diss. Uni. Hamburg 1993, Peter Lang, Frankfurt 1994, S. 29.

Bevor im nachfolgenden Kapitel die Analyse des Finanzausgleichs aus einer ökonomischen Sachverständigenperspektive näher untersucht wird, soll eine kurze **Zusammenfassung** die wesentlichen Entwicklungslinien der bundesrepublikanischen Finanzausgleichshistorie deutlich machen.

Die Geschichte des Finanzausgleichs in der Bundesrepublik wurde ganz wesentlich von der Anlage der Finanzverfassung im Grundgesetz und den Finanzreformen von 1955 und 1969 determiniert. Die letztlich aufgrund alliierten Einflusses in der Finanzverfassung des Grundgesetzes offen gehaltene Entscheidung zwischen einem rein horizontalen Finanzausgleich und einem vertikalen Finanzausgleich mit horizontalem Effekt sowie die Präferenz der Alliierten für ein Trennsystem hat den aktiven bundesdeutschen Finanzausgleich geprägt. Die Vorgaben der Alliierten für das Grundgesetz wurden in den Finanzreformen von 1955 und 1969 Stück für Stück modifiziert. Dies gilt für den aktiven Finanzausgleich sowohl in horizontaler als auch vertikaler Prägung.

Im Laufe der bundesrepublikanischen Finanzausgleichsgeschichte hat der aktive Länderfinanzausgleich so einen immer vertikaleren Charakter erhalten. Die nochmalige Steigerung der Bundesergänzungszuweisungen im Rahmen der deutschen Einheit stellt dabei vermutlich nur den vorläufigen Endpunkt de Entwicklung dar. Darüber hinaus wurde die Ausgleichsintensität des Finanzausgleichs intensiviert. Ausgehend von einer garantierten Ländermindestfinanzkraft von rund 70% des Bundesdurchschnitts in der Finanzverfassung des Grundgesetzes, wurde die gesetzlich garantierte Ländermindestfinanzkraft 1958 auf 90%, 1959 auf 91% und 1970 auf 95% des Bundesdurchschnitts angehoben. Die Bundesergänzungszuweisungen haben die faktische Mindestfinanzkraft noch weiter angehoben.

Der vertikale Finanzausgleich wurde ausgehend vom Trennsystem des Grundgesetzes durch die Finanzreformen von 1955 und 1969 zu einem Mischsystem mit großem Steuerverbund umgebaut.

Einer zunehmenden Aufgabenzentralisierung und einer Tendenz zum kooperativen Föderalismus im Rahmen des passiven Finanzausgleichs steht ein wachsender Anteil der Länder am Gesamtsteueraufkommen im aktiven Finanzausgleich gegenüber (vgl. Abb. 11).

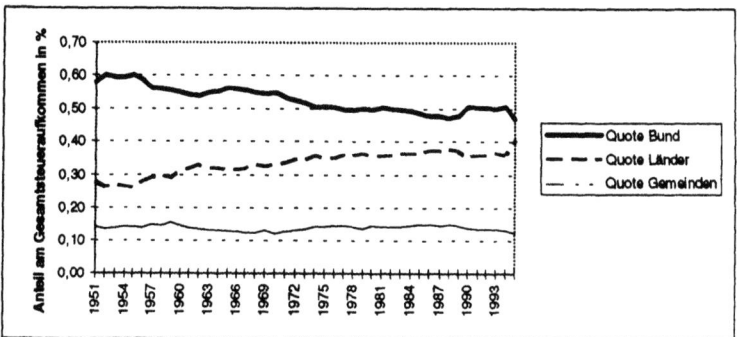

Abb. 11: Die Verteilung der Steuereinnahmen auf die Gebietskörperschaften in Deutschland von 1951 bis 1994[448]

Die Finanzreform von 1955 und insbesondere jene von 1969 kann als ein Versuch der Anpassung des Finanzausgleichs an die sich verändernden finanzwirtschaftlichen Rahmenbedingungen interpretiert werden. Eine abermalige Finanzreform gelang weder in den achtziger Jahren anläßlich des Verfassungsstreits um den Finanzausgleich noch in den neunziger Jahren anläßlich der deutschen Einheit.

[448] Quelle: BUNDESMINISTERIUM DER FINANZEN (Hrsg.): Finanzbericht, Bonn, diverse Jahrgänge.

4 Die ökonomische Analyse ausgewählter Bereiche des bundesdeutschen Finanzausgleichs

Nachdem die Geschichte des Finanzausgleichs in der Bundesrepublik vorgestellt wurde, wechselt die Darstellung im nun folgenden Kapitel auf eine **Metaebene**. Anhand der Rationalitätsvorstellungen zu ausgewählten Bereichen des Finanzausgleichs soll das Rationalitätsverständnis in der Ökonomie konstruktiv kritisch beleuchtet werden. Dies bezieht sich sowohl auf die Konstruktion einer ökonomischen Systemrationalität als auch auf das Modell politischer Handlungsrationalität.

Beispielhaft für die ökonomische Analyse wirtschaftspolitischer Probleme wird schwerpunktartig die Diskussion um die **Ausgleichsintensität** im Länderfinanzausgleich betrachtet. Die Ausgleichsintensität ist für die im Rahmen dieser Arbeit verfolgten Ziele dabei in mehrfacher Hinsicht ein geeignetes Anschauungsobjekt. Erstens steht gerade die Ausgleichsintensität im Spannungsfeld unterschiedlicher Ziele des Finanzausgleichs, so daß der substantielle Charakter des ökonomischen Rationalitätsbegriffs an diesem Beispiel sehr gut verdeutlicht werden kann. Zweitens erfordert eine Metaanalyse eine genügend große Zahl von Primäranalysen. Gerade die Ausgleichsintensität ist ein sehr häufig vom ökonomischen Sachverstand thematisierter Bestandteil des Finanzausgleichs. Insoweit es für die verfolgte Zielsetzung der Arbeit dienlich ist, wird aber auch auf andere Bereiche des Finanzausgleichs eingegangen.

Der Debatte um die richtige Ausgestaltung des Finanzausgleichs soll im folgenden kein weiteres Kapitel hinzugefügt werden. Es geht also nicht darum, aufbauend auf einer politischen Systemrationalität, eine alternative politikwissenschaftliche Theorie des Finanzausgleichs zu entwerfen. Ein solches Vorhaben stünde in krassem Widerspruch zu den bisherigen Ausführungen. Denn gerade der substantielle teleologische Systemrationalitätsbegriff steht ja im Zentrum der Kritik dieser Arbeit. Vielmehr soll der Finanzausgleich bzw. ausgewählte Bestandteile desselben metaanalytisch erörtert werden. Das Ziel dieses Kapitels ist also nicht ein alternativer Entwurf eines rationalen Finanzausgleichs, sondern vielmehr eine kritische Auseinandersetzung mit der Bedeutung von Rationalität in der ökonomischen Analyse des Finanzausgleichs.

Da die Ökonomie nur Objekt ist und damit auch kein Rationalitätsverständnis besitzen kann, wird als Basis der Metaanalyse stellvertretend auf führende Vertreter des Faches zurückgegriffen. Als führend und in diesem Sinne repräsentativ werden dabei zwei Institutionen bzw. deren Mitglieder angesehen: der **Sachverständigenrat zur Begutachtung der gesamtwirtschaftlichen Entwicklung** - im folgenden kurz Sachverständigenrat - sowie der **wissenschaftliche Beirat beim Bundesministerium der Finanzen** - im folgenden kurz Beirat -. Einerseits ist eine solche Gleichsetzung zweifelsfrei anfechtbar, andererseits verleiht ein Blick in das Mitgliederverzeichnis beider Gremien dem Vorgehen seine Berechtigung. So beinhaltet etwa der Beirat 22 Professoren renommierter deutschsprachiger finanzwissenschaftlicher Fakultäten. Außerdem verfügen beide Beratungsinstitutionen über eine ausgesprochen hohe Reputation, die den vorgenommenen Analogieschluß tragfähig erscheinen läßt. Die Ausführungen erfolgen dabei in dem Bewußtsein, daß nicht etwa die Ökonomie an sich Gegenstand der Kritik ist, was sie wegen der skizzierten Objektproblematik ex definitione nicht sein kann, sondern vielmehr das Rationalitätsfundament ökonomischer Analyse von Wirtschaftspolitik.

Das beschriebene Ziel dieses Kapitels soll in zwei Abschnitten erreicht werden. Zunächst wird auf die Position des Sachverständigenrates zum Länderfinanzausgleich eingegangen. Dieser hat sich, insbesondere seit Mitte der achtziger Jahre, in seinem jährlichen Gutachten mit dem Finanzausgleich und dabei in der Regel auch mit der Ausgleichsintensität befaßt. Wie bereits angedeutet, werden neben der Ausgleichsintensität auch andere Teilbereiche des Finanzausgleichs erörtert, wenn sie für die hier verfolgte Zielsetzung aufschlußreich sind. Dabei erfolgt die kritische Reflexion der Sachverständigenausführungen jeweils unmittelbar im Anschluß an ihre Wiedergabe.

Gleiches gilt für die im zweiten Abschnitt folgende Analyse der Position des Beirates, der sich in einem anläßlich der Neuregelung des Länderfinanzausgleichs im Zuge der deutschen Einheit erstellten Gutachten mit dem Finanzausgleich befaßt und dabei auch ausführlich auf das Problem der Ausgleichsintensität eingeht.[449]

---

[449] WISSENSCHAFTLICHER BEIRAT BEIM BUNDESMINISTERIUM DER FINANZEN: Gutachten zum Länderfinanzausgleich, Schriftenreihe des Bundesministerium der Finanzen, Heft 47, Stollfuß, Bonn 1992.

4.1 Der Finanzausgleich in den Jahresgutachten des Sachverständigenrates

Der Sachverständigenrat ist ein wirtschaftspolitisches Beratungsgremium, das in einem jährlich der Bundesregierung erstatteten Gutachten "die jeweilige gesamtwirtschaftliche Lage und deren absehbare Entwicklung" darstellt. Dem gesetzlichen Auftrag folgend soll untersucht werden, wie im Rahmen der marktwirtschaftlichen Ordnung gleichzeitig alle Ziele des Stabilitätsgesetzes erreicht werden können.[450] Die fünf Mitglieder des Sachverständigenrates werden vom Bundespräsidenten auf Vorschlag der Bundesregierung ernannt.

Die Einrichtung des Sachverständigenrates fällt in die wirtschaftspolitische Phase der Globalsteuerung Mitte der sechziger Jahre, in der wirtschaftspolitischer Beratung, aufbauend auf der Auffassung von Makroökonomie als *wirtschaftspolitischer Menükarte*, ein hoher Stellenwert zugebilligt wurde. Dem Sachverständigenrat kommt insofern die Aufgabe zu, das politische Entscheidungssystem auf volkswirtschaftliche Fehlentwicklungen aufmerksam zu machen. Auch wenn das Gesetz zur Bildung des Sachverständigenrates seinen Auftrag insoweit beschränkt, als daß "Empfehlungen für bestimmte wirtschafts- und sozialpolitische Maßnahmen"[451] vom Sachverständigenrat nicht abzugeben sind, zeigt ein Blick in die inzwischen 32 Gutachten (1964/65 bis 1995/96) des Sachverständigenrates, daß von diesem Grundsatz häufig abgewichen wurde.

In seiner nunmehr über 30-jährigen Geschichte hat sich der Sachverständigenrat insgesamt achtmal ausführlicher mit dem Problemkreis des **Finanzausgleichs** befaßt.[452] Insbesondere seit Mitte der achtziger Jahre geht der Sachverständigenrat beinahe jährlich auf den Finanzausgleich ein. Offenbar sah man seitens des Sachverständigenrates in diesem Zeitraum besonderen Empfehlungs- bzw. Handlungsbedarf in diesem Politikfeld oder beurteilte die Chancen zur Neugestaltung des Finanzausgleichs besonders günstig.

---

[450] Vgl.: Gesetz über die Bildung eines Sachverständigenrates zur Begutachtung der gesamtwirtschaftlichen Entwicklung vom 14. August 1963.

[451] Gesetz über die Bildung eines Sachverständigenrates zur Begutachtung der gesamtwirtschaftlichen Entwicklung vom 14. August 1963.

[452] Vgl.: SACHVERSTÄNDIGENRAT ZUR BEGUTACHTUNG DER GESAMTWIRTSCHAFTLICHEN ENTWICKLUNG: Jahresgutachten 1968/69, Tz 318 ff, 1986/87, Tz 273 f., 1987/88, Tz 297 ff., 1988/89, Tz 270 ff., 1990/91, Tz 432 ff., 1991/92, Tz 324 ff., 1993/94, Tz 164 ff., 1995/96, Tz 184 ff.

Die Ausführungen des Sachverständigenrates zum Finanzausgleich werden entsprechend der chronologischen Reihenfolge der Gutachten vorgestellt.

Erstmals wird der Finanzausgleich vom Sachverständigenrat im Jahresgutachten **1968/69** aufgegriffen. Der Sachverständigenrat analysiert in diesem Gutachten den Finanzausgleich im Lichte eines konjunkturgerechten Verhaltens der öffentlichen Haushalte. In diesem Zusammenhang plädiert er für eine stärkere Koordination der Gebietskörperschaften im Sinne eines kooperativen Föderalismus. Zwar wird das Problem der Ausgleichsintensität nicht thematisiert, gleichwohl offenbart sich in dem damaligen Gutachten der substantielle Charakter der Argumentation. Denn im Hinblick auf das Ziel eines konjunktursteuernden Haushaltes befürwortet der Sachverständigenrat Ende der sechziger Jahre offenbar eine stärkere Kooperation der Gebietskörperschaften und insofern eine Einschränkung der Haushaltsautonomie. In den achtziger Jahren, also nach Abkehr vom Konzept nachfrageorientierter Stabilitätspolitik, beurteilt der Sachverständigenrat die Kooperation der Gebietskörperschaften im Anblick neuer Ziele, etwa einer Senkung der Steuerlast, sehr kritisch. Je nach Zielvorgabe ändert sich also das Ergebnis der Argumentation.

Im Jahresgutachten **1986/87** nimmt sich der Sachverständigenrat der Finanzausgleichsproblematik unter dem Aspekt einer für wünschenswert erachteten Begrenzung der Ausgabenexpansion öffentlicher Haushalte an. Nach Meinung des Sachverständigenrates regt die Art und Weise, wie der Finanzausgleich in der Bundesrepublik geregelt ist, "eher zu Ausgabensteigerungen als zu Steuersenkungen an".[453] Der Sachverständigenrat begründet dies implizit mit dem Konzept der politischen Handlungsrationalität im Sinne der Neuen Politischen Ökonomie. Er führt an, daß die fehlende Steuerautonomie hinsichtlich der Objekthoheit der Bundesländer einen Einsatz des Besteuerungsinstrumentes zur Gewinnung der Wählergunst verhindere. Demzufolge konkurrierten die Gebietskörperschaften der Bundesrepublik mit den Mitteln der Ausgabenpolitik, was zu eben jenem unerwünschten Ausgabentrend führe.[454] Offenbar verstehen die Sachverständigen die politischen Handlungsträger als Unternehmer, die mit den Inhalten der Politik im Intra- und Interlandeswettbewerb um das knappe Gut der

---

[453] SACHVERSTÄNDIGENRAT ZUR BEGUTACHTUNG DER GESAMTWIRTSCHAFTLICHEN ENTWICKLUNG: Jahresgutachten 1986/87, Tz 273.

[454] SACHVERSTÄNDIGENRAT ZUR BEGUTACHTUNG DER GESAMTWIRTSCHAFTLICHEN ENTWICKLUNG: Jahresgutachten 1986/87, Tz 273.

Wählerstimmen konkurrieren. Genau dies ist die Basis politischer Handlungsrationalität im Verständnis der Neuen Politischen Ökonomie. Die Sachverständigen führen somit einen ihrer Ansicht nach wirtschaftspolitischen Mißstand, nämlich die Ausgabenexpansion öffentlicher Haushalte, auf das Modell politischer Handlungsrationalität zurück.

In seinem Jahresgutachten **1987/88** greift der Sachverständigenrat diesen Ansatz erneut auf. Da der Sachverständigenrat - basierend auf der ökonomischen Theorie des Föderalismus - die Verantwortung dezentraler Entscheidungsträger gestärkt sehen will, muß seiner Auffassung nach die "tendenziell nivellierende" Wirkung der Finanzausgleichsregelungen gemildert werden.[455] Implizit vom Bild des politischen Unternehmers ausgehend, will der Sachverständigenrat vermieden wissen, "daß Mißerfolge der von den jeweils unteren Ebenen betriebenen Politik auf die höhere Ebene abgewälzt werden".[456]

Auch im Jahresgutachten **1988/89** bezieht der Sachverständigenrat den Finanzausgleich in seine Analyse der makroökonomischen Situation in der Bundesrepublik ein. Angesichts der geplanten Verabschiedung des Strukturhilfegesetzes kritisiert der Sachverständigenrat die seiner Auffassung nach ohnehin schon zu hohe Ausgleichsintensität des Finanzausgleichs, die durch die geplante Verabschiedung des Gesetzes noch verstärkt würde.

Bezugnehmend auf die Ergebnisse des Finanzausgleichs im Rechnungsjahr 1987 verweist der Sachverständigenrat auf den seiner Ansicht nach widersinnigen Effekt, daß dem ausgleichspflichtigen Hamburg nach Abschluß des Verfahrens 260,- DM pro Kopf weniger an Finanzmitteln verbleiben als dem ausgleichsberechtigten Bremen.[457] Statt dessen müßten "auch im öffentlichen Bereich die Regelmechanismen so eingestellt werden, daß effizientes Wirtschaften gefördert wird".[458] Die Umverteilungen im

---

[455] Vgl.: SACHVERSTÄNDIGENRAT ZUR BEGUTACHTUNG DER GESAMTWIRTSCHAFTLICHEN ENTWICKLUNG: Jahresgutachten 1987/88, Tz 297.

[456] SACHVERSTÄNDIGENRAT ZUR BEGUTACHTUNG DER GESAMTWIRTSCHAFTLICHEN ENTWICKLUNG: Jahresgutachten 1987/88, Tz 297.

[457] Vgl.: SACHVERSTÄNDIGENRAT ZUR BEGUTACHTUNG DER GESAMTWIRTSCHAFTLICHEN ENTWICKLUNG: Jahresgutachten 1988/89, Tz 271.

[458] SACHVERSTÄNDIGENRAT ZUR BEGUTACHTUNG DER GESAMTWIRTSCHAFTLICHEN ENTWICKLUNG: Jahresgutachten 1988/89, Tz 269.

öffentlichen Sektor dürften bei den Zahlungsempfängern nicht den Anreiz zu wirtschaftlichem Verhalten mindern. In diese Beurteilung fließt in zweierlei Hinsicht das ökonomische Rationalitätsmodell ein. Zunächst spricht der Sachverständigenrat von effizientem Wirtschaften. Damit verweist er auf das ökonomische Prinzip als Ausdruck von Zweckrationalität. Bemerkenswert ist jedoch, daß der Effizienzbegriff, obgleich er im allgemeinen zielindifferent ist und somit der Bezugnahme auf ein oder mehrere Ziele bedarf, inhaltlich nicht definiert wird. Es steht zu vermuten, daß in die Argumentation des Sachverständigenrates insofern ein substantielles Rationalitätsverständnis einfließt, als daß mit dem Effizienzbegriff implizit allokative Zielkomponenten gemeint sind.[459] Die Auseinandersetzung mit dem Effizienzverständnis der Sachverständigen wird bei der Erörterung des Jahresgutachtens 1990/91 und bei der Analyse der Position des Wissenschaftlichen Beirates beim Bundesministerium der Finanzen noch einmal ausführlich aufgegriffen.

Des weiteren sollen Anreize und Regelmechanismen im Rahmen des Finanzausgleichs effizientes Wirtschaften fördern. Diese Forderung knüpft an das Bild des homo oeconomicus an, der über Anreize und Restriktionen gesteuert werden kann. Über eine Veränderungen der Rahmenbedingungen für die Politiker soll eine Kongruenz zwischen der Handlungsrationalität politische Entscheidungsträger und einer Systemrationalität, die durch den Effizienzbegriff gekennzeichnet ist, hergestellt werden. Auch in diese Ausführungen fließt also implizit das Modell politischer Handlungsrationalität ein.

In den Jahresgutachten 1990/91 und 1991/92 nimmt sich der Sachverständigenrat der Finanzausgleichsproblematik besonders ausführlich an. Unter der Überschrift "Finanzausgleich reformieren - Eigenverantwortung und Unabhängigkeit stärken" postuliert der Sachverständigenrat im Gutachten **1990/91** einen Finanzausgleich, der dem Effizienzkriterium genügt. Dazu fordert er im einzelnen, daß:

- "die einnahmennivellierende Wirkung des Finanzausgleichs tendenziell zurückgeführt und den einzelnen Bundesländern mehr Spielraum für die unmittelbare Beeinflussung ihrer Steuereinnahmen eingeräumt wird,
- den Ländern grundsätzlich keine fremdbestimmten Ausgaben auferlegt werden,

---

[459] Vgl. zu einer ähnlichen Vorgehensweise: HIRTE, GEORG: Effizienzwirkungen von Finanzausgleichsregelungen. Eine empirische Allgemeine Gleichgewichtsanalyse für die Bundesrepublik Deutschland, Diss. Kath. Uni. Eichstätt 1996, Peter Lang, Frankfurt a. M. 1996, S. 2 f.

- horizontale und vertikale Ausgleichszahlungen nicht auf breiter Basis vorgenommen werden, sondern im wesentlichen auf Sonderfälle, insbesondere mit Spillover-Wirkung, begrenzt bleiben."[460]

Der Sachverständigenrat stellt den Effizienzbegriff, also das ökonomische Prinzip in den Mittelpunkt seiner Ausführungen, betrachtet den Finanzausgleich somit unter einer zweckrationalen Perspektive. Von daher ist es nicht verwunderlich, wenn sich an die Effizienzpostulate eine kurze Diskussion der Ziele des Finanzausgleichs anschließt, denn eine Mittel-Zweck-Optimierung ist ohne die Bezugnahme auf Ziele unmöglich. Der Sachverständigenrat konstatiert das Spannungsverhältnis von allokativen und distributiven Zielgrößen im Finanzausgleich und kommt zu dem Schluß, daß in diesem Zielkonflikt die "allokativen Aspekte im gegenwärtigen System des Finanzausgleichs eher vernachlässigt sind".[461] Alle weiteren Reformvorschläge des Sachverständigenrates beziehen sich folgerichtig auf die allokativen Aspekte des Finanzausgleichs.

Auch wenn der Begriff der Rationalität nicht expressis verbis in der Argumentation genutzt wird, läßt sich das Rationalitätsverständnis aus dem skizzierten Effizienzansatz des Sachverständigenrates herleiten. Im Lichte der Rationalitätsdiskussion handelt es sich bei der Position des Sachverständigenrates um ein zweckrationales, substantielles und systemorientiertes Rationalitätsverständnis. Die Zweckrationalität kommt in dem immer wieder bemühten Effizienzbegriff zum Ausdruck. Der substantielle Charakter offenbart sich in dem expliziten Bezug auf die distributiven und allokativen Ziele des Finanzausgleichs. Daß es sich schließlich um ein system- und nicht handlungsorientiertes Rationalitätsverständnis handelt, ist evident.

In seinen umfangreichen Reformvorschlägen des Jahresgutachtens **1990/91** nimmt der Sachverständigenrat unter dem Aspekt der Effizienz des Finanzausgleichs auch erneut kritisch Stellung zum Problem der Ausgleichsintensität.

"Die geschilderte weitreichende Umverteilung der Finanzierungsmittel über den Finanzausgleich ist unter Effizienzgesichtspunkten nicht unproblematisch."[462]

---

[460] SACHVERSTÄNDIGENRAT ZUR BEGUTACHTUNG DER GESAMTWIRTSCHAFTLICHEN ENTWICKLUNG: Jahresgutachten 1990/91, Tz 433.

[461] SACHVERSTÄNDIGENRAT ZUR BEGUTACHTUNG DER GESAMTWIRTSCHAFTLICHEN ENTWICKLUNG: Jahresgutachten 1990/91, Tz 434.

Auch diesmal begründen die Sachverständigen ihre Auffassung mit den Anreizwirkungen der hohen Ausgleichsintensität, die auf Seiten der ausgleichspflichtigen Länder die Anstrengungen zur Erzielung von Mehreinnahmen reduziere und seitens der ausgleichspflichtigen Länder zu unverhältnismäßig hohen Ausgaben führe.[463]

Generell möchte der Sachverständigenrat horizontale Ausgleichszahlungen auf die Internalisierung von spill-overs begrenzt wissen. Nachgeordnet kann ein finanzieller Ausgleich zwischen Bund und Ländern bzw. zwischen den Ländern durch "die Streuung der Pro-Kopf-Ausgaben der Länder bei der Erfüllung öffentlicher Ausgaben (sic) unter bestimmten Bedingungen" gerechtfertigt sein.[464] Dieses Zugeständnis, das zunächst als Umsetzung des grundgesetzlichen Postulats der Einheitlichkeit der Lebensverhältnisse interpretiert werden könnte, modifiziert der Sachverständigenrat insoweit, als daß er aus allokativen Gesichtspunkten keinesfalls unterschiedliche Ausgaben für die gleiche Aufgabe, etwa den Straßenbau, durch Ausgleichszahlungen nivelliert sehen möchte. "Die Streuung der Pro-Kopf-Ausgaben aufgrund unterschiedlicher Produktionskosten rechtfertigt im allgemeinen einen Ausgleich der Mehrbelastung unter Effizienzgesichtspunkten jedoch nicht."[465] Ausgleichswürdige Unterschiede in den Pro-Kopf-Ausgaben sieht der Sachverständigenrat insbesondere bei Aufgaben, wie z. B. dem Küstenschutz, "die nur in einem oder wenigen Ländern"[466] anfallen.

Der Sachverständigenrat hebt noch einmal hervor, daß "die Bürger nicht nur den Nutzen, sondern auch die Kosten der öffentlichen Güter und anderer Staatsaktivitäten spüren, ist eine wichtige Voraussetzung dafür, daß die Wahlentscheidungen ihre Präferenzen einigermaßen unverfälscht spiegeln können".[467] Der politische Wahlakt wird

---

[462] SACHVERSTÄNDIGENRAT ZUR BEGUTACHTUNG DER GESAMTWIRTSCHAFTLICHEN ENTWICKLUNG: Jahresgutachten 1990/91, Tz 443.

[463] Vgl.: SACHVERSTÄNDIGENRAT ZUR BEGUTACHTUNG DER GESAMTWIRTSCHAFTLICHEN ENTWICKLUNG: Jahresgutachten 1990/91, Tz 443.

[464] SACHVERSTÄNDIGENRAT ZUR BEGUTACHTUNG DER GESAMTWIRTSCHAFTLICHEN ENTWICKLUNG: Jahresgutachten 1990/91, Tz 448.

[465] SACHVERSTÄNDIGENRAT ZUR BEGUTACHTUNG DER GESAMTWIRTSCHAFTLICHEN ENTWICKLUNG: Jahresgutachten 1990/91, Tz 451.

[466] SACHVERSTÄNDIGENRAT ZUR BEGUTACHTUNG DER GESAMTWIRTSCHAFTLICHEN ENTWICKLUNG: Jahresgutachten 1990/91, Tz 450.

[467] SACHVERSTÄNDIGENRAT ZUR BEGUTACHTUNG DER GESAMTWIRTSCHAFTLICHEN ENTWICKLUNG: Jahresgutachten 1990/91, Tz 452.

von den Sachverständigen analog zu marktlichen Prozessen interpretiert. Die Wähler als Nachfrager treffen ihre Entscheidung handlungsrational, d. h. nach Abwägen der individuellen Kosten und Nutzen unterschiedlicher politischer Angebote. Auch hier wird der Einfluß der Neuen Politischen Ökonomie und ihres Rationalitätsverständnisses auf die Ausführungen des Sachverständigenrates deutlich.

Zum Abschluß seiner Reformgedanken unterstreicht der Sachverständigenrat noch einmal seine Bedenken gegen eine weitgehende Nivellierung der Einnahmen pro Kopf im Rahmen des Finanzausgleichs. "Schritt für Schritt müßte dann aber auch der Umfang der Umverteilung zwischen den Ländern reduziert werden, um die Anreize für eigene Anstrengungen zu erhöhen."[468] Die wiederholte Argumentation mit Hilfe des Anreizbegriffs zeigt abermals die gedankliche Nähe der Sachverständigen zum Modell politischer Handlungsrationalität.

Beinahe wörtlich findet sich die gleiche Passage im Jahresgutachten 1991/92, in dem der Sachverständigenrat seine schon im Vorjahr bekundeten Vorstellungen zur Reform des Finanzausgleichs bekräftigt. Die zu hohe Ausgleichsintensität bemängelt der Sachverständigenrat erneut mit dem Argument der davon ausgehenden falschen Anreize.[469]

Im Hinblick auf das Rationalitätsverständnis des Sachverständigenrates sind darüber hinaus seine Ausführungen zur Einbeziehung der ostdeutschen Bundesländer in den Finanzausgleich aufschlußreich. Der Sachverständigenrat befürwortet vertikale Zuweisungen für die ostdeutschen Bundesländer; konstatiert allerdings einen Zielkonflikt zwischen politisch und ökonomisch systemrationalen Erwägungen. Unter politischen Aspekten seien die Zuweisungen wegen der mit ihnen verbundenen Einschränkung der Autonomie der ostdeutschen Länder kritisch zu beurteilen. Unter ökonomischen Gesichtspunkten spräche hingegen die durch die Zweckgebundenheit der Zuweisungen gewährleistete größere Effizienz der Mittelverwendung für vertikale Zuweisungen.

---

[468] SACHVERSTÄNDIGENRAT ZUR BEGUTACHTUNG DER GESAMTWIRTSCHAFTLICHEN ENTWICKLUNG: Jahresgutachten 1990/91, Tz 456.

[469] SACHVERSTÄNDIGENRAT ZUR BEGUTACHTUNG DER GESAMTWIRTSCHAFTLICHEN ENTWICKLUNG: Jahresgutachten 1991/92, Tz 325.

In dem Bewußtsein, daß die vom Sachverständigenrat erwünschte politische Unabhängigkeit der ostdeutschen Bundesländer durch die Zuweisungen eingeschränkt wird, plädiert der Sachverständigenrat aufgrund der "effizienten Verwendung der Transfers" dennoch für den Ausbau vertikaler Zuweisungen.[470] Ökonomisch systemrationalen Erwägungen wird also seitens der Sachverständigen Vorrang vor politisch systemrationalen Überlegungen eingeräumt.

Angesichts der in den Vorjahresgutachten geäußerten klaren und detaillierten Vorschläge des Sachverständigenrates zur Reform des Finanzausgleichs sind seine Ausführungen im Jahresgutachten **1993/94** sehr zurückhaltend.[471] Obwohl die im Föderalen Konsolidierungsprogramm verabschiedete Neuregelung des Finanzausgleichs breite Teile der in den Vorjahresgutachten unterbreiteten Reformvorschläge unberücksichtigt ließ, beschränkt sich das Gutachten auf die Darstellung der Neuregelung. Der normative Charakter der Vorjahresgutachten fehlt den Ausführungen beinahe vollständig.

Die gleiche Feststellung läßt sich für das Jahresgutachten **1995/96** treffen.[472] Der Sachverständigenrat geht zwar dezidiert auf die Neuregelung des Finanzausgleichs ein. Kritik oder normative Leitbilder eines Finanzausgleichs fehlen aber. Insofern sind diese Gutachten unter dem hier interessierenden Gesichtspunkt von nachrangigem Interesse.

Die Ausführungen des Sachverständigenrates zum Finanzausgleich, speziell zur Ausgleichsintensität sind **zusammenfassend** vom vermuteten Spannungsfeld ökonomischer System- und politischer Handlungsrationalität geprägt. Der Sachverständigenrat bemängelt die zu hohe, weil ökonomisch vermeintlich unvernünftige Ausgleichsintensität und begründet sie gleichzeitig mit dem Bild des politischen Unternehmers bzw. des Bürgers als politischem Nachfrager. Insofern reiht sich die Meinung des Sachverständigenrates zum Finanzausgleich in eine Vielzahl von Analysen anderer wirtschaftspolitischer Bereiche ein, die diesen Erklärungsansatz verfolgen.

---

[470] SACHVERSTÄNDIGENRAT ZUR BEGUTACHTUNG DER GESAMTWIRTSCHAFTLICHEN ENTWICKLUNG: Jahresgutachten 1991/92, Tz 326.

[471] Vgl.: SACHVERSTÄNDIGENRAT ZUR BEGUTACHTUNG DER GESAMTWIRTSCHAFTLICHEN ENTWICKLUNG: Jahresgutachten 1993/94, Tz 164 ff.

[472] Vgl.: SACHVERSTÄNDIGENRAT ZUR BEGUTACHTUNG DER GESAMTWIRTSCHAFTLICHEN ENTWICKLUNG: Jahresgutachten 1995/96, Tz 184 ff.

Das zweite wesentliche Fazit betrifft die systemorientierte Auffassung von Rationalität. Das teleologische Rationalitätsverständnis des homo oeconomicus wird von den Sachverständigen auf die gesellschaftliche Ebene übertragen. Ohne diesen Sachverhalt zu thematisieren, nutzt der Sachverständigenrat dabei ein substantielles Rationalitätsmodell für seine Argumentation, denn die angestrebte Mittel-Zweck-Optimierung schließt die Vorgabe von Zielen ein. Der Finanzausgleich wird vom Sachverständigenrat im Hinblick auf seine allokativen und distributiven Ziele erörtert. Die Rationalität des Finanzausgleichs wird folglich am optimalen Verhältnis der Inputfaktoren des Finanzausgleichs, z. B. der Ausgleichsintensität zum Zielerreichungsgrad, gemessen. Der normative Charakter dieser Vorgehensweise wird im Umgang mit dem konstatierten Zielkonflikt zwischen allokativen und distributiven Zielen des Finanzausgleichs besonders plastisch. Die Auflösung solcher Zielkonflikte setzt die Kenntnis alternativer Zielerreichungsgrade sowie eine Zielgewichtung voraus. In Ermangelung einer solchen Zielfunktion geht der Sachverständigenrat axiomatisch von einer Überbetonung distributiver Ziele im bestehenden Finanzausgleich aus.

4.2 Der Finanzausgleich aus der Perspektive des Wissenschaftlichen Beirates beim Bundesministerium der Finanzen

Der wissenschaftliche Beirat beim Bundesministerium der Finanzen, am 23. März 1950 gegründet, ist ein ehrenamtliches Beratungsgremium, das den Bundesminister der Finanzen in allen Fragen der Finanzpolitik beraten soll. Das Gremium besteht aus maximal 25 Sachverständigen, die in der Regel Hochschullehrer der Rechts- oder Wirtschaftswissenschaft sind. Die Beiratsmitglieder werden auf Vorschlag des Beirates vom Bundesminister der Finanzen ernannt.[473]
In seiner nunmehr 46-jährigen Geschichte hat sich der Beirat in beinahe 50 Gutachten zu finanzwirtschaftlichen Problemen geäußert. In einem im Dezember 1992 veröffentlichten Gutachten hat der Beirat ausführlich zum Länderfinanzausgleich bzw. zu dessen Reform Stellung bezogen.[474] Dieses Gutachten soll nachfolgend im Hinblick auf das den Ausführungen innewohnende Rationalitätsverständnis untersucht werden.

---

[473] Vgl.: BUNDESMINISTERIUM DER FINANZEN (Hrsg.): Der Wissenschaftliche Beirat beim Bundesministerium der Finanzen. Entschließungen, Stellungnahmen und Gutachten 1949-1973, Mohr, Tübingen 1974.

Das dem Gutachten zugrundeliegende Rationalitätsverständnis manifestiert sich bereits in der Einleitung der Expertise.

> "Mehr als auf anderen Gebieten steht hier (beim Finanzausgleich, H. S.) das gesamtwirtschaftlich Vernünftige mit den Eigeninteressen der Beteiligten in Konflikt. Eine rationale Finanzpolitik hat es deshalb auf diesem Feld in besonderem Maße damit zu tun, dem ökonomisch Vernünftigen mehr Geltung zu verschaffen."[475]

Die Auffassung vom Spannungsverhältnis zwischen dem **ökonomisch systemrationalen** - mit den Worten des Beirates dem gesamtwirtschaftlich vernünftigen - und dem **politisch handlungsrationalen** - vom Beirat als Eigeninteresse der Beteiligten gekennzeichnet - ist evident. Die typische Vorgehensweise dieser Denkschule der Ökonomie, zunächst einen normativ systemrationalen Referenzzustand zu definieren, um diesem dann die wahrgenommene Wirklichkeit von Wirtschaftspolitik gegenüberzustellen und schließlich etwaige Abweichungen zwischen Referenzzustand und wahrgenommener Wirklichkeit mit dem Modell der politischen Handlungsrationalität zu erklären, deutet sich bereits hier auch für das Gutachten des Beirates an. Alle weiteren Ausführungen des Beirates basieren, wie im folgenden zu zeigen sein wird, letztlich auf diesem Verständnis von Rationalität.

Nach den einleitenden Ausführungen geht der Beirat auf die seiner Meinung nach grundlegenden Entwicklungstendenzen in der bundesrepublikanischen Finanzausgleichsgeschichte ein. Insgesamt sehen die Sachverständigen vier Tendenzen als zentral an:[476]

- zunehmende Aufgabenzentralisierung,
- wachsende Zuständigkeitsvermischung auf der Aufgaben-, Ausgaben- und Einnahmeseite,
- Intensivierung der horizontalen Ausgleichsintensität,
- Wandel von diskretionären zu regelgebundenen Zuweisungen.

---

[474] WISSENSCHAFTLICHER BEIRAT BEIM BUNDESMINISTERIUM DER FINANZEN: Gutachten zum Länderfinanzausgleich, Schriftenreihe des Bundesministerium der Finanzen, Heft 47, Stollfuß, Bonn 1992.

[475] WISSENSCHAFTLICHER BEIRAT BEIM BUNDESMINISTERIUM DER FINANZEN: Gutachten zum Länderfinanzausgleich, Schriftenreihe des Bundesministerium der Finanzen, Heft 47, Stollfuß, Bonn 1992, S. 1.

[476] WISSENSCHAFTLICHER BEIRAT BEIM BUNDESMINISTERIUM DER FINANZEN: Gutachten zum Länderfinanzausgleich, Schriftenreihe des Bundesministerium der Finanzen, Heft 47, Stollfuß, Bonn 1992, S. 5.

Um den Blick auf die für diese Arbeit zentrale Rationalitätsproblematik richten zu können, konzentriert sich die nachfolgende Analyse auf die Darlegungen des Beirates zum Problem der Ausgleichsintensität. Analog zur Vorgehensweise bei der Analyse der Sachverständigenratsposition werden aber auch andere Themenkreise des Finanzausgleichs erörtert, insofern sie für die skizzierte Zielsetzung der Arbeit gewinnbringend sind.

Der Beirat definiert zunächst das von ihm diagnostizierte Phänomen einer Verstärkung der horizontalen Ausgleichsintensität. Diese "kommt in einer Verminderung der nach Abschluß aller Finanzausgleichszahlungen verbleibenden Unterschiede in der Finanzausstattung zum Ausdruck"[477]. Der Beirat führt die beobachtete Verstärkung der Ausgleichsintensität vor allem auf den horizontalen Finanzausgleich zurück[478] und zeigt die Intensivierung an der Entwicklung der gesetzlich gesicherten Mindestfinanzkraft der Bundesländer auf. In den Anfängen der Bundesrepublik wurde den Bundesländern eine Finanzkraft von mindestens 70% des Bundesdurchschnitts garantiert. Im Jahr 1958 wurde die Quote auf 90% und 1970 schließlich auf 95% des Bundesdurchschnitts angehoben. Durch die gleichzeitige Abschöpfung der Finanzkraft über 110% des Bundesdurchschnitts wurde unter den Ländern ein Finanzkraftkorridor von 95% bis 110% geschaffen.[479] Nach Auffassung des Beirates sind so die Finanzkraftunterschiede in der Bundesrepublik deutlich stärker verringert worden als in anderen föderativen Staaten.[480] Der Beirat verweist schließlich auf die Wirkungen der Bundeser-

---

[477] WISSENSCHAFTLICHER BEIRAT BEIM BUNDESMINISTERIUM DER FINANZEN: Gutachten zum Länderfinanzausgleich, Schriftenreihe des Bundesministerium der Finanzen, Heft 47, Stollfuß, Bonn 1992, S. 12.

[478] Dabei verblüfft die Monokausalität der Analyse. Eine Homogenisierung der Länderfinanzkraft nach Abschluß des Finanzausgleichsverfahrens muß nicht zwangsläufig mit einer Intensivierung des Finanzausgleichs einhergehen. Als weiterer Erklärungsansatz kommt eine wachsende Konvergenz der Finanzkraft vor Einsetzen des Finanzausgleichs in Betracht. Vgl. dazu die Ausführungen in Kapitel 3.2.3.1.

[479] Die Neuregelung des Finanzausgleichs, mit der die Abschöpfungsquoten geändert wurden, wurden erst nach Erstellung des Gutachtens verabschiedet.

[480] Vgl.: WISSENSCHAFTLICHER BEIRAT BEIM BUNDESMINISTERIUM DER FINANZEN: Gutachten zum Länderfinanzausgleich, Schriftenreihe des Bundesministerium der Finanzen, Heft 47, Stollfuß, Bonn 1992, S. 13.

gänzungszuweisungen, die nicht nur die Mindestfinanzkraft auf über 95% gesteigert, sondern obendrein auch die Finanzkraftreihenfolge der Länder verändert hätten.

Im Anschluß an die in weiten Teilen beschreibende Darstellung des Finanzausgleichs der alten Bundesrepublik geht der Beirat auf die provisorische Einnahmeverteilung im Rahmen der deutschen Einheit ein. Auch hier beschränken sich die Ausführungen im wesentlichen auf die Wiedergabe des Sachverhaltes.

Einen deutlich normativeren Charakter erhält das Gutachten im Kapitel über die Beurteilungskriterien des Finanzausgleichs, die sich in staatspolitische und ökonomische Kriterien untergliedern. Zunächst geht der Beirat auf die **staatspolitischen Kriterien** ein. Dabei basieren die Ausführungen auf der Feststellung, daß ein föderaler Staatsaufbau "staatspolitisch sinnvoll"[481] sei. Das durchweg als systemrationaler Maßstab herangezogene Effizienzkriterium manifestiert sich auch an dieser Stelle in den expressis verbis aufgeführten Zielen von Freiheit, Pluralität, Minderheitenschutz und vielfältiger politischer Kultur, die durch eine bundesstaatliche Ordnung gewährleistet werden.[482] Die Ziele werden durch das Mittel, nämlich die bundesstaatliche Ordnung, also den Finanzausgleich im weiteren Sinne realisiert. Der substantiell rationale Charakter der Argumentation ist offenkundig.

Hinsichtlich der **ökonomischen Kriterien** diskutiert der Beirat das Spannungsfeld allokativer und distributiver Ziele des Finanzausgleichs. Durch den Bezug auf diese Ziele wird das teleologische Finanzausgleichsverständnis des Beirates deutlich, denn er beurteilt die Tauglichkeit des Finanzausgleichs anhand seines Beitrages zur Erreichung eben jener Ziele.

Unter dem Aspekt der Allokation, also der Frage nach effizienter Bereitstellung öffentlicher Güter, die bestmöglichst den Präferenzen der Bürger entsprechen sollen, liefert der Beirat eine allokationspolitische Rechtfertigung eines föderalen Staatsaufbaus, die im wesentlichen der ökonomischen Theorie des Föderalismus entspricht.[483]

---

[481] WISSENSCHAFTLICHER BEIRAT BEIM BUNDESMINISTERIUM DER FINANZEN: Gutachten zum Länderfinanzausgleich, Schriftenreihe des Bundesministerium der Finanzen, Heft 47, Stollfuß, Bonn 1992, S. 36.

[482] Vgl.: WISSENSCHAFTLICHER BEIRAT BEIM BUNDESMINISTERIUM DER FINANZEN: Gutachten zum Länderfinanzausgleich, Schriftenreihe des Bundesministerium der Finanzen, Heft 47, Stollfuß, Bonn 1992, S. 36.

Für die hier interessierende Thematik aufschlußreicher sind die Ausführungen der Sachverständigen zur distributionspolitischen Begründung des Finanzausgleichs. Dabei geht der Beirat zunächst auf das Postulat der Einheitlichkeit der Lebensverhältnisse ein, um sich daran anschließend mit der Ausgleichsintensität zu befassen. Unter distributiven Gesichtspunkten sieht der Beirat einen Finanzausgleich als gerechtfertigt an, "wenn die regionalen Unterschiede bezüglich Einkommen, Finanzkraft und Infrastruktur erheblich sind und sich auf andere Weise nicht beseitigen lassen".[484] Der Beirat räumt ein, daß die politische Stabilität einer Föderation keine zu große Heterogenität der regionalen Wohlstandsverteilung zuläßt. Die entscheidende Frage ist jedoch, wie stark die Unterschiede sein dürfen. Die Sachverständigen sprechen von einem Ausgleich der Finanzkraftunterschiede zwischen den Ländern bis "zu einem gewissen Grade".[485] Dieser unbestimmte Begriff wird in dem nachfolgenden Abschnitt erläutert.

Für die Rationalitätsdiskussion ist es dabei zentral, daß nach Auffassung der Sachverständigen über das Ausmaß des Finanzkraftausgleichs im **"Spannungsfeld von Distribution und Effizienz"**[486] (im Original nicht fett) entschieden werden muß. Zwar wird auch im Beiratsgutachten Effizienz als die Optimierung einer Mittel-Zweck-Beziehung nach dem ökonomischen Prinzip verstanden. Effizienz bedeutet offenkundig aber nicht eine Optimierung der Mittel des Finanzausgleichs in Relation zu seinen Zielen. Denn in diesem Fall müßten allokative und distributive Ziele - wenn zunächst von anderen möglichen Zielen abstrahiert wird - mit welcher Gewichtung auch immer in eine gemeinsame Zielfunktion des Finanzausgleichs eingehen. Diese Zielfunktion gelte es dann, wenn Zweckrationalität unterstellt wird, mit den Mitteln des Finanzausgleichs, etwa der Ausgleichsintensität, zu optimieren. In den Ausführungen des Beirates sind die distributiven Ziele jedoch die Antipode der Effizienz. Offenkundig muß hinter dem Effizienzkriterium des Beirates ein implizites Ziel stehen. In das gene-

---

[483] Vgl.: WISSENSCHAFTLICHER BEIRAT BEIM BUNDESMINISTERIUM DER FINANZEN: Gutachten zum Länderfinanzausgleich, Schriftenreihe des Bundesministerium der Finanzen, Heft 47, Stollfuß, Bonn 1992, S. 42 ff.

[484] WISSENSCHAFTLICHER BEIRAT BEIM BUNDESMINISTERIUM DER FINANZEN: Gutachten zum Länderfinanzausgleich, Schriftenreihe des Bundesministerium der Finanzen, Heft 47, Stollfuß, Bonn 1992, S. 48.

[485] WISSENSCHAFTLICHER BEIRAT BEIM BUNDESMINISTERIUM DER FINANZEN: Gutachten zum Länderfinanzausgleich, Schriftenreihe des Bundesministerium der Finanzen, Heft 47, Stollfuß, Bonn 1992, S. 48.

[486] WISSENSCHAFTLICHER BEIRAT BEIM BUNDESMINISTERIUM DER FINANZEN: Gutachten zum Länderfinanzausgleich, Schriftenreihe des Bundesministerium der Finanzen, Heft 47, Stollfuß, Bonn 1992, S. 49.

rell zielindifferente Effizienzkriterium wird von den Sachverständigen das Allokationsziel implantiert. Diesen Sachverhalt verdeutlicht nachfolgende Abbildung:

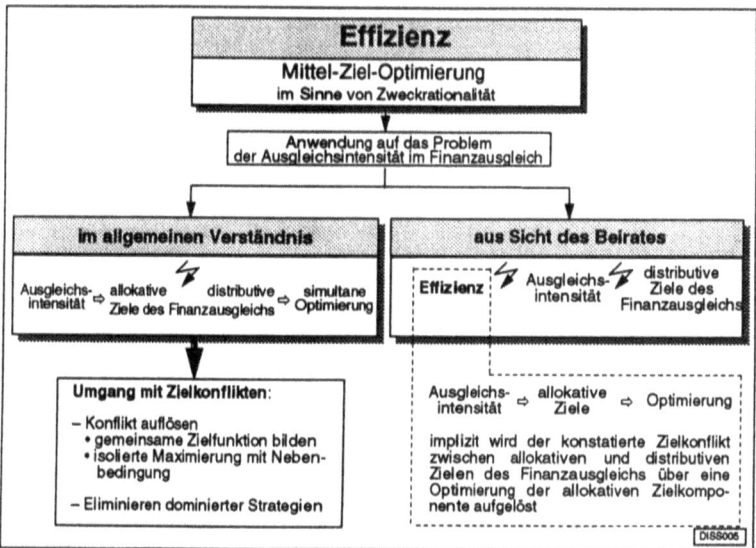

Abb. 12: Das Effizienzverständnis des Wissenschaftlichen Beirates beim Bundesministerium der Finanzen

Argumentiert man im Rahmen einer substantiellen Zwecksystemrationalität, wie es in dem Gutachten geschieht und was wie dargelegt sehr kritisch zu betrachten ist, so muß sich die Rationalität des Finanzausgleichs folgerichtig an einer Optimierung der Mittel-Zweck (Ziel) Relation messen lassen. Unterstellt man der Vereinfachung halber nur allokative und distributive Ziele, so müßten die Gestaltungsparameter des Finanzausgleichs im Hinblick auf eben diese Ziele simultan optimiert werden. Existiert ein Zielkonflikt zwischen den Zielgrößen, so kann dieser grundsätzlich entweder beibehalten oder aufgelöst werden.[487] Löst man den Zielkonflikt nicht, muß man sich mit der Eliminierung dominierter Strategien begnügen; optimale Strategien lassen sich dann nicht generieren. Dazu ist eine Auflösung des Zielkonfliktes entweder durch eine gemeinsame Zielfunktion oder durch die Konstantsetzung der einen Zielgröße bei gleichzeitiger Maximierung der anderen Zielgröße erforderlich. Diesen zweiten Weg

---

[487] Vgl. zum Problem der Zielkonflikte in der ökonomischen Entscheidungslehre: ADAM, DIETRICH: Planung und Entscheidung. Modelle, Ziele, Methoden, 3. Aufl., Gabler, Wiesbaden 1993, S. 91 ff.

zur Behandlung von Zielkonflikten scheint der Beirat im Hinblick auf das Problem der Ausgleichsintensität beschritten zu haben, wenn er von allokativer Effizienz und distributionspolitischen Zielen spricht.

Diese Interpretation wird durch die nachfolgenden Ausführungen des Beirates zum Thema der Ausgleichsintensität gestützt. Das Ausgleichsniveau im Finanzausgleich muß nach Auffassung des Beirates letztlich politisch festgelegt werden, wobei jedoch "Rationalitätskriterien und Mindestanforderungen"[488] beachtet werden sollten. In diesem Zusammenhang stellt der Beirat folgende Forderungen auf:

- Bestimmung eines Mindestausgleichsniveaus,
- Festlegung des Augleichsniveaus deutlich unter 100%, um die Anreizeffekte zu stärken, wobei die Ausgleichswirkungen der Bundesergänzungszuweisungen zu berücksichtigen sind,
- der Finanzausgleich darf nicht zu einer Verschiebung der Finanzkraftreihenfolge unter den Ländern führen.

Der Beirat unterläßt eine explizite Abgrenzung zwischen "Mindestanforderungen" und "Rationalitätskriterien". Es erscheint plausibel, die Bestimmung eines Mindestausgleichsniveaus von der Wortbedeutung als "Mindestanforderung" und die Probleme der Finanzkraftreihenfolge sowie der deutlich unter 100% liegenden Ausgleichsintensität als "Rationalitätskriterien" im Sinne des Beirates zu interpretieren. Dies ist ein weiteres Indiz für die in der obigen Abbildung vorgenommene Deutung des Verhältnisses von Ausgleichsintensität und Effizienz des Finanzausgleichs im Verständnis des Beirates.

Besondere Aufmerksamkeit verdient die Tatsache, daß ein Mitglied des Beirates die hier skizzierte Mehrheitsposition im Hinblick auf die Ausgleichsintensität nicht teilt und insbesondere die Argumentation vom Spannungsfeld allokativer und distributiver Ziele des Finanzausgleichs bemängelt.[489] Denn eine distributionspolitische Begrün-

---

[488] WISSENSCHAFTLICHER BEIRAT BEIM BUNDESMINISTERIUM DER FINANZEN: Gutachten zum Länderfinanzausgleich, Schriftenreihe des Bundesministerium der Finanzen, Heft 47, Stollfuß, Bonn 1992, Beirat, S. 49.

[489] Vgl.: WISSENSCHAFTLICHER BEIRAT BEIM BUNDESMINISTERIUM DER FINANZEN: Gutachten zum Länderfinanzausgleich, Schriftenreihe des Bundesministerium der Finanzen, Heft 47, Stollfuß, Bonn 1992, Beirat, S. 50.

dung des Finanzausgleichs - so das Minderheitsvotum - werde in dem Gutachten gar nicht abgegeben. In der Minderheitsmeinung wird hervorgehoben, daß über die Ursachen unterschiedlicher Finanzkraft keine Aussagen gemacht würden, diese aber z. B. auch rein erhebungstechnische Gründe haben könne. Auf der anderen Seite sei aber empirisch nachweisbar, daß der Finanzbedarf pro Kopf etwa aufgrund bundesgesetzlicher Regelungen in Niveau und Struktur sehr ähnlich sei. Von daher kann sich dieses Mitglied der Forderung nach einer Ausgleichsintensität von deutlich unter 100% nicht anschließen.

Ohne auf die Begründung des Minderheitsvotums näher eingehen zu müssen, offenbart sich alleine in der Existenz eines solchen Minderheitsvotums doch die Problematik einer Argumentation auf der Basis substantieller Rationalität, wie sie von der Mehrheit des Beirates vorgenommen wird. Es wird deutlich, daß die zweckrationalen Schlußfolgerungen von einer bestimmten Zielgewichtung bzw. der Aufnahme bestimmter Ziele in den Zielkatalog abhängig sind. Wenn das so ist, verliert Rationalität ihren intersubjektiven Geltungsanspruch und kommt einer normativen Aussage gleich.

Im Anschluß an die Darstellung der Beurteilungskriterien des Finanzausgleichs legt der Beirat seine Gedanken zu einer Neuordnung des Finanzausgleichs dar. Dabei geht der Beirat im Rahmen seiner Ausführungen zur Umverteilung der Primäreinnahmen zwischen den Ländern auch auf die Ausgleichsintensität ein. Zunächst setzt sich der Beirat mit den seiner Auffassung nach zentralen Argumenten für eine Korrektur der Primärverteilung, nämlich der Forderung nach einer Einheitlichkeit der Lebensverhältnisse, dem Mobilitätsargument und dem Argument von den Mängeln der Primärverteilung auseinander.

Der Beirat vertritt die Auffassung, daß allzu große Unterschiede bei staatlichen Leistungen, die wesentlich die individuellen Entwicklungschancen determinieren, das föderative Gleichbehandlungsgebot verletzen würden[490]. Dieser auf dem Prinzip der Einheitlichkeit der Lebensverhältnisse beruhenden Rechtfertigung einer Umverteilung stellt der Beirat unmittelbar das skizzierte Effizienzkriterium gegenüber. Ein Zuviel an Gleichheit in der Finanzausstattung der Länder könne leistungsmindernd wirken und stünde im Spannungsverhältnis zur Grundidee des Föderalismus. Daraus zieht der

---

[490] Vgl.: WISSENSCHAFTLICHER BEIRAT BEIM BUNDESMINISTERIUM DER FINANZEN: Gutachten zum Länderfinanzausgleich, Schriftenreihe des Bundesministerium der Finanzen, Heft 47, Stollfuß, Bonn 1992, Beirat, S. 65.

Beirat den schon bekannten Schluß, daß zwar die Streuung der Finanzkraft nach unten begrenzt werden müsse, die daraus resultierenden Effizienzverluste aber für eine nur begrenzte Nivellierung der Finanzkraft sprächen.[491] Das bereits beschriebene eindimensionale Effizienzverständnis des Beirates zeigt sich an dieser Stelle des Gutachtens besonders deutlich.

Auch bei Prüfung des Mobilitätsarguments vertritt der Beirat die Ansicht, daß lediglich eine begrenzte Nivellierung der Finanzkraft sinnvoll sei. Denn empirische Untersuchungen hätten gezeigt, daß weniger die öffentliche Infrastruktur als vielmehr Wohnraumversorgung, Qualität der Schulen sowie die Arbeitsplatzsituation für Mobilität ausschlaggebend seien.[492]

Die Mängel in der Primärverteilung, die aus einer nicht sachgerechten Verteilung der Steuerquellen bzw. Zerlegung der Einnahmen resultieren, rechtfertigen nach Meinung des Beirates die Einführung einer Ländermindestfinanzkraft.[493] Im Ergebnis kommt der Beirat zu dem schon bekannten Schluß, daß eine begrenzte Angleichung der Pro-Kopf-Finanzkraft sinnvoll sei, sich aber eine Nivellierung verbiete.[494] Nach diesem grundsätzlichen Bekenntnis zu einer Korrektur der Primärverteilung sind nach Meinung des Beirates noch zwei Fragen zu klären: Wie soll die Umverteilungsformel für den horizontalen Finanzausgleich aussehen, und inwieweit sollen Bedarfselemente berücksichtigt werden?

Die Ausführungen des Beirates zu diesen Fragen sind in zweierlei Hinsicht für die hier interessierende Thematik aufschlußreich. Auf der einen Seite bekräftigt der Beirat nochmalig seine Auffassung, daß die Ausgleichsintensität im Spannungsfeld von Effi-

---

[491] WISSENSCHAFTLICHER BEIRAT BEIM BUNDESMINISTERIUM DER FINANZEN: Gutachten zum Länderfinanzausgleich, Schriftenreihe des Bundesministerium der Finanzen, Heft 47, Stollfuß, Bonn 1992, Beirat, S. 66.

[492] Vgl.: WISSENSCHAFTLICHER BEIRAT BEIM BUNDESMINISTERIUM DER FINANZEN: Gutachten zum Länderfinanzausgleich, Schriftenreihe des Bundesministerium der Finanzen, Heft 47, Stollfuß, Bonn 1992, Beirat, S. 66.

[493] Vgl.: WISSENSCHAFTLICHER BEIRAT BEIM BUNDESMINISTERIUM DER FINANZEN: Gutachten zum Länderfinanzausgleich, Schriftenreihe des Bundesministerium der Finanzen, Heft 47, Stollfuß, Bonn 1992, Beirat, S. 66.

[494] Vgl.: WISSENSCHAFTLICHER BEIRAT BEIM BUNDESMINISTERIUM DER FINANZEN: Gutachten zum Länderfinanzausgleich, Schriftenreihe des Bundesministerium der Finanzen, Heft 47, Stollfuß, Bonn 1992, Beirat, S. 67.

zienzgesichtspunkten und Verteilungszielen steht.[495] Das dahinter stehende Rationalitätsverständnis wurde bereits mehrfach erörtert, und die durchgeführte Interpretation findet hier nur seine abermalige Bestätigung.

Auf der anderen Seite gibt es zur Frage der Anreizwirkungen unterschiedlicher Ausgleichsintensitäten abermals eine Minderheitsmeinung.[496] Die fundamentale These der Beiratsmehrheit, daß von einer zu starken Angleichung der Länderfinanzkraft negative Anreizwirkungen auf die Pflege eigener Steuerquellen ausgingen, ist nach Auffassung des Minderheitenvotums empirisch nicht erwiesen und somit als Grundlage der Empfehlungen ungeeignet. Außerdem werde in dem Gutachten nicht geprüft, ob eine geringere Ausgleichsintensität, insbesondere unter raumwirtschaftlichen Gesichtspunkten nicht auch negative allokative Wirkungen haben könne. Schließlich weist der in Minderheit befindliche Gutachter darauf hin, daß bei einer geringeren Ausgleichsintensität die finanzschwächeren Länder wahrscheinlich in eine verstärkte Verschuldung auswichen, um mit dem öffentlichen Angebot finanzstarker Länder konkurrieren zu können.

Ohne die Argumentation inhaltlich bewerten zu wollen, untermauern die geäußerten Minderheitenvoten, daß es eine rationale Ausgleichsintensität nicht gibt. Denn im ökonomisch, zweckrationalen Verständnis muß die Frage nach den zu optimierenden Zielen, mit Ausnahme einer Konsistenzprüfung der Ziele, außerhalb der Rationalitätsdiskussion stehen. Maßstab muß also eine formale, nicht eine substantielle Rationalität sein. Auf Basis eines substantiellen Zweckrationalitätsverständnisses zeigen die Minderheitenvoten, daß ein gemeinsamer Zielkatalog - hier allokative und distributive Ziele des Finanzausgleichs - zu unterschiedlichen Ergebnissen im Hinblick auf die Mittel, also die Gestaltungsparameter des Finanzausgleichs, führt. Wie soll man der einen oder der anderen Argumentation ein höheres Maß an Rationalität zubilligen?

Zusammenfassend ist festzuhalten, daß das Gutachten des Wissenschaftlichen Beirates beim Bundesministerium der Finanzen zur Neuordnung des Länderfinanzausgleichs ganz ähnlich wie die Jahresgutachten des Sachverständigenrates von einer

---

[495] Vgl.: WISSENSCHAFTLICHER BEIRAT BEIM BUNDESMINISTERIUM DER FINANZEN: Gutachten zum Länderfinanzausgleich, Schriftenreihe des Bundesministerium der Finanzen, Heft 47, Stollfuß, Bonn 1992, Beirat, S. 77.

[496] Vgl.: WISSENSCHAFTLICHER BEIRAT BEIM BUNDESMINISTERIUM DER FINANZEN: Gutachten zum Länderfinanzausgleich, Schriftenreihe des Bundesministerium der Finanzen, Heft 47, Stollfuß, Bonn 1992, Beirat, S. 75.

normativen Systemrationalität geprägt ist. In mehreren Passagen des Gutachtens konnte darüber hinaus der Einfluß des Modells politischer Handlungsrationalität auf die Ausführungen des Beirates gezeigt werden.

Im abschließenden Kapitel wird ein Fazit der Analyse gezogen und - aufbauend auf den Ergebnissen zu der Rolle der Rationalität für die ökonomische Analyse von Wirtschaftspolitik - das ökonomische Analyseinstrumentarium einer kritischen Würdigung unterzogen.

5 Zusammenfassende Thesen

Nach der Metaanalyse des Finanzausgleichs ist es nun möglich, Konsequenzen aus den bisherigen Darlegungen zu ziehen. Die Ergebnisse werden dabei als Thesen formuliert, die jeweils unmittelbar daran anschließend erläutert werden. Dabei steht die Rolle der Rationalität in der ökonomischen Analyse von Wirtschaftspolitik im Vordergrund, die sich anhand folgender Abbildung systematisieren läßt.

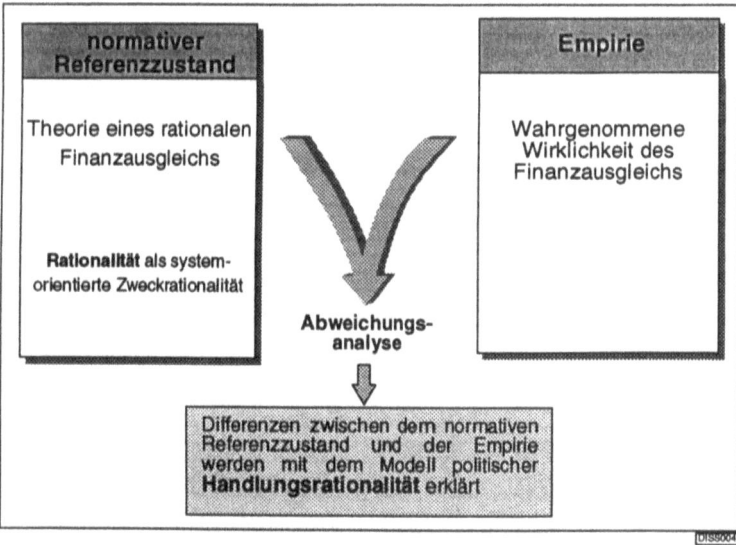

Abb. 13: Ökonomische Analyse von Wirtschaftspolitik

Die ökonomische Analyse von Wirtschaftspolitik besteht im Grundsatz aus drei Bausteinen. Zunächst wird ein normativer Referenzzustand hergestellt, häufig auch als *Rationale Theorie des ...* bezeichnet. Diesem normativen Referenzzustand wird in einem zweiten Schritt die wahrgenommene Wirklichkeit des entsprechenden wirtschaftspolitischen Entscheidungsfeldes, etwa des Finanzausgleichs, gegenübergestellt. Ergebnis dieser Lückenanalyse ist eine mehr oder weniger große Abweichung zwischen dem für wünschenswert erachteten und dem real empfundenen Zustand eines Politikfeldes. In der anschließenden Ursachenanalyse wird dann das Modell politischer Handlungsrationalität als Erklärungsansatz für wahrgenommene wirtschaftspolitische Schwächen genutzt.[497]

Die Kritik an diesem Vorgehen setzt an allen drei Stellen des aufgezeigten Gedankengebäudes an: erstens am normativ systemrationalen Referenzzustand, zweitens am Problem der wahrgenommenen Wirklichkeit von Wirtschaftspolitik und drittens schließlich am Modell politischer Handlungsrationalität.

5.1 Zum Problem des normativen Referenzzustandes

These 1:
Der im Rahmen ökonomischer Analyse zur Beurteilung von Wirtschaftspolitik herangezogene zweckrationale Maßstab wird nicht wertfrei eingesetzt, sondern mit den impliziten Wertvorstellungen des Betrachters aufgeladen.

Wenn Rationalität als die Optimierung eines Mittel-Zweck-Verhältnisses im Sinne des ökonomischen Prinzips aufgefaßt wird, so muß eine rationale Wirtschaftspolitik und so auch der Finanzausgleich als ein Mittel zur Erreichung bestimmter wirtschaftspolitischer Ziele verstanden werden. Die Ziele der Wirtschaftspolitik leiten sich dabei aus den gesellschaftlichen Oberzielen ab. Auf diesen hierarchischen Zielbildungsprozeß wird noch kritisch einzugehen sein.

Unterstellt man aber, daß bestimmte Ziele gesellschaftlich relevant sind, so muß eine rationale Wirtschaftspolitik einen größtmöglichen Beitrag zu deren Erreichung leisten. Dies heißt aber konsequenterweise, daß Wirtschaftspolitik im Grundsatz auf die Verwirklichung **aller** gesellschaftlichen Ziele ausgerichtet sein muß. Rationalität bedeutet in diesem Verständnis also die optimale Gestaltung von Wirtschaftspolitik im Hinblick auf alle gesellschaftlichen bzw. zumindest alle wirtschaftspolitischen Ziele.

Akzeptiert man etwa aus ökonomischer Perspektive das Allokations- und Distributionsziel als maßgeblich für die Gestaltung des Finanzausgleichs, so darf dieser in einem zweckrationalen Verständnis nicht im Hinblick auf eines dieser Ziele isoliert optimiert werden. Im Rahmen ökonomischer Zweckrationalität muß der Finanzausgleich vielmehr so gestaltet werden, daß er - unterstellt, es gäbe keine weiteren Ziele - einen möglichst großen Beitrag zur Erreichung beider Ziele leistet.

---

[497] Vgl. für dieses Vorgehen am Bsp. der Verkehrspolitik: SEIDENFUSS, HELLMUTH STEFAN: Voraussetzungen und Hemmnisse einer rationalen Verkehrspolitik, in: Rationale Wirtschaftspolitik in komplexen Gesellschaften. Gérard Gäfgen zum 60. Geburtstag, hrsg. v. Hellmuth Milde und Hans G. Monissen, Kohlhammer, Stuttgart usw. 1985, S. 332-346, insbesondere S. 342 ff.

Bei der Metaanalyse zum Problem der Ausgleichsintensität im Finanzausgleich konnte nachgewiesen werden, daß in einflußreichen ökonomischen Sachverständigengremien jedoch nicht eine simultane Mittel-Zweck-Optimierung als Rationalitätsmaßstab Verwendung findet, sondern daß vielmehr eine Mittel-Zweck-Optimierung im Hinblick auf ein Ziel, nämlich das Allokationsziel, vorgenommen wird. Implizit werden somit das Allokations- und das Distributionsziel gewichtet. Auf diese Weise wird der selbst erstellte Rationalitätsmaßstab verletzt, so daß die Analyse nicht länger einen Anspruch auf Rationalität erheben kann.

Im Lichte eines Rationalitätsanspruches fließen, vielleicht sogar unbeabsichtigt, Wertvorstellungen in die Argumentation ein. Dieses Vorgehen kann nicht länger einen Anspruch auf Rationalität erheben. Die vermeintlich rationale Analyse mutiert dann zur Meinung, wobei der Rationalitätsanspruch einer solchen Meinung lediglich Autorität verleihen soll.

Dieser Vorwurf wiegt im Lichte der fachlichen Autorität der im Rahmen dieser Arbeit beleuchteten Sachverständigengremien und ihres nicht unerheblichen politischen Einflusses um so schwerer. Denn von dieser Seite vorgetragene wirtschaftspolitische Forderungen bleiben in der öffentlichen Debatte nicht ohne Wirkung, eben auch gerade wegen der solchen Sachverständigengremien zugebilligten Rationalität. Daher muß an die Ausführungen dieser Institutionen ein besonders hoher methodischer Anspruch erhoben werden.

These 2:

Der Transfer des teleologischen Rationalitätsverständnisses auf die gesellschaftliche Ebene bedingt die Existenz gesellschaftlicher Ziele, die eine wertfreie Ökonomie nicht generieren kann.

Wenn wirtschaftspolitische Systemrationalität in einer systemorientierten subjektiven Zweckrationalität besteht, bedarf es zu einer Optimierung des Mittel-Zweck-Verhältnisses wirtschaftspolitischer oder gesellschaftlicher Ziele.[498] Wie bereits bei den Ausführungen zur ökonomischen Systemrationalität angedeutet, basiert die Ökonomie auf dem methodologischen Individualismus. Auch die wohlfahrtsökonomische

---

[498] Vgl.: TUCHFELDT, EGON: Über das Gemeinwohl - Anmerkungen zum Problem einer obersten Zielsetzung der Politik, in: Rationale Wirtschaftspolitik in komplexen Gesellschaften. Gérard Gäfgen zum 60. Geburtstag, hrsg. v. Hellmuth Milde und Hans G. Monissen, Kohlhammer, Stuttgart usw. 1985, S. 81-87, hier S. 84.

Systemrationalität im Modell der vollkommenen Konkurrenz leitet sich aus der individuellen Handlungsrationalität des homo oeconomicus ab. Daher ist es nicht verwunderlich, daß es der Idealvorstellung wohlfahrtstheoretischer Ökonomen entspricht, daß sich auch die (wirtschafts-) politischen Ziele, die Basis einer zweckrationalen Wirtschaftspolitik sind, aus der Aggregation individueller Präferenzen ableiten lassen.[499] ARROW hat jedoch gezeigt, daß der Versuch, individuelle Präferenzen über Abstimmungen zu einer gesellschaftlichen Präferenzfunktion zu verdichten, zu inkonsistenten Ergebnissen führen kann und somit für die Bestimmung wohlfahrtsmaximaler Optimalzustände untauglich ist.[500] Die Wohlfahrtsökonomie vermag also die systemrationalen Ziele der Wirtschaftspolitik nicht zu definieren.[501] Dieser Sachverhalt ist für eine Wissenschaft mit einem individualistischem Ansatz ein zweifelsfrei unbefriedigender Zustand.[502]

Ein zweiter, insbesondere in wirtschaftspolitischen Lehrbüchern häufig anzutreffender Weg zur Ableitung wirtschaftspolitischer Ziele ist die Deduzierung aus sogenannten *letzten Zielen*, die axiomatisch vorgegeben werden.[503] Als solche *ultimate goals* werden häufig Freiheit, Gerechtigkeit, Sicherheit und Fortschritt angeführt. Dem offensichtlichen methodischen Unbehagen solch letztlich willkürlichen Vorgehens, versucht man sich über die Ableitung von Grundwerten aus gesellschaftlichen Mehrheiten - hier

---

[499] Vgl.: HOMANN, KARL: Zum Problem rationaler Politik in demokratischen Gesellschaften, in: Jahrbuch für Neue Politische Ökonomie, 1. Bd., hrsg. v. Erik Boettcher, Philipp Herder Dorneich, Karl-Ernst Schenk, Mohr, Tübingen 1982, S. 11-38, hier S. 12.

[500] Vgl.:GAERTNER, W.: Über Kenneth Arrows allgemeines Unmöglichkeitstheorem und einige Auswege aus dem Dilemma, in: Jahrbuch für Sozialwissenschaft, Bd. 29 (1978), S. 288-309. Vgl. zu Auswegen aus Arrows Unmöglichkeitstheorem: STRASNICK, STEVEN: Individuelle Prioritäten und das Problem der Sozialwahl: Von Arrow zu Rawls, in: Analytische Politikphilosophie und ökonomische Rationalität, Bd. 2, hrsg. v. Karl-Peter Markl, Westdeutscher Verlag, Opladen 1984, S. 1-26.

[501] Vgl.: BERG, HARTMUT, CASSEL, DIETER: Theorie der Wirtschaftspolitik, in: Vahlens Kompendium der Wirtschaftstheorie und Wirtschaftspolitik, Bd. 2, hrsg. v. Dieter Bender et. al., Vahlen, München 1992, S. 163-238, hier S. 195.

[502] Vgl. zu dem Problem der "normative public choice": ZINTL, REINHARD: Probleme des individualistischen Ansatzes in der neuen politischen Ökonomie, in: Die Rationalität politischer Institutionen. Interdisziplinäre Perspektiven, hrsg. v. Gerhard Göhler, Kurt Lenk, Rainer Schmalz-Bruns, Nomos, Baden-Baden 1990, S. 267-300, hier S. 283 f.

[503] Ein sehr eindrucksvolles Beispiel für dieses Vorgehen auf dem Gebiet der Verkehrspolitik findet sich bei: SEIDENFUSS, HELLMUTH STEFAN: Voraussetzungen und Hemmnisse einer rationalen Verkehrspolitik, in: Rationale Wirtschaftspolitik in komplexen Gesellschaften. Gérard Gäfgen zum 60. Geburtstag, hrsg. v. Hellmuth Milde und Hans G. Monissen, Kohlhammer, Stuttgart usw. 1985, S. 332-346, hier S. 334.

schimmert der individualistische Ansatz durch - zu entziehen.[504] Aus den gesellschaftlichen Finalzielen werden dann im Zuge einer hierarchischen Planung wirtschaftspolitische Ziele, etwa die des Stabilitätsgesetzes, deduziert.

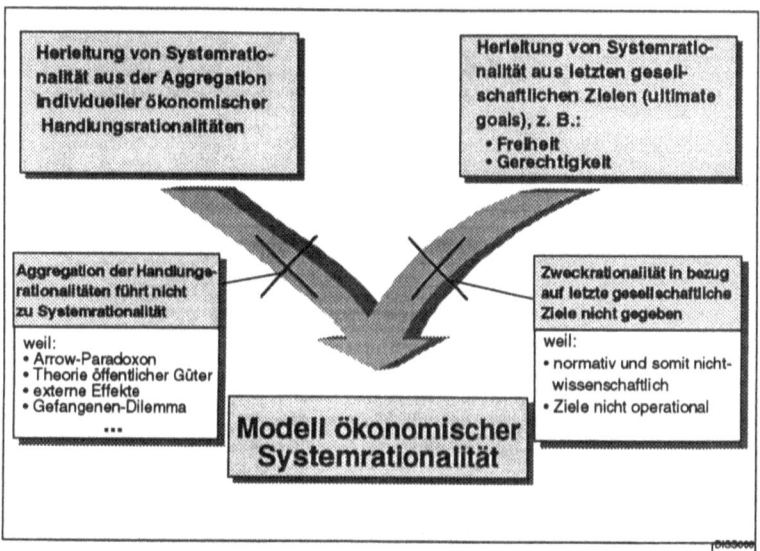

Abb. 14: Wege zur Herleitung ökonomischer Systemrationalität

Dieses Vorgehen scheint, insbesondere weil die gesellschaftlichen Grundwerte Leerformelcharakter besitzen, mit einer wertfreien Ökonomie nicht vereinbar. Wollte man eine rationale Politik betreiben, so müßte diese Politik im Vergleich mit anderen Politikentwürfen den höchstmöglichen Zielbeitrag leisten. Zur Rationalitätsprüfung müßte das konkrete Entscheidungsproblem auf die gesellschaftlichen Ziele bezogen werden. Am Beispiel des Finanzausgleichs hieße das etwa, zu untersuchen, welchen Beitrag unterschiedliche Ausgleichsintensitäten zur Erreichung des gesellschaftlichen Ziels *Freiheit* leisten. Die Absurdität einer solchen Fragestellung ist offenkundig. Zur Prüfung eines Mittel-Zweck-Zusammenhanges müssen die Ziele ein hohes Maß an Operationalität aufweisen. Die dazu nötige hierarchische Ableitung von Subzielen aus den gesellschaftlichen Oberzielen ist aber durch die Wertvorstellungen des Analytikers geprägte Interpretation.

---

[504] Vgl.: BERG, HARTMUT, CASSEL, DIETER: Theorie der Wirtschaftspolitik, in: Vahlens Kompendium der Wirtschaftstheorie und Wirtschaftspolitik, Bd. 2, hrsg. v. Dieter Bender et. al., Vahlen, München 1992, S. 163-238, hier S. 195.

Wenn dies so ist, dann folgt daraus, daß wirtschaftspolitische Rationalität keinen substantiellen Charakter haben kann; d. h. es kann zwar Zweckrationalität gefordert werden, gleichwohl ist Rationalität eben nicht an einen bestimmten Zweck, sprich an ein bestimmtes wirtschaftspolitisches Ziel gebunden. Das heißt nicht, daß Ziele nicht Bestandteil wirtschaftspolitischer Analyse sein können; allerdings nur im Objektbereich, also im Hinblick auf eine formale Zielüberprüfung. Genau wie im Hinblick auf das ökonomische Verständnis von Handlungsrationalität besteht Rationalität somit in formaler, subjektiver und nicht objektiver, substantieller Rationalität. Somit kann die Ökonomie aus sich heraus keine Systemrationalität definieren,[505] sie vermag lediglich - und dieser Beitrag soll nicht gering geschätzt werden - aufbauend auf politischen Zielen, mögliche Handlungsalternativen inklusive der damit verbundenen Opportunitätskosten aufzuzeigen.

These 3:
Den interdisziplinären Anforderungen an eine ex definitione umfassend rationale Theorie des Finanzausgleichs kann die Wissenschaft nicht gerecht werden. Dem real interdisziplinären Phänomen steht die fragmentierte sozialwissenschaftliche Analyse gegenüber.

Wie unter These 2 verdeutlicht, bedingt die Theorie eines teleologisch rationalen Finanzausgleichs ein umfassendes gesellschaftliches Zielsystem.[506] Der Finanzausgleich müßte gleichzeitig im Hinblick auf seine soziologischen, juristischen, ökonomischen und sonstigen Erfordernisse optimiert werden. Benötigt würde somit ein gesellschaftliches Totalmodell, in dem alle Anforderungen an den Finanzausgleich und die sozialwissenschaftlichen Interdependenzen abgebildet würden. Das im Zusammenhang mit dem Spannungsverhältnis von allokativen und distributiven Zielen im Finanzausgleich schon in der rein ökonomischen Analyse diskutierte Zielproblem würde sich erheblich potenzieren. Die Komplexität gesellschaftlicher Wirklichkeit macht die Bildung derartiger Totalmodelle unmöglich.

---

[505] Vgl.: GODELIER, MAURICE: Rationalität und Irrationalität in der Ökonomie, übers. v. Monika Noll und Rolf Schubert, Europäische Verlagsanstalt, Frankfurt a. M. 1972, S. 63 ff.

[506] Vgl.: KRELLE, WILHELM: Volkswirtschaftliche Kriterien zur Beurteilung von Kartellen, in: Schweizerische Zeitschrift für Volkswirtschaft und Statistik, 104. Jg. (1968), S. 239-264, hier S. 247 ff.

Die Frage ist, welche Konsequenz aus dem Fehlen eines für Zweckrationalität erforderlichen gesamtgesellschaftlichen Totalmodells gezogen wird. Der Versuch, ein gesellschaftliches Totalmodell durch die Kombination verschiedener Partialmodelle zu rekonstruieren, ist ebenso zum Scheitern verurteilt wie das Bestreben einzelner sozialwissenschaftlicher Disziplinen, mit ihrem Partialansatz die gesamte soziale Wirklichkeit zu erklären (vgl. Abb. 15). Die soziale Wirklichkeit als systemare Einheit ist eben mehr als die Summe ihrer Teile.[507]

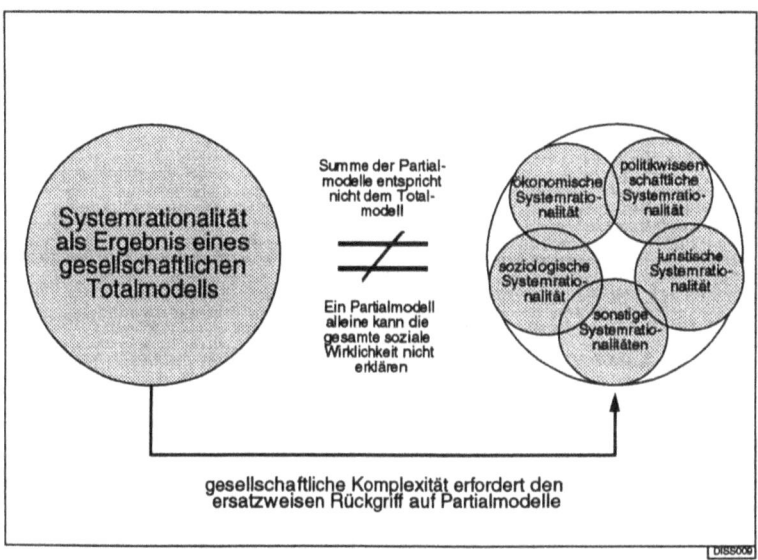

Abb. 15: Systemrationalität und das Problem sozialwissenschaftlicher Partialmodelle

Folglich sollte der Anspruch einer substantiellen Zweckrationalität auf gesellschaftlicher Ebene aufgegeben werden. Während eine formale Rationalitätsprüfung auf gesellschaftlicher Ebene noch Erkenntnisfortschritt implizieren mag, indem etwa auf bestehende Inkonsistenzen im politisch verfolgten Zielsystem verwiesen wird, kann ein substantieller Rationalitätsanspruch nicht erhoben werden. Es gibt je nach weltanschaulichem Standpunkt eine n-te Zahl von substantiellen Systemrationalitäten - das Rationalitätsdilemma ist perfekt.

---

[507] Vgl.: NAGEL, ERNST: Über die Aussage: Das Ganze ist mehr als die Summe seiner Teile, in: Logik der Sozialwissenschaften, hrsg. v. Ernst Topitsch, Kiepenheuer & Witsch, Köln, Berlin 1965, S. 225-235.

These 4:
Das ökonomische Rationalitätsverständnis hat zu einer Vernachlässigung von nicht unmittelbar quantifizierbaren Anforderungen an Wirtschaftspolitik geführt.

Es hieße, ökonomische Analyse auf eine naive Weise mißzuverstehen, unterstellte man, daß der ökonomische Rationalitätsbegriff eine Meßbarkeit der Mittel-Zweck-Relation in Geldeinheiten voraussetzte. Der homo oeconomicus maximiert seinen Nutzen, nicht sein Einkommen. Dennoch hat sich im Rahmen dieser Arbeit gezeigt, daß ökonomische Analyse eine Tendenz zur Überbewertung von in quantitativen Zusammenhängen meßbaren Komponenten einer gesamtgesellschaftlichen Zielfunktion aufweist. Was ist damit gemeint?

Betrachten wir noch einmal das Verhältnis von Allokations- zu Distributionszielen des Finanzausgleichs im Hinblick auf die Bestimmung der optimalen Ausgleichsintensität. Die ökonomischen Analytiker unterstellten eine zu hohe Ausgleichsintensität, durch welche die allokative Zielkomponente des Finanzausgleichs verletzt würde. Dieser Schluß könnte seine Ursache auch in einer im Vergleich zur distributiven Zielkomponente größeren Quantifizierbarkeit der allokativen Zielkomponente haben. Dem Allokationsziel eines maximalen bzw. optimalen Güterbergs wird so implizit ein höheres Gewicht beigemessen als etwa einer größeren politischen Stabilität als Ausdruck des Distributionsziels.[508] Ökonomische Analyse bewertet harte Faktoren somit höher als sogenannte weiche Faktoren.

5.2 Zum Problem der Wahrnehmung sozialer Wirklichkeit

These 5:
Die seitens der Sachverständigengremien kritisierten Mängel im bundesdeutschen Finanzausgleich können ihre Ursache auch in einer spezifischen Wahrnehmung der Wissenschaftler haben.

Dem normativen Referenzzustand in Form einer Theorie rationaler Wirtschaftspolitik, z. B. des Finanzausgleichs wird in der wirtschaftspolitischen Analyse die wahrge-

---

[508] Vgl. zu einer genau umgekehrten Argumentation im Hinblick auf das Verhältnis von allokativen und distributiven Zielen des Finanzausgleichs: CARL, DIETER: Bund-Länder-Finanzausgleich im Verfassungsstaat, Diss. Uni. Saarbrücken 1994, Nomos, Baden-Baden 1995, S. 24 f.

nommene Wirklichkeit des Finanzausgleichs gegenübergestellt, um so etwaige Schwächen desselben aufzudecken. Fraglich ist nur, um welche Wirklichkeit es sich dabei handelt. Es ist unbestritten, daß in den Sozialwissenschaften die objektive Wirklichkeit durch die Selektivität und Perspektivität des Betrachters zu einer subjektiven Wirklichkeit mutiert.[509] Insofern handelt es sich bei der Wirklichkeit des Finanzausgleichs um eine aus der subjektiven Wahrnehmung des Betrachters empfundene Realität. Von einem wissenschaftstheoretischen Standpunkt aus betrachtet, können die beobachteten Schwächen des Finanzausgleichs ihre Ursache somit durchaus in einer wissenschafts- oder personenspezifischen Wahrnehmung haben.

5.3 Zum Problem des Modells politischer Handlungsrationalität

These 6:

Vermeintliches Politikversagen beim Finanzausgleich kann sowohl, wie in der NPÖ unterstellt, aus einer Divergenz von politischer Handlungs und ökonomischer Systemrationalität als auch aus einer Divergenz von subjektiver und vollkommener Rationalität erklärt werden.

Selbst wenn man die Existenz eines rationalen Finanzausgleichs bejaht und die skizzierte Wahrnehmungsproblematik ausklammert, bleibt fraglich, welchen Erklärungsbeitrag das Modell politischer Handlungsrationalität im Rahmen wirtschaftspolitischer Analyse zu leisten vermag.

Eine unzulängliche Wirtschaftspolitik erklären Vertreter der NPÖ aus einem Spannungsfeld des ökonomisch Vernünftigen mit den Eigeninteressen der politisch Handelnden, anders ausgedrückt, mit einem Konflikt zwischen dem ökonomisch Systemrationalen und dem politisch Handlungsrationalen. Die Politiker verfolgen eben keine systemrationalen, sondern handlungsrationale Ziele. Das dieser Analyse zugrunde liegende Menschenbild des *Nutzenmaximierers unter Nebenbedingungen* besitzt jedoch nicht die beanspruchte Allgemeingültigkeit. Es soll an dieser Stelle nicht die lange Debatte um das Verhältnis von altruistischem Verhalten und dem Menschenbild des homo oeconomicus nachgezeichnet werden, sondern der Betrachter für dieses Pro-

---

[509] KONEGEN, NORBERT, SONDERGELD, KLAUS: Wissenschaftstheorie für Sozialwissenschaftler. Eine problemorientierte Einführung, Leske + Budrich, Opladen 1985, S. 137.

blem im Zusammenhang mit dem Verhältnis von ex post und ex ante Rationalität sensibilisiert werden.

Wäre es nicht denkbar, daß wahrgenommene wirtschaftspolitische Fehlentwicklungen nicht auf eine Divergenz von ökonomischer Systemrationalität und politischer Handlungsrationalität, sondern auf eine Divergenz von subjektiver und vollkommener Rationalität zurückzuführen sind? Wäre es, mit anderen Worten ausgedrückt, nicht auch möglich, daß Politiker systemrational handeln wollen, ihnen dieses aber aufgrund der Begrenztheit menschlicher Erkenntnis mißlingt?

Dieses heißt nicht, daß dem Ansatz der Neuen Politischen Ökonomie, Politiker als spezies des homo oeconomicus mit all seinen Implikationen zu verstehen, eine völlige Absage erteilt wird. Vielmehr sollte dieses Modell als **ein mögliches** Konstrukt zur Erklärung von realen politischen Phänomenen mit der nötigen kritischen Distanz genutzt werden.

These 7:
Das in der Neuen Politischen Ökonomie verwandte Argumentationsmuster vom Spannungsfeld ökonomischer System und politischer Handlungsrationalität kann in einer mißverständlichen Interpretation zu autoritären Politikentwürfen führen.

Der implizite Vorwurf der Neuen Politischen Ökonomie, daß handlungsrationale Politiker einer Systemrationalität entgegenstehen, führt zu dem von HOMAN beschriebenen Dilemma des Gegensatzes von Rationalität und Demokratie.[510] In dieser Tradition steht dem Entwurf einer ökonomischen Systemrationalität der nur seine eigenen Interessen verfolgende bzw. die Interessen der Wähler vertretende Politiker gegenüber.[511] Wenn es eine Dichotomie von System- und politischer Handlungsrationalität gibt, dann ist die Forderung nach einem gerechten Potentaten nur der zumindest vermeintlich konsequente Schluß. Was wäre effizienter - unterstellt, Sachverständige verfolgten nicht auch handlungsrationale Ziele - als die unmittelbare Umsetzung der in Sachverständigengremien entwickelten jeweiligen systemrationalen Politikentwürfe durch

---

[510] Vgl.: HOMANN, KARL: Rationalität und Demokratie, Mohr, Tübingen 1988.

[511] Vgl.: LAMBERTZ, GÜNTER: Bessere Wirtschaftspolitik durch weniger Demokratie? Ökonomische Demokratiekritik und Theorie der Autokratie, Steuer und Wirtschaftsverlag, Hamburg 1990, S. 56.

einen Alleinherrscher? So könnte etwa der Finanzausgleich genau nach dem Entwurf der rationalen Theorie eines Finanzausgleichs gestaltet werden. Die Schwachstelle des demokratischen Politikers wäre ausgeschaltet.

Hier soll keinesfalls auch nur ansatzweise der Vorwurf gegen die Vertreter der NPÖ erhoben werden, daß sie derartige Motive in ihrer Analyse bewegen. Auch kann der Entdecker einer Idee kaum für ihren mißbräuchlichen Verwendungszweck verantwortlich gemacht werden. Dennoch soll an dieser Stelle auf die tendenziell demokratiekritische Argumentationsstruktur der NPÖ hingewiesen werden.[512]

Verneint man aufbauend auf dem kritischen Rationalismus von POPPER die Existenz einer Systemrationalität im Sinne eines normativen Referenzzustandes, kommt man zu völlig anderen Ergebnissen im Hinblick auf das Verhältnis von Rationalität und Demokratie. Demokratie und Rationalität stehen nicht länger im Widerspruch zueinander. BANK konnte ganz im Gegenteil nachweisen, daß das demokratische Entscheidungssystem aufgrund seines grundsätzlich diskursiven Charakters ein hohes Maß an Prozeßrationalität im Sinne eines kritischen Rationalismus beinhaltet.[513]

Zusammenfassend ist festzuhalten, daß das ökonomische Analyseinstrumentarium zur Beurteilung von Wirtschaftspolitik an allen drei aufgezeigten Bausteinen elementare Schwächen aufweist. Hauptkritikpunkt ist die Herleitung eines normativen Referenzzustandes. Ebenso ist die Wahrnehmung sozialer Wirklichkeit zu hinterfragen und der Erklärungsbeitrag der politischen Handlungsrationalität zu bemängeln. Damit soll nicht die ökonomische Analyse von Politik als generell untauglich gebrandmarkt werden, gleichwohl stünde ihren Vertretern angesichts der aufgezeigten Schwächen ein Mehr an intellektueller Bescheidenheit und vielleicht auch Redlichkeit gut zu Gesicht.

---

[512] Denkt man das Modell politischer Handlungsrationalität allerdings konsequent zu Ende, wird deutlich, daß gerade das Bild des gerechten Potentaten eine Illusion darstellt. Denn die Annahme, daß ausgerechnet der Alleinherrscher im Interesse des Systems und nicht zu seinem eigenen Vorteil, also handlungsrational, entscheidet, erscheint kaum realistisch.

[513] Vgl.: BANK, HANS-PETER: Rationale Sozialpolitik. Ein Beitrag zum Begriff der Rationalität, Beiträge zur Politischen Wissenschaft, Bd. 21, Duncker & Humblot, Berlin 1975.

LITERATURVERZEICHNIS

- ACHAM, KARL: Über einige Rationalitätskonzeptionen in den Sozialwissenschaften, in: Rationalität. Philosophische Beiträge, hrsg. v. Herbert Schnädelbach, Suhrkamp, Frankfurt a. M. 1984, S. 32-69.

- ADAM, DIETRICH: Planung und Entscheidung. Modelle, Ziele, Methoden, 3. Aufl., Gabler, Wiesbaden 1993.

- ALBERT, HANS: Grundprobleme rationaler Ordnungspolitik. Vom wohlfahrtsökonomischen Kalkül zur Analyse institutioneller Alternativen, in: Rationale Wirtschaftspolitik in komplexen Gesellschaften, Gérard Gäfgen zum 60. Geburtstag, hrsg. v. Milde, Hellmuth, Monissen, Hans G., Kohlhammer, Stuttgart usw. 1985, S. 53-63.

- ALBERT, HANS: Rationalität und Wirtschaftsordnung: Grundlagenprobleme einer rationalen Ordnungspolitik, in: ders.: Marktsoziologie und Entscheidungslogik. Ökonomische Probleme in der soziologischen Perspektive, Luchterhand, Neuwied a. Rh. 1967, S. 205-242.

- ALBERT, HANS: Ökonomische Ideologie und politische Theorie. Das ökonomische Argument in der ordnungspolitischen Debatte, 2. Aufl., Schwartz, Göttingen 1972.

- ALBERT, HANS: Politische Ökonomie und rationale Politik. Vom wohlfahrtsökonomischen Formalismus zur politischen Soziologie, in: ders.: Aufklärung und Steuerung, Hoffmann und Campe, Hamburg 1976, S. 91-122.

- ALBERT, HANS, TOPITSCH, ERNST (Hrsg.): Werturteilsstreit, Wissenschaftliche Buchgesellschaft, Darmstadt 1971.

- ALDRUP, DIETER: Das Rationalitätsproblem in der Politischen Ökonomie. Methodenkritische Lösungsansätze, Mohr, Tübingen 1971.

- BALLING, ADOLF: Der vertikale Finanzausgleich des Bonner Grundgesetzes, Diss. Uni. Mainz 1954, Eigenverlag, Mainz 1954.

- BANK, HANS-PETER: Rationale Sozialpolitik. Ein Beitrag zum Begriff der Rationalität, Beiträge zur Politischen Wissenschaft, Bd. 21, Duncker & Humblot, Berlin 1975.

- BARBIER, HANS D.: Ein Pakt mit großen Rissen, in: FAZ vom 15.03.1993, S. 1.

- BECKER, REINHARD: Der Reich - Länder Finanzausgleich im Bismarck Reich und in der Weimarer Republik, Diss. Uni. Kiel 1980, Eigenverlag, Kiel 1980.

- BENZ, ARTHUR: Umverteilung durch Verhandlungen? Kooperative Staatspraxis bei Verteilungskonflikten, in: Staatswissenschaft und Staatspraxis, 2. Jahrgang (1991), S. 46-75.

- BERG, HARTMUT, CASSEL, DIETER: Theorie der Wirtschaftspolitik, in: Vahlens Kompendium der Wirtschaftstheorie und Wirtschaftspolitik, Bd. 2, hrsg. v. Dieter Bender et. al., Vahlen, München 1992, S. 163-238.

- BERNHOLZ, PETER, BEYER, FRIEDRICH: Grundlagen der Politischen Ökonomie, Band 1: Theorie der Wirtschaftssysteme, 3. Aufl., Mohr, Tübingen 1993.

- BERTHOLD, NORBERT: Sozialpolitik zwischen ökonomischer und politischer Rationalität, in: Hamburger Jahrbuch für Wirtschafts- und Gesellschaftspolitik, 35. Jg. (1990), S. 171-185.

- BIEHL, DIETER: Die Reform der EG-Finanzverfassung aus der Sicht einer ökonomischen Theorie des Föderalismus, in: Wirtschaftspolitik zwischen ökonomischer und politischer Rationalität. Festschrift für Herbert Giersch, hrsg. v. Manfred E. Streit, Gabler, Wiesbaden 1988, S.63-84.

- BUNDESMINISTERIUM DER FINANZEN (Hrsg.): Thesenpapier des Bundes zur Neuordnung der Bund/Länder Finanzbeziehungen, unveröff. Manuskript, 18 Seiten, Bonn o. J.

- BUNDESMINISTERIUM DER FINANZEN (Hrsg.): Finanzielle Auswirkungen der Neuordnung des bundesstaatlichen Finanzausgleichs auf die Länder; Bonn, 25.5.1993.

- BUNDESMINISTERIUM DER FINANZEN (Hrsg.): Finanzbericht, Bonn, diverse Jahrgänge.

- BUNDESMINISTERIUM DER FINANZEN (Hrsg.): Der Wissenschaftliche Beirat beim Bundesministerium der Finanzen. Entschließungen, Stellungnahmen und Gutachten 1949-1973, Mohr, Tübingen 1974.

- BUNDESMINISTERIUM DER FINANZEN (Hrsg.): BMF-Pressemitteilungen Nr. 46/86 vom 31.10.1986.

- BUNDESRAT: Bundesrat-Drucksachen und Sitzungsprotokolle, diverse Jahrgänge.

- BUNDESVERFASSUNGSGERICHT (Hrsg.): Entscheidungen des Bundesverfassungsgerichts, diverse Bände, Mohr, Tübingen, diverse Jahrgänge.

- BURCHARDT, MICHAEL: Die Neugestaltung des aktuellen Länderfinanzausgleichs unter Einbeziehung der neuen Bundesländer - ein Lösungsvorschlag, in: Burchardt, Michael et al.: Politische Ökonomie des Teilens. Wirtschaftliche und soziale Probleme und Konzepte in der deutsch - deutschen Vereinigung, fhw-foschung 22, Eigenverlag, Berlin 1993, S. 53-85.

- CARL, DIETER: Bund-Länder-Finanzausgleich im Verfassungsstaat, Diss. Uni. Saarbrücken 1994, Nomos, Baden-Baden 1995.

- DEUTSCHER BUNDESTAG: Bundestag-Drucksachen und Sitzungsprotokolle, diverse Jahrgänge.

- DOWNS, ANTHONY: Ökonomische Theorie der Demokratie, Mohr, Tübingen 1968.

- EHRLICHER, WERNER: Finanzausgleich III. Der Finanzausgleich in der Bundesrepublik Deutschland, in: Handwörterbuch der Wirtschaftswissenschaft, Band 2, Fischer, Mohr, Vandenhoeck & Ruprecht, Stuttgart, New York usw. 1980, S. 664-688.

- FERBER, CHRISTIAN VON: Der Werturteilsstreit 1909/1959. Versuch einer wissenschaftsgeschichtlichen Interpretation, in: Logik der Sozialwissenschaften, hrsg. v. Ernst Topitsch, Kiepenheuer & Witsch, Köln, Berlin 1965, S. 165-210.

- FINANZMINISTERIUM DES LANDES NORDRHEIN-WESTFALEN (Hrsg.): Grundzüge des bundesstaatlichen Finanzausgleichs, Manuskript, Düsseldorf 1995.

- FIRMBACH, HEINZ: Fonds *Deutsche Einheit*, in Finanzwirtschaft, 47. Jahrgang (1993), S. 17.

- FISCHER, HEINZ JOACHIM: Parlamentarischer Rat und Finanzverfassung, Diss. Uni. Kiel 1970, Eigenverlag, Kiel 1970.

- FISCHER, HELMUT: Zur Reform des Länderfinanzausgleichs, in: Wirtschaftswissenschaftliches Studium, 18. Jg. (1989), S. 112-118.

- FISCHER-MENSHAUSEN, HERBERT: Die Länder im künftigen Finanzausgleich, in: Die Öffentliche Verwaltung, 2. Jahrgang (1949), S. 401-407.

- FORSCHUNGSINSTITUT DER FRIEDRICH-EBERT-STIFTUNG, ABT. WIRTSCHAFTSPOLITIK (Hrsg.): Finanzierung der deutschen Einheit. Ansätze zur Neuordnung des Finanzausgleichs und zur Verbesserung der Politik der Treuhandanstalt, Wirtschaftspolitische Diskurse Nr. 26, Eigenverlag, Bonn 1992.

- FRANKE, SIEGFRIED F.: Zur Neuordnung der Finanzverfassung im vereinten Deutschland, in: Verwaltungs Archiv, Band 82 (1991). S. 526-543.

- FRANKE, SIEGFRIED F.: Der Finanzausgleich: Problembereich im Spannungsfeld ökonomischer Rationalität und politischer Kompromißbildung, in: Hamburger Jahrbuch für Wirtschafts- und Gesellschaftspolitik 34 (1989), S. 65-80.

- FREY, BRUNO S.: Ökonomie ist Sozialwissenschaft. Die Anwendung der Ökonomie auf neue Gebiete, Vahlen, München 1990.

- FREY, BRUNO S.: Theorie demokratischer Wirtschaftspolitik, Vahlen, München 1981.

- GAERTNER, W.: Über Kenneth Arrows allgemeines Unmöglichkeitstheorem und einige Auswege aus dem Dilemma, in: Jahrbuch für Sozialwissenschaft, Band 29 (1978), S. 288-309.

- GESKE, OTTO-ERICH: Der bundesstaatliche Finanzausgleich im Streit der Länder, in: Die Öffentliche Verwaltung, 38. Jahrgang (1985), S. 421-430.

- GESKE, OTTO-ERICH: Die Finanzierung der ostdeutschen Länder nach dem Einigungsvertrag, in: Wirtschaftsdienst, Band 71 (1991), S. 33-39.

- GESKE, OTTO-ERICH: Der Länderfinanzausgleich wird ein Dauerthema, in: Wirtschaftsdienst, Band 70 (1990), S. 250-259.

- GIERSCH, HERBERT: Allgemeine Wirtschaftspolitik, 1. Bd.: Grundlagen, Gabler, Wiesbaden 1960.

- GODELIER, MAURICE: Rationalität und Irrationalität in der Ökonomie, übers. v. Monika Noll und Rolf Schubert, Europäische Verlagsanstalt, Frankfurt a. M. 1972.

- GOTTFRIED, PETER, WIEGARD, WOLFGANG: Finanzausgleich zum Selberrechnen, in: Probleme der Einheit Band 9, Finanzausgleich im vereinten Deutschland, hrsg. v. Eckhard Wegner, Marburg 1992.

- GOTTFRIED, PETER, WIEGARD, WOLFGANG: Finanzausgleich nach der Vereinigung - Gewinner sind die alten Länder, in: Wirtschaftsdienst, Band 71 (1991), S. 453-461.

- HARDT, ULRIKE: Finanzströme zwischen West- und Ostdeutschland. Aktuelle und zukünftige Belastungen für Bund und Länder, in: Raumordnungspolitik in Deutschland. Wissenschaftliche Plenarsitzung 1993, hrsg. v. d. Akademie für Raumforschung und Landesplanung, Forschungs- und Sitzungsberichte Nr. 197, Eigenverlag, Hannover 1994, S. 79-86.

- HARTFIEL, GÜNTER: Wirtschaftliche und soziale Rationalität. Untersuchungen zum Menschenbild in Ökonomie und Soziologie, Enke, Stuttgart 1968.

- HECKT, WILHELM: Die Entwicklung des bundesstaatlichen Finanzausgleichs in der Bundesrepublik Deutschland, Stollfuß, Bonn 1973, Schriftenreihe des Instituts für Finanzen und Steuern, Heft 103.

- HEINSEN, ERNST: Der Kampf um die Große Finanzreform 1969, in: Hrbek, Rudolf (Hrsg.): Miterlebt-Mitgestaltet. Der Bundesrat im Rückblick, Bonn aktuell, Bonn 1989, S. 187-223.

- HENKE, KLAUS-DIRK ET AL.: Finanzbeziehungen zwischen Bund und Ländern - Reform der sekundären Mittelverteilung -, Fachbereich Wirtschaftswissenschaften Uni. Hannover, Diskussionspapier Nr. 178, Eigenverlag, Hannover 1992.

- HENKE, KLAUS-DIRK: Finanzbeziehungen zwischen Bund und Ländern - Bestandsaufnahme, Entscheidungsbedarf und Lösungsvorschläge -, Fachbereich Wirtschaftswissenschaften Uni. Hannover, Diskussionspapier Nr. 172, Eigenverlag, Hannover 1992.

- HERDER-DORNEICH, PHILIPP: Ordnungstheorie des Sozialstaates, Walter Eucken Institut, Vorträge und Aufsätze 92, Mohr, Tübingen 1983.

- HERLT, RUDOLF: Die erste große Reformtat, in: Die Welt vom 16.3.1968, S. 2.

- HESSE, JOACHIM JENS, RENZSCH, WOLFGANG: Zehn Thesen zur Entwicklung und Lage des deutschen Föderalismus, in: Staatswissenschaft und Staatspraxis, 1. Jahrgang (1990), S. 562-578.

- HETTLAGE, KARL M.: Die Krise ist die Mutter der Reform, in: Die Zeit vom 3.5.1963, S. 25 f.

- HICKEL, RUDOLF, ROTH, BERNHARD, TROOST, AXEL: Der Stadtstaat Bremen im föderalen Finanzsystem. Ursachen der Finanzkrise - Neuordnungsvorschläge zum Länderfinanzausgleich, Eigenverlag, Bremen 1988.

- HIRTE, GEORG: Effizienzwirkungen von Finanzausgleichsregelungen. Eine empirische Allgemeine Gleichgewichtsanalyse für die Bundesrepublik Deutschland, Diss. Kath. Uni. Eichstätt 1996, Peter Lang, Frankfurt a. M. 1996.

- HOLLIS, MARTIN: Homo oeconomicus und die Erbsünde, in: Analytische Politikphilosophie und ökonomische Rationalität, Bd. 2, hrsg. v. Karl-Peter Markl, Westdeutscher Verlag, Opladen 1984, S. 230-253.

- HOMANN, KARL: Rationalität und Demokratie, Mohr, Tübingen 1988.

- HOMANN, KARL: Zum Problem rationaler Politik in demokratischen Gesellschaften, in: Jahrbuch für Neue Politische Ökonomie, 1. Bd., hrsg. v. Erik Boettcher, Philipp Herder-Dorneich, Karl-Ernst Schenk, Mohr, Tübingen 1982, S. 11-38.

- HOMANN, KARL: Die ökonomische Dimension von Rationalität, in: Moralische Entscheidung und rationale Wahl, hrsg. v. Martin Hollis und Wilhelm Vossenkuhl, Oldenbourg, München 1992, S. 11-24.

- HOMANN, KARL: Die Interdependenz von Zielen und Mitteln, Diss. Uni. Münster, Mohr, Tübingen 1980.

- HÖPKER-ASCHOFF, HERMANN: Das Finanz- und Steuersystem des Bonner Grundgesetzes, In: Archiv des öffentlichen Rechts, 75. Band (1949). S. 317 ff.

- HÖPKER-ASCHOFF, HERMANN: Das Finanzwesen, in: Die Öffentliche Verwaltung, 2. Jahrgang (1949), S. 282 ff.

- HORNSCHU, HANS-ERICH: Die Entwicklung des Finanzausgleichs im Deutschen Reich und in Preußen von 1919 bis 1944, Kieler Studien, Forschungsberichte des Instituts für Weltwirtschaft an der Universität Kiel, hrsg. v. Fritz Baade, Nr. 3, Eigenverlag, Kiel 1950.

- HUMMEL, MARLIES, LEIBFRITZ, WILLI: Die Stadtstaaten im Länderfinanzausgleich. Gutachten im Auftrag des Bundesministers der Finanzen, ifo Studien zur Finanzpolitik, Bd. 45, Eigenverlag, München 1987.

- HUMMEL, MARLIES, NIERHAUS, WOLFGANG: Die Neuordnung des bundesstaatlichen Finanzausgleichs im Spannungsfeld zwischen Wachstums- und Verteilungszielen. Hauptband, ifo Studien zur Finanzpolitik, Band 54, Eigenverlag, München 1994.

- HUMMEL, MARLIES: Kritische Betrachtung der Neuregelung des Länderfinanzausgleichs, in: Raumordnungspolitik in Deutschland. Wissenschaftliche Plenarsitzung 1993, hrsg. v. d. Akademie für Raumforschung und Landesplanung, Forschungs- und Sitzungsberichte Nr. 197, Eigenverlag, Hannover 1994, S. 87-89.

- INGENLATH, PETER: Die Ergänzungszuweisungen des Bundes gem. Art 107 II 3 GG, Diss. Uni. Bonn, Eigenverlag, Bonn 1984.

- INSTITUT FÜR FINANZEN UND STEUERN (Hrsg.): Die große Finanzreform. Gutachten, Schriftenreihe des Instituts für Finanzen und Steuern, Heft 80, Stollfuß, Bonn 1966.

- INSTITUT FÜR FINANZEN UND STEUERN (Hrsg.): Finanzausgleich. Beiträge zur Frage des Finanzausgleichs und der Organisation der Finanzverwaltung, Schriftenreihe des Instituts für Finanzen und Steuern, Heft 17, Eigenverlag, Bonn 1952.

- INSTITUT FÜR FINANZEN UND STEUERN (Hrsg.): Die Finanzreform, Schriftenreihe des Instituts für Finanzen und Steuern, Heft 33, Stollfuß, Bonn 1954.

- KARPEN, ULRICH: Die Förderabgaben nach dem Bundesberggesetz im bundesstaatlichen Finanzausgleich, in: Archiv des öffentlichen Rechts, 109. Band (1984), S. 417-434.

- KIRCHGÄSSNER, GEBHARD: Homo oeconomicus. Das ökonomische Modell individuellen Verhaltens und seine Anwendung in den Wirtschafts- und Sozialwissenschaften, Mohr, Tübingen 1991.

- KIRCHGÄSSNER, GEBHARD: Rationales Verhalten und vernünftiges Handeln: Ein Widerspruch? in: Rationale Wirtschaftspolitik in komplexen Gesellschaften. Gérard Gäfgen zum 60. Geburtstag, hrsg. v. Hellmuth Milde und Hans G. Monissen, Kohlhammer, Stuttgart usw. 1985, S. 29-41.

- KIRSCH, GUY: Neue Politische Ökonomie, 3. Aufl., Werner, Düsseldorf 1993.

- KISKER, GUNTER: Ideologische und theoretische Grundlagen der bundesstaatlichen Ordnung in der bundesrepublik Deutschland - Zur Rechtfertigung des Föderalismus, in: Problem des Föderalismus. Referate auf dem Symposium Föderalismus in der SFR Jugoslawien und in der Bundesrepublik Deutschland - ein Vergleich, Mohr, Tübingen 1984, S. 23-37.

- KITTERER, WOLFGANG: Finanzausgleich im vereinten Deutschland. Neugestaltung der Finanzbeziehungen zur Stärkung des Föderalismus unter besonderer Berücksichtigung des Landes Bremen, R. v. Decker´s, Heidelberg 1994.

- KNOCHE, ERNST-GÜNTHER: Der horizontale Finanzausgleich zwischen den Ländern der Bundesrepublik Deutschland, Diss. Uni. Köln 1965, Eigenverlag, Köln 1963.

- KNOOP, PETER: Auswirkungen des Föderalen Konsolidierungsprogramms auf die Kommunalfinanzen in den jungen Ländern, in: Finanzwirtschaft, 47. Jahrgang (1993) S. 105-107.

- KOMMISSION FÜR DIE FINANZREFORM: Gutachten über die Finanzreform, Kohlhammer, Deutscher Gemeindeverlag, Stuttgart usw. 1966.

- KONEGEN, NORBERT, SONDERGELD, KLAUS: Wissenschaftstheorie für Sozialwissenschaftler. Eine problemorientierte Einführung, Leske + Budrich, Opladen 1985.

- KRELLE, WILHELM: Volkswirtschaftliche Kriterien zur Beurteilung von Kartellen, in: Schweizerische Zeitschrift für Volkswirtschaft und Statistik, 104. Jg. (1968), S. 239-264.

- KRENGEL, R.: Diskussion zum Vortrag von Giersch, Herbert: Rationale Wirtschaftspolitik in der pluralistischen Gesellschaft, in: Rationale Wirtschaftspoltik und Planung in der Wirtschaft von heute. Verhandlungen auf der Tagung des Vereins für Socialpolitik, Gesellschaft für Wirtschafts- und Sozialwissenschaften in Hannover 1966, hrsg. v. Erich Schneider, Duncker & Humblot, Berlin 1967, S. 151 f.

- LAMBERTZ, GÜNTER: Bessere Wirtschaftspolitik durch weniger Demokratie? Ökonomische Demokratiekritik und Theorie der Autokratie, Steuer- und Wirtschaftsverlag, Hamburg 1990.

- LENK, THOMAS: Reformbedarf und Reformmöglichkeiten des deutschen Finanzausgleichs. Eine Simulationsstudie, Schriften zur öffentlichen Verwaltung und öffentlichen Wirtschaft, Band 138, hrsg. v. Peter Friedrich, Habil.-Schrift TH Darmstadt 1992, Nomos, Baden-Baden 1993.

- LITTMANN, KONRAD: Über einige Untiefen in der Finanzverfassung, in: Staatswissenschaft und Staatspraxis, 2. Jahrgang (1991). S. 31-45.

- LUHMANN, NIKLAS: Zweckbegriff und Systemrationalität, Suhrkamp, Tübingen 1968.

- LUTHER, SIEGFRIED: Die Lastenverteilung zwischen Bund und Ländern nach der Finanzreform, Diss. Uni. Münster 1974, Eigenverlag, Münster 1974.

- MACK, ELKE: Ökonomische Rationalität. Grundlage einer interdisziplinären Wirtschaftsethik?, Diss. Kath. Uni. Eichstätt 1993, Duncker & Humblot, Berlin 1994.

- MECKLING, W. H.: Values and the Choice of the Model of the Individual in the Social Science, in: Schweizerische Zeitschrift für Volkswirtschaft und Statistik, 112. Jg. (1976), S. 545-560.

- MEIJER, GERRIT: Finanzausgleich und Föderalismus, in: Systemwandel und Reform in östlichen Wirtschaften, hrsg. v. Jürgen Backhaus, Metropolis, Marburg 1991, S. 286-288.

- MORGENSTERN, OSKAR: Wirtschaftsprognose. Eine Untersuchung ihrer Voraussetzungen und Möglichkeiten, J. Springer, Wien 1928.

- MÜLLER-OVERHEU, THILO: Der bundesstaatliche Finanzausgleich im Rahmen der deutschen Einheit, Diss. Uni. Hamburg 1993, Peter Lang, Frankfurt 1994.

- MUSGRAVE, RICHARD A.: A Multiple Theory of Budget Determination, in: Finanzarchiv, N. F. Band 17 (1956/57), S. 333-343.

- NAGEL, ERNST: Über die Aussage: Das Ganze ist mehr als die Summe seiner Teile, in: Logik der Sozialwissenschaften, hrsg. v. Ernst Topitsch, Kiepenheuer & Witsch, Köln, Berlin 1965, S. 225-235.

- NEUMANN, MANFRED J. M.: Homo Oeconomicus als Wirtschaftspolitiker. Variation eines bekannten Themas, in: Rationale Wirtschaftspolitik in komplexen Gesellschaften. Gérard Gäfgen zum 60. Geburtstag, hrsg. v. Hellmuth Milde und Hans G. Monissen, Kohlhammer, Stuttgart usw. 1985, S. 129-137.

- NIDA-RÜMELIN, JULIAN: Ökonomische Rationalität und praktische Vernunft, in: Moralische Entscheidung und rationale Wahl, hrsg. v. Martin Hollis und Wilhelm Vossenkuhl, Oldenbourg, München 1992, S. 131-152.

- O. V.: : Der Solidarpakt unter Dach und Fach, in: FAZ vom 15. 03. 1993, S. 1.

- O. V.: Vier Länder gefährden Pläne für eine Finanzreform, in: Die Welt v. 23.8.1967, S. 1.

- O. V.: Kompromißbereite Länderchefs, in: Handelsblatt vom 15./16.9.1967, S. 4.

- O. V.: Die Länder geben ein wenig nach, in: Die Welt vom 16.9.1967, S. 6.

- O. V.: Der Kuchen wird verteilt, in: Die Zeit vom 6.10.1967, S. 4.

- O. V.: Länder lenken ein: Kompromiß über die Finanzreform möglich, in: Die Welt vom 18.12.1967, S. 1.

- O. V.: Die Länder wehren sich gegen einen weiteren Steuerverbund, in: FAZ vom 30.12.1967, S. 3.

- O. V.: Die Finanzreform verzögert sich weiter, in: FAZ vom 8.2.1969, S. 1.

- O. V.: Keine Annäherung über Steuerverbund, in: FAZ vom 6.4.1968, S. 5.

- O. V.: Bundesrat will Regierungsvorlage zur Finanzreform ändern, in: Die Welt vom 6.4.1968, S. 11.

- o. V.: Ringen um Kompromiß in der Finanzreform beginnt, in: Die Welt vom 31.1.1969, S. 9.

- o. V.: Bund und Länder im zähen Streit um die Finanzreform, in: FAZ vom 30.1.1969, S. 1.

- o. V.: Das Hin und Her um die Finanzreform, in: SZ vom 30.1.1969, S. 1.

- o. V.: Wieder hartes Ringen im Vermittlungsausschuß, in: FAZ vom 25.2.1969, S. 5.

- o. V.: Die reichen Länder bleiben Sieger, in: Die Welt vom 25.2.1969, S. 11.

- o. V.: Die armen Länder blockieren die Finanzreform, in: FAZ vom 13.3.1969, S. 3.

- o. V.: Der Finanzausgleich zwischen den Ländern ist zum Teil verfassungswidrig, in: FAZ vom 25.6.1986, S. 1.

- o. V.: Großer Widerstand der Länder, in: Die Welt vom 7.11.1986, S. 12.

- o. V.: Fronten zwischen Bund und Ländern bleiben verhärtet, in: FAZ vom 8.11.1986, S. 9.

- o. V.: Der Länderfinanzausgleich entspricht dem Grundgesetz, in: FAZ vom 29.5.1992, S. 1.

- o. V.: Jetzt Klarheit über die künftigen Finanzen geschaffen, in: Das Parlament vom 19./26.3.1993, S. 1.

- o. V.: Kosten der Einheit sollen aus einem Sonderfonds in Höhe von 115 Mrd. DM finanziert werden, in: SZ vom 17.5.1990, S. 1.

- o. V.: Der Solidarpakt unter Dach und Fach. Steuererhöhung 1995, Sozialleistungen ungekürzt, in: FAZ vom 15.3.1993, S. 1.

- o. V.: Zusätzliche Milliarden Hilfe? in: Das Parlament vom 5.3.1993, S. 1.

- O. V.: Die Ministerpräsidenten einigen sich auf Grundsätze des Solidarpakts, in: FAZ vom 1.3.1993, S. 1.

- PAGELS, WILHELM: Der Juliusturm. Eine politologische Fallstudie zum Verhältnis von Ökonomie, Politik und Recht in der Bundesrepublik, Diss. Uni. Hamburg 1979, Eigenverlag, Hamburg 1979.

- PAGENKOPF, HANS: Der Finanzausgleich im Bundesstaat. Theorie und Praxis, Kohlhammer, Stuttgart usw. 1981.

- PATZIG, GÜNTHER: Aspekte der Rationalität, Jenaer Philosophische Vorträge und Studien 4, hrsg. v. Wolfram Hogrebe, Palm & Enke, Jena 1994.

- PEFFEKOVEN, ROLF: Stichwort Öffentliche Güter, in: Vahlens Großes Wirtschaftslexikon, hrsg. v. Erwin Dichtl und Ottmar Issing, 2. Aufl., Beck, München 1993, S. 1136 f.

- PEFFEKOVEN, ROLF: Im Finanzausgleich alles beim alten, in. SZ vom 26.04.1993, S. 20.

- PEFFEKOVEN, ROLF: Berücksichtigung der Seehafenlasten im Länderfinanzausgleich?, in: Finanzarchiv, N. F. Bd. 46 (1988), S. 397-415.

- PEFFEKOVEN, ROLF: Deutsche Einheit und Finanzausgleich, in: Staatswissenschaft und Staatspraxis, 1. Jahrgang (1990), S. 485-511.

- PEFFEKOVEN. ROLF: Das Urteil des Bundesverfassungsgerichtes zum Länderfinanzausgleich, in: Wirtschaftsdienst, Band 72 (1992), S. 349-354.

- PEFFEKOVEN, ROLF: Finanzausgleich I: Wirtschaftstheoretische Grundlagen, in: Handwörterbuch der Wirtschaftswissenschaft, Band 2, Fischer, Mohr, Vandenhoeck & Ruprecht, Stuttgart, New York usw. 1980, S. 608-636.

- PREISER, ERICH: Das Rationalprinzip in der Wirtschaft und in der Wirtschaftspolitik, in: ders.: Politische Ökonomie im 20. Jahrhundert, Beck, München 1970.

- PRESSE- UND INFORMATIONSAMT DER BUNDESREGIERUNG (Hrsg.): Bulletin des Presse- und Informationsamtes der Bundesregierung, diverse Ausgaben.

- PÜTZ, THEODOR: Die Theorie der rationalen Wirtschaftspolitik. Kritik und Antikritik, in: Aktuelle Wege der Wirtschaftspolitik, hrsg. v. Artur Woll, Duncker & Humblot, Berlin 1983, Schriften des Vereins für Socialpolitik, N. F. Bd. 130, S. 9-49.

- REHHAHN, HANS U.: Zukunftsperspektiven des Länderfinanzausgleichs, in: Wirtschaftsdienst, Band 68 (1988), S.269-276.

- REHMANN, DIETER: Rationalität, Effizienz und Effektivität der staatlichen Förderungspolitik zugunsten des kombinierten Ladungsverkehrs, Diss. Uni. Münster, Vandenhoeck & Ruprecht, Göttingen 1988.

- RENZSCH, WOLFGANG: Finanzverfassung und Finanzausgleich. Die Auseinandersetzungen um ihre politische Gestaltung in der Bundesrepublik Deutschland zwischen Währungsreform und deutscher Vereinigung (1948-1990), Habil.-Schrift Uni. Göttingen, Dietz, Bonn 1991.

- RENZSCH, WOLFGANG: Neuordnung des bundesstaatlichen Finanzausgleichs, in: Gegenwartskunde, 35. Jahrgang (1986), S. 499-533.

- RENZSCH, WOLFGANG: In Karlsruhe geht es um die Zukunft des Föderalismus, in: Demokratische Gemeinde, 38. Jahrgang (1986), Heft 3, S. 14-17.

- RENZSCH, WOLFGANG: Die Neuregelung der Bund-Länder-Finanzbeziehungen und die Einbeziehung der neuen Länder ab 1995, hrsg. von der Friedrich-Ebert-Stiftung, Manuskript, Bonn 1993.

- RENZSCH, WOLFGANG: Die Neuordnung des Länderfinanzausgleichs. Neue Klagen in Karlsruhe angekündigt, in: Gegenwartskunde, 37. Jahrgang (1988), S. 78-87.

- RENZSCH, WOLFGANG: Bundesfinanzminister als ehrlicher Makler disqualifiziert, in: Demokratische Gemeinde, 39. Jahrgang (1987), Heft 8, S. 18-21.

- RENZSCH, WOLFGANG: Unbefriedigende Lösung für die armen Länder, in: Demokratische Gemeinde, 40. Jahrgang (1988), Heft 2, S. 20-22.

- SACHVERSTÄNDIGENRAT ZUR BEGUTACHTUNG DER GESAMTWIRTSCHAFTLICHEN ENTWICKLUNG (Hrsg.): Jahresgutachten, diverse Jahrgänge.

- SCHARPF, FRITZ W., REISERT, BERND, SCHNABEL, FRITZ: Politikverflechtung. Theorie und Empirie des kooperativen Föderalismus in der Bundesrepublik, Scriptor, Kronberg/Ts. 1976.

- SCHARPF, FRITZ W.: Föderalismus an der Wegscheide: eine Replik, in: Staatswissenschaft und Staatspraxis, 1. Jahrgang (1990), S. 579-587.

- SCHLÖSSER, HANS JÜRGEN: Das Menschenbild in der Ökonomie. Die Problematik von Menschenbildern in den Sozialwissenschaften. Dargestellt am Beispiel des homo oeconomicus in der Konsumtheorie, Bachem, Köln 1992.

- SCHMIDT-BLEIBTREU, BRUNO, KLEIN, FRANZ: Kommentar zum Grundgesetz, 8. Aufl., Luchterhand, Neuwied 1995.

- SEEGER, JULIUS: Finanzierung von Länderaufgaben durch den Bund, in: Die Öffentliche Verwaltung, 21. Jahrgang (1968), S. 781 ff.

- SEEGER, JULIUS: Der große Steuerverbund, in: Wirtschaftsdienst, Band 72 (1969), S. 23-31.

- SEIDENFUSS, HELLMUTH STEFAN: Voraussetzungen und Hemmnisse einer rationalen Verkehrspolitik, in: Rationale Wirtschaftspolitik in komplexen Gesellschaften. Gérard Gäfgen zum 60. Geburtstag, hrsg. v. Hellmuth Milde und Hans G. Monissen, Kohlhammer, Stuttgart usw. 1985, S. 332-346.

- SIMON, HERBERT A.: Grenzen der Rationalität in Entscheidungsprozessen, in: Journal für Betriebswirtschaft, 30. Jg. (1980), Heft 1, S. 2 ff.

- SIMON, HERBERT A.: Homo rationalis. Die Vernunft im menschlichen Leben, übersetzt von Thomas Steiner, Campus, Frankfurt a. M. / New York 1993.

- STRASNICK, STEVEN: Individuelle Prioritäten und das Problem der Sozialwahl: Von Arrow zu Rawls, in: Analytische Politikphilosophie und ökonomische Rationalität, Bd. 2, hrsg. v. Karl-Peter Markl, Westdeutscher Verlag, Opladen 1984, S. 1-26.

- STRAUß, FRANZ-JOSEF: Die Finanzverfassung, Olzog, München, Wien 1969.

- STUMPP, HANS: Die Entwicklung des Finanzausgleichs in Deutschland von 1871 bis zur Gegenwart, Diss. Uni. Würzburg 1965, Eigenverlag, Würzburg 1964.

- THIEL, EBERHARD: Finanzsystem und föderale Struktur, in: Raumordnungspolitik in Deutschland. Wissenschaftliche Plenarsitzung 1993, hrsg. v. d. Akademie für Raumforschung und Landesplanung, Forschungs- und Sitzungsberichte Nr. 197, Eigenverlag, Hannover 1994, S. 71-72.

- TIETZEL, MANFRED: Das Rationalitätsproblem in den Wirtschaftswissenschaften oder: Der homo oeconomicus und seine Verwandten, in: Jahrbuch für Sozialwissenschaft, Band 32 (1981), S. 115-138.

- TROEGER, HEINRICH: Der Kummer der Länder, in: Der Volkswirt, 10. Jahrgang (1956), S. 11-14.

- TUCHFELDT, EGON: Über das Gemeinwohl - Anmerkungen zum Problem einer obersten Zielsetzung der Politik, in: Rationale Wirtschaftspolitik in komplexen Gesellschaften. Gérard Gäfgen zum 60. Geburtstag, hrsg. v. Hellmuth Milde und Hans G. Monissen, Kohlhammer, Stuttgart usw. 1985, S. 81-87.

- VERMITTLUNGSAUSSCHUß: Sitzungsprotokolle, diverse Jahrgänge.

- WACKE, GERHARD: Das Finanzwesen der Bundesrepublik. Die Einwirkungen der Finanzfunktionen auf Gesetzgebung, Verwaltung und Rechtsprechung im Bonner Grundgesetz, Beihefte zur Deutschen Rechts Zeitschrift, Nr. 13, hrsg. v. Karl S. Bader, Mohr, Tübingen 1950.

- WEISSER, G.: Normative Sozialwissenschaft, in: Evangelisches Soziallexikon, 1963, S. 1167-1170.

- WILKE, HELMUT: Kontextsteuerung und Re-Intergration der Ökonomie-zum Einbau gesellschaftlicher Kriterien in ökonomische Rationalität, in: Dezentrale Gesellschaftssteuerung, hrsg. v. Helmut Wilke und Manfred Glagow, Pfaffenweiler 1987, S. 155-172.

- WILLGERODT, HANS: Konkurrenz von politischer und ökonomischer Rationalität im Transformationsprozeß, in: Die neue Bundesrepublik, hrsg. v. Hartmut Jäkkel, Veröffentlichungen der Deutschen Gesellschaft für Politikwissenschaft, Bd. 11, Nomos, Baden-Baden 1994, S. 33-52.

- WISSENSCHAFTLICHER BEIRAT BEIM BUNDESMINISTERIUM DER FINANZEN: Gutachten zum Länderfinanzausgleich, Schriftenreihe des Bundesministerium der Finanzen, Heft 47, Bonn 1992.

- ZINTL, REINHARD: Probleme des individualistischen Ansatzes in der neuen politischen Ökonomie, in: Die Rationalität politischer Institutionen. Interdisziplinäre Perspektiven, hrsg. v. Gerhard Göhler, Kurt Lenk, Rainer Schmalz-Bruns, Nomos, Baden-Baden 1990, S. 267-300.

MIX
Papier aus verantwortungsvollen Quellen
Paper from responsible sources
FSC® C105338

If you have any concerns about our products,
you can contact us on
ProductSafety@springernature.com

In case Publisher is established outside the EU,
the EU authorized representative is:
**Springer Nature Customer Service Center GmbH
Europaplatz 3, 69115 Heidelberg, Germany**

Printed by Libri Plureos GmbH
in Hamburg, Germany